M. Böhmer

Programmieren
mit TURBO BASIC

Programmieren von Mikrocomputern

Die Bände dieser Reihe geben den Benutzern von Mikrocomputern über die Betriebsanleitung hinaus zusätzliche Anwendungshilfen. Der Leser findet wertvolle Informationen und Hinweise mit Beispielen zur optimalen Ausnutzung seines Gerätes, besonders auch im Hinblick auf die Entwicklung eigener Programme.

Programmieren von Mikrocomputern   Band 32

Martin Böhmer

Programmieren mit TURBO BASIC

Springer Fachmedien Wiesbaden GmbH

CIP-Titelaufnahme der Deutschen Bibliothek

Böhmer, Martin:
Programmieren mit TURBO BASIC / Martin
Böhmer. — Braunschweig; Wiesbaden: Vieweg,
1988
   (Programmieren von Mikrocomputern;
   Bd. 32)
NE: GT

ISBN 978-3-528-04599-9   ISBN 978-3-663-13969-0 (eBook)
DOI 10.1007/978-3-663-13969-0

Vorwort

Fast siebenhundert Seiten umfaßt das Handbuch, das Heimsoeth den TURBO BASIC Kunden mit auf den Weg gibt. Da findet man zunächst sehr ausführlich und leicht verständlich einen Überblick über TURBO BASICs Bedieneroberfläche, dann eine Einführung in die Besonderheiten des Compilers und eine Erklärung der neuen Sprachelemente. Teil 2 des Handbuchs schließlich umfaßt eine mächtige Befehlsreferenz, die kaum noch verbessert werden kann. Wozu dann noch ein TURBO BASIC Buch?

Die Antwort ist überraschend einfach und spiegelt sich im Konzept dieses Buches wider. Hier wird nämlich nicht eine Nacherzählung der Heimsoeth Wälzer in etwas knapperer Form geboten, sondern echtes Programmierhandwerk vermittelt.

Dieses Buch ist keine Einführung in BASIC allgemein und TURBO BASIC im speziellen, sondern ein Arbeitsbuch für und mit dem Compiler. Hier wird nicht zum x-ten Mal der Print und Input Befehl erläutert.

Vielmehr finden Sie in diesem Buch echte Problemlösungen. Eine kleine Auswahl der Probleme, die dieses Buch abhandeln will, sei schon hier vorgestellt:

Wie nimmt eine Input-Routine auch Umlaute entgegen, wenn der Input Befehl in TURBO BASIC an dieser Stelle kläglich versagt? Wie baut man eine Fenster- und Menütechnik auf, wenn es kein Windowhandling durch den Compiler gibt? Wie liest man das Disketteninhaltsverzeichnis in ein Array ohne einen Find$-Befehl? Wie spricht man den HighRes-Mode des Schneider PC an, wenn er von TURBO BASIC nicht unterstützt wird? Wie sortiert man auch Umlaute mit Quicksort richtig ein? Und als letztes Themenbeispiel: Wie konzipiert man eine indizierte Dateiverwaltung ohne mitgelieferte ISAM-Befehle?

Diese Probleme und deren Lösung bilden nur einen Teil des Themenkatalogs dieses Buches. Es geht also wirklich zur Sache. Hier finden auch BASIC-Profis noch so manchen Trick, den sie noch nicht kennen.

Der Autor im Sommer 1987

Dank

Der Firma Heimsoeth sei für die freundliche Überlassung der TURBO BASIC Compilers gedankt.

Inhaltsverzeichnis

1 Der Compiler

1.1 TURBO BASIC INSTALLIEREN

Vor allem anderen machen Sie sich eine Sicherheitskopie beider TURBO BASIC Disketten. Bitte lesen Sie erst danach weiter. Sie tun sich selbst damit einen Gefallen.

Vor dem Einstieg in den TURBO BASIC Compiler selbst wollen wir uns ein wenig mit seiner Installation auf Ihrem Computersystem beschäftigen. Eine durchdachte Installation, vor allem bei PCs ohne Festplatte, kann viel Arbeit ersparen und somit Ihre Arbeitseffektivität erhöhen.

Wer einen PC mit Farbmonitor benutzt, kann sich eine Installation von TURBO BASIC ersparen. Alle Angaben sind bereits richtig voreingestellt. Das Programm TBINST.COM braucht diesen Anwender zunächst nicht zu interessieren.

Anders Monochrom-Monitor-Besitzer. Sie müssen TBINST.COM starten und TURBO BASIC auf die Verwendung eines einfarbigen Monitors einstellen. Der gesamte Einstellvorgang ist in der Datei README erklärt. Am besten, Sie drucken sich diese Datei mit der DOS-Befehlszeile

```
type readme >prn  [RETURN]
```

aus.

TBINST.COM kann aber noch mehr, als nur TURBO BASIC auf den verwendeten Monitor einstellen. So können Sie Suchwege für die Hilfsdateien von TURBO BASIC festlegen. Ob dies allerdings viel bringt, ist die Frage, da sowieso nur eine Hilfsdatei im Normalfall existiert, nämlich TBHELP.TBH. Diese Datei enthält die Hilfstexte von TURBO BASIC. Viel Verwirrung in Ihrem Hauptverzeichnis für den Compiler kann durch diese eine zusätzliche Datei also nicht entstehen.

Sinnvoller ist es, wenn Sie später für Ihre Programme und Routinen eigene Unterverzeichnisse einrichten. Zu diesen Verzeichnissen läßt sich aber über TURBO BASIC kein Suchweg einrichten.

Der Suchweg kann auch zu einer selbsterstellten Installationsdatei weisen, doch können die Installationen auch direkt in TB.EXE geschrieben werden. Wozu dann Installtionsdateien? Diese Möglichkeit ist nur interessant, wenn mehrere Anwender TURBO BASIC auf demselben Computer mit unterschiedlichen Grundeinstellungen benutzen möchten. Wenn dies bei Ihnen nicht der Fall ist, dann können Sie auch die Suchwege zu solchen

Installationsdateien vergessen. Davon ausgehend, daß Sie TURBO BASIC allein benutzen, kümmern wir uns hier nicht weiter um die Problematik der Install-Dateien.

Die letzte Änderungsmöglichkeit betrifft den Editor. Hier können alle Editorsteuerkommandos persönlichen Wünschen angepaßt werden. Auch hier bleibt jedoch die Frage warum. Die Steuercodes des Editors sind nämlich weitgehend Wordstar-kompatibel und somit den meisten Computeristen bekannt. Umerziehungsaktionen entfallen also, wenn man den Editor so läßt, wie er ist.

Damit sind wir am Ende der Installation angelangt. Für PC User ohne Festplatte, sei im folgenden Abschnitt noch eine TURBO BASIC Start- und Arbeitsdisk vorgestellt. Festplattenbesitzer sollten ein neues TURBO-Verzeichnis im Hauptverzeichnis anlegen und hier hinein

    tb.exe

    tbinst.com (nur wenn Installationen gewünscht)

    tbhelp.tbh

    readme

    readme1

    readme.com

    readme1.com

kopieren. Außerdem gehören in dieses Verzeichnis noch ein Unterverzeichnis für Ihre Programme, in das Sie auch alle Beispielprogramme von den TURBO BASIC Disketten kopieren können, und ein Verzeichnis für die Prozedurbibliothek, die wir in diesem Buch noch anlegen werden

    includes

oder

    library

Festplattenbesitzer können nun sofort TURBO BASIC mit

    tb [RETURN]

starten, andere Leser müssen sich zunächst noch mit dem folgenden Abschnitt beschäftigen.

1.2 STARTDISKETTE FÜR TURBO BASIC

Für Programmierer, die einen PC ohne Festplatte, eventuell gar mit nur einem einzigen Diskettenlaufwerk benutzen, stellt sich die Frage, wie man TURBO BASIC möglichst schnell und ohne viel Aufwand startet.

Eine eigene Startdiskette hilft hier weiter. Was auf eine solche Diskette gehört, können Sie dem abgebildeten Inhaltsverzeichnis entnehmen. Vergessen Sie beim Formatieren der Startdiskette nicht die S-Option beim Format-Befehl. Nur so werden auch die Systemdateien auf die neue Diskette übertragen. Diese erscheinen nicht im Inhaltsverzeichnis, weil sie vom DOS versteckt werden.

```
Inhaltsverzeichnis einer TURBO BASIC Startdiskette:


COMMAND.COM     24044    22.08.86      14.15
TB.EXE          204312   21.04.87      15.43
AUTOEXEC.BAT    37       12.06.87      13.19
ANSI.SYS        1699     22.08.86      14.15
CONFIG.SYS      76       18.04.87      17.10
DRIVER.SYS      1112     22.08.86      14.15
RAMDRIVE.SYS    6614     22.08.86      14.15
ANSI.COM        139      22.08.86      14.16
MOUSE.COM       6990     22.08.86      14.16
KEYBGR.EXE      3029     22.08.86      14.17
MODE.EXE        13998    22.08.86      14.18
GRAPHICS.EXE    13308    22.08.86      14.17


12 Datei(en)  48512 Bytes frei
```

Wenn Sie keine Ram-Disk haben, entfällt natürlich die Datei RAMDRIVE.SYS, gleiches gilt für die Maus und MOUSE.COM. Unter Umständen hat auch diese oder jene Datei bei Ihnen einen anderen Namen (vor allem Endung .COM statt .EXE und umgekehrt). Nehmen Sie sich dann Ihre anderen Startdisketten zum Vorbild für die TURBO BASIC Startdisk und kopieren auf diese

    TB.EXE

Die Autoexec.bat Datei sollte mit einer Textverarbeitung oder RPED um die Zeile

    TB

am Schluß ergänzt werden. Dadurch wird nach dcm MS-DOS Bootvorgang auch TURBO BASIC von selbst gestartet.

Für die alltägliche Arbeit mit dem Compiler sollten Sie sich noch eine Arbeitsdiskette zulegen, denn bei nur noch 48 freien Kbyte auf der Startdisk lassen sich wahrlich keine großen Programme mehr schreiben.

Bei Programmänderungen legt TURBO BASIC nämlich von der Urfassung jeweils eine Backup/Sicherungsdatei mit der Endung .BAK an und schreibt dann die korrigierte Fassung auf Diskette. So haben Sie fast immer zwei Versionen eines Programms auf Diskette, sprich bei 48 freien Kilobyte können die Programme maximal 24 Kbyte groß sein. An diese Grenze werden Sie aber nur allzu bald stoßen. Also besser gleich mit einer speziellen Programm/Arbeitsdiskette arbeiten.

Für Ihre Arbeitsbequemlichkeit sollten auf der Arbeitsdisk neben Ihren Programmen die Dateien

     TBHELP.TBH

und

     COMMAND.COM

stehen. TBHELP.TBH enthält die Hilfstexte für TURBO BASIC, die Sie sicherlich nur ungern missen werden. COMMAND.COM beinhaltet die internen MS-DOS Befehle und sollte auf Ihrer Arbeitsdiskette vorhanden sein, damit Sie mal schnell zwischendurch einen Dos-Befehl ohne Diskettenwechsel eingeben können.

Es bleiben Ihnen so noch über 200 Kbyte für Ihre eigenen Programme übrig. Das dürfte für's erste reichen. Jetzt können Sie TURBO BASIC laden.

1.3 KENNENLERNEN

Schreiben Sie

     tb [RETURN]

Nach einigem Gerumpel auf Diskette oder Festplatte erstrahlt, zumindest auf Farbmonitoren, der TURBO BASIC Compiler in großer Farbenpracht. Die Copyright-Meldung von Borland verschwindet nach Druck auf eine beliebige Taste.

Die Fenstertechnik von TURBO BASIC

Danach läßt sich der Bildschirm in sechs Bereiche unterteilen: Das Menü am oberen Rand, die vier Fenster in der Bildschirmmitte und die Statuszeile ganz unten auf dem Bildschirm.

Das linke obere Fenster ist das Edit-Fenster. In diesem werden Sie später all Ihre Programme schreiben. Die Ergebnisse Ihrer Programmierarbeit sehen Sie im rechten unteren Run-Fenster. Das Message-Fenster links unten gibt Ihnen Informationen über die Tätigkeiten des Compilers und das schmale Trace-Fenster am rechten Rand des Bildschirms ist für das Finden von Fehlern in Ihren Programmen hilfreich.

Immer nur ein Fenster ist das aktuelle Fenster und wird durch einen doppelten Rahmen gekennzeichnet. Sie arbeiten immer nur mit dem aktuellen Fenster. Zwischen den einzelnen Fenstern wechselt man am schnellsten mit

F6

Der Wechsel geht im Uhrzeigersinn voran. Edit- und Run-Fenster können auf volle Bildschirmgröße gebracht werden. Für das Schreiben von größeren Programmen und die Verfolgung von Programmabläufen unter TURBO BASIC ist dies unabdingbar. Mit

F5

wird der ganze Bildschirm vom aktuellen Fenster genutzt. Ein weiterer Druck auf F5 verkleinert das Fenster wieder auf die ursprüngliche Größe. Ist das Programm schon gestartet, kann das Run-Fenster nur mit

Alt F5

vergrößert werden.

Die Fenster können auch auf dem Bildschirm verschoben werden. Dazu drücken Sie NumLock und anschließend die vier Cursortasten für die Richtungssteuerung.

Sollen die Fenster individuell vergrößert und verkleinert werden, so geschieht dies mit Shift+Cursor-rechts für waagerechte und Shift+Cursor-hoch für Vergrößerungen in der Höhe. Verkleinert wird mit Shift+Cursor links in der Waagerechten und Shift+Cursor-unten in der Senkrechten. Die Position des Fensters (rechte Ecke unten) bleibt von diesen Operationen unangetastet.

Sowohl Vergrößerungen und Verkleinerungen als auch Verschiebeaktionen mit Fenstern können nie dazu führen, daß ein Fenster, und sei es auch nur teilweise, außerhalb des Bildschirms gerät.

Nimmt Ihnen ein Fenster trotzdem zuviel Platz weg, so gibt es ja noch
das Window-Menü, doch dazu ein wenig später.

Die Menüsteuerung mit der Maus

Mit der Maus geht die Menüsteuerung von TURBO BASIC am
leichtesten. Ein Druck auf die linke Maustaste und eines der Menüs
klappt herunter. Die Auswahl geschieht über den leuchtenden Balken, der
bequem zwischen den Menüs, Untermenüs und den einzelnen Menüpunkten hin- und hermanövriert werden kann, indem Sie die Maus nach
rechts und links, oben und unten bewegen. Der Leuchtbalken, auch
Menücursor genannt, zeigt auf den vorgewählten Menüpunkt.

Ein Menüpunkt wird durch einen erneuten Druck auf die linke Maustaste endgültig ausgewählt. Ein Druck auf die rechte Maustaste führt jeweils zur nächsthöheren Ebene, also dahin, wo man herkam, z.B. aus einem Untermenü wieder ins Hauptmenü. So können Sie Ihre Auswahl
nachträglich rückgängig machen. Merken Sie sich also die Funktion der
rechten Maustaste für so brenzlige Fälle wie das Überschreiben von Programmdateien oder das Löschen von Programmtexten.

Die Menüsteuerung mit der Tastatur

Ohne Maus ist die Bedienung schon etwas arbeitsaufwendiger. Sie
wandern zwischen den einzelnen Menüpunkten mit den vier Cursortasten
hin und her. Der vorgewählte Menüpunkt ist mit dem Leuchtbalken un-
terlegt. Ein Menüpunkt wird immer mit Return ausgewählt. Dies gilt
sowohl für die Menüs, als auch die einzelnen Menüpunkte. Zurückge-
nommen wird diese Auswahl immer mit ESC, diese Taste wirkt wie die
rechte Maustaste.

Alternativ zur Auswahl mittels Cursortasten und Return ist ein Druck
auf den farbig unterlegten Anfangsbuchstaben des gewünschten Unter-
menüpunktes möglich. Bei Edit ist das E farbig hervorgehoben. Statt nun
durch mehrmaligen Druck auf die Cursortasten den Leuchtbalken bis
zum Menüpunkt Edit zu bemühen, können Sie auch einfach auf E drük-
ken. Das Ergebnis ist das gleiche.

Nochmals zur Fenstertechnik

Zurück zu den Fenstern. Das Window-Menü erlaubt weitere Zugriffe auf
die Fensterstruktur von TURBO BASIC. Mit dem Menüpunkt Close
können Sie ein Fenster ganz vom Bildschirm verschwinden lassen. Reak-
tiviert wird es mit Open und der Namensangabe in einem dann auf-
klappenden Untermenü. Goto läßt Sie zu einem Fenster nach Wahl wandern, mit F6 sind Sie aber immer schneller.

Tile verteilt die vier Fenster zu gleichen Größen in vier Quadranten auf
dem Bildschirm, Stack steckt die Fenster wie einen Kartenstoß hinter-
einander. Mit Zoom erreichen Sie beim Edit- und Run-Fenster weit
langsamer, was Ihnen F5 bietet, nämlich das Vergrößern auf volle Bild-
schirm- und Verkleinern auf Originalgröße.

Das Setup-Menü

Das Setup-Menü gehört eigentlich in den Bereich Installation. Die mei-
sten Untermenüpunkte sind farbliche Spielerei und haben mit der Arbeit
in TURBO BASIC, die ja Thema dieses Buches sein soll, wenig zu tun.
Es sei hier auf die Seiten 73 folgende des Handbuchs verwiesen, oder auf
Ihre eigene Experimentierfreudigkeit. Die grundlegende Bedienung des
Menüsystems kennen Sie ja bereits.

Die Hilfefunktion

Hilfe erreichen Sie übrigens immer über F1. Entspricht die aufge-
schlagene Hilfsseite nicht Ihren Vorstellungen, erhalten Sie auf erneuten
Druck von F1 das Inhaltsverzeichnis der Hilfefunktion, aus dem mit
Cursortasten und Return nach Belieben gewählt werden kann. ESC führt
zur Arbeit zurück.

Wir wollen uns nun dem ersten TURBO BASIC Programm widmen, doch
müssen Sie dazu erst den Editor kennenlernen.

1.4 DER PROGRAMMEDITOR

Viele Wege führen nach Rom, und so gelangt man auch zum Editor von TURBO BASIC auf vielfältige Weise. Sie können einmal über F6 das Edit-Fenster zum aktuellen Fenster (auf den doppelten Rahmen achten) umwandeln und dann mit F5 auf volle Bildschirmgröße bringen, oder aber Sie wählen im Hauptmenü mit den bekannten Techniken Cursortasten und Return den Menüpunkt Edit an und drücken dann F5. Befinden Sie sich im Hauptmenü, können Sie mit einem Druck auf e ebenfalls den Editor aufrufen.

Die Statuszeile

Haben Sie die Ratschläge befolgt, so erscheint ganz oben am Bildschirm eine Statuszeile und knapp darunter am linken Bildsschirmrand der Schreibcursor. Die Informationen der Statuszeile sind schnell erläutert. Zuerst finden Sie dort in Zeilen und Spalten die aktuelle Cursorposition. Indent zeigt an, daß im Einfügemodus geschrieben wird. Dieser Hinweis verschwindet, wenn Sie die INS-Taste drücken. Dann nämlich schreiben Sie im Überschreibmodus. Nochmaliger Druck auf INS und Sie sind wieder bei Indent. Tab gibt an, daß die Tabulatorfunktion eingeschaltet ist. Zum Schluß folgt der Name der bearbeiteten Datei. Noch ist dies NONAME.BAS.

Der bildschirmorientierte Editor

Der Editor ist im Vergleich zu manchem Editor eines BASIC-Interpreters, abgesehen vielleicht vom Basic2 des Schneider PC, die reinste Freude.

TURBO BASICs Editor ist im Gegensatz zu vielen seiner Kollegen nicht zeilenorientiert, d.h. Sie müssen nicht

    edit 1520

schreiben, um Zeile 1520 bearbeiten zu können. Vielmehr können Sie Ihr Programm wie einen ganz normalen Text in einer Textverarbeitung schreiben. Der Wechsel von Zeile zu Zeile geht mit den Cursortasten oder der Maus vonstatten. Return schließt eine Zeile ab. Zur Korrektur gibt es die Delete-Taste, Backspace (<-) und den Wechsel zwischen Überschreib- und Einfügemodus über die INS-Taste.

Um mit diesen Techniken zu üben, können Sie rein zu Testzwecken einfach mal einen Absatz aus diesem Buch abtippen. Sie werden sehen, wie schnell sich mit dem TURBO BASIC Editor arbeiten läßt.

Mit End gelangen Sie übrigens ans Ende der Zeile, mit Home an deren Anfang. Ein Ctrl + Cursor-links oder -rechts bewegt den Cursor wortweise. PgUp und PgDn bewegen um 24 Zeilen (bildschirmweise) auf- oder abwärts, Ctrl PgUp zum Textbeginn, Ctrl PgDn zum Textende.

Zusätzlich bietet der Editor noch einige andere textverarbeitungsähnliche Funktionen, die man bald nicht mehr missen möchte. Die wichtigsten Befehle, die übrigens alle Wordstar kompatibel sind, seien hier kurz erklärt.

Verarbeitung von Blöcken

Der Editor bietet viele Funktionen zur Blockverarbeitung, z.B. um eine Teilroutine Ihres Programms zu markieren und anschließend zu löschen.

Der Blockanfang wird mit

    F7 oder Ctrl K B

markiert, das Blockende mit

    F8 oder Ctrl K K

Der so markierte Block erscheint in invertierter Schrift. Blöcke müssen nicht ganze Zeilen umfassen, sondern können z.B. auch nur einzelne Variablennamen beinhalten.

Diesen Block kann man mit

    Ctrl K Y

löschen. (Zuerst Control und k gleichzeitig drücken, dann y) Setzen Sie den Cursor an eine andere Stelle im Quelltext und drücken

    Ctrl K V (moVe)

so wird der markierte Block an diese Stelle verschoben, d.h. an der alten Stelle gelöscht und an die neue geschrieben. Mit

    Ctrl K C (Copy)

wird der Block kopiert, wodurch er auch an der alten Position erhalten bleibt. Sie haben also zwei Exemplare Ihres Blocks. Die Blockmarkierung wechselt zur Kopie.

Einen solchen Block können Sie auch auf Diskette schreiben, z.B. um ihn in Ihre Prozedurbibliothek aufzunehmen. Sie tippen

    Ctrl K W (Write)

und geben anschließend einen Namen ein, unter dem der Block gespeichert werden soll.

Solch einen Block können Sie später mit

    Ctrl K R (Read)

wieder einlesen. Dazu erhalten Sie ein Dateiauswahlmenü, indem mittels Cursortasten und Return die gewünschte Datei ausgewählt oder das Directory gewechselt werden kann. Directories erkennen Sie an dem nachgestellten Backslash "\". Die höhere Directory-Ebene, wenn vorhanden, an "..\" Alles andere sind Dateien. Wählen Sie eine Datei an, wird diese in den Editor an der Cursorposition eingelesen. Wählen Sie ein Verzeichnis, wechselt TURBO BASIC für die Dateiauswahl in dieses Directory.

Schließlich kann die Blockmarkierung mit

    Ctrl K H (Hide)

aufgehoben, aber auch mit derselben Tastenkombination wieder aktiviert werden. Natürlich nur, wenn zuvor irgendwo ein Block markiert und anschließend versteckt wurde.

Suchen und Ersetzen

Nützlich ist ebenfalls die Suchen/Ersetzenfunktion des Editors. Angenommen Sie suchen alle Quelltextstellen, an denen die Variable "bruttoeinkommen" gebraucht wird. Dazu tippen Sie

    Ctrl Q F (Find)

und es erscheint die Aufforderung, einen Suchbegriff einzugeben. Dorthin schreiben Sie den Namen der Variablen gefolgt von Return. Es folgt die Frage nach der Suchoption. Hier tippen Sie am besten ein G ein, wodurch der ganze Text (global) durchsucht wird. Sonst nämlich wird nur ab der Cursor Position bis zum Textende gesucht.

Soll die Suche wiederholt werden, so reicht die Tastenkombination

    Ctrl L

jedoch nur, wenn die Suchoption nicht auf G stand. Dann nämlich wird mit der Suche wieder von vorn begonnen und wieder die schon gefundene Quelltextstelle als Fundort markiert.

Sollen Variablennamen oder Befehlsfolgen ausgetauscht werden, hilft

>   Ctrl Q A

weiter. Sie geben hier zunächst wieder einen Suchbegriff ein, der später durch etwas Neues ersetzt werden soll, und anschließend den neuen Text. Als Option am Besten wieder G. Die Option N für keine Nachfrage beachten Sie lieber nicht, Sie kann zu vielen unliebsamen Fehlern führen. Alsdann wird der Text auf Ihr Suchwort hin durchkämmt. Wird es gefunden, fragt der Editor, ob ersetzt werden soll. Antworten Sie mit Y für Ja oder N für Nein, je nachdem, ob Ihnen die Fundstelle behagt oder nicht.

Damit wären wir am Ende unseres kleinen Ausfluges in den Editor angelangt. Wenn Sie ausführlichere Erläuterungen wünschen, seien Ihnen die Seiten 37 bis 55 des Handbuches ans Herz gelegt. Dort wird alles bis in die letzten Einzelheiten dargestellt. Hier ging es nur um die wirklich im Programmieralltag verwendeten Steuerkommandos.

Ein Testprogramm

Bevor wir aber den Editor verlassen, wollen wir doch ein kleines Testprogramm formulieren, anhand dessen wir uns den Funktionsunterschied zwischen Compiler und Interpreter klar machen werden.

Wenn Sie noch einen Text im Editor stehen haben, löschen Sie diesen zunächst mit

Ctrl PgUp	'an den Textanfang (1.Zeile)
Home	'in die 1.Spalte
F7	'Blockanfang setzen
Ctrl PgDn	'an das Textende (letzte Zeile)
End	'in die letzte Spalte
F8	'Blockende markieren
Ctrl K Y	'Block löschen

Dann schreiben Sie ganz ohne Zeilennummern, denn diese braucht TURBO BASIC dank seines Editors nicht mehr

```
for i=1 to 10
        locate i,1
        print string$(80,"*");
next

locate 11,1
print "HERZLICH WILLKOMMEN BEI TURBO BASIC";

for i=12 to 24
        locate i,1
        print string$(80,"*");
next

end
```

Verlassen Sie nun den Editor mit ESC oder der rechten Maustaste.

1.5 DER COUNTDOWN LÄUFT

Entgegen anders lautenden Beteuerungen im Handbuch sollte nun Ihr
Menücursor nicht zuerst zu den Menüpunkten Run oder Compile wandern, sondern in Richtung File, um den so eben geschriebenen Quelltext
abzusichern. Dieser Rat entspringt eigenen Erfahrungen bei der Erstel-
lung der Beispielprogramme für dieses Buch. Allzu häufig nämlich ver-
abschiedet sich TURBO BASIC entweder schon beim Compilieren oder
während des Programmablaufs. Dieses Buch wäre sicherlich weit schneller fertig geworden, hätte der Autor seinen eigenen Rat besser befolgt.

Das File-Menü

Im File/Dateimenü wählen Sie also bitte Save und geben den Namen
Ihres Machwerkes an. Nehmen Sie für unser Testprogramm

    test.bas

TURBO BASIC erstellt übrigens immer dann, wenn schon eine Datei
gleichen Namens vorhanden ist, eine Backup-Datei mit der Endung
.BAK. Zwar können Sie dies verhindern, Sie sollten es zu Ihrer eigenen
Datensicherheit aber nicht. Vielleicht ist die korrigierte Fassung schlech-

ter als das Original. Mit einer Backup-Datei haben Sie aber immer noch das Original griffbereit.

Von Zeit zu Zeit kann man ja über das DOS (Menü File, Menüpunkt OS Shell) alle Backups mit

    erase *.bak

entfernen, um dann mit

    exit

zu TURBO BASIC zurückzukehren.

Später können Sie über das Dateimenü auch jeden beliebigen Quelltext mittels Load wieder einlesen. Sie können dabei einen konkreten Namen angeben oder über

    .

das Gesamtverzeichnis anfordern, um aus einem Dateiauswahlmenü den gewünschten Programmcode auszuwählen. Die Dateiauswahl funktioniert wie beim Einlesen von Blöcken über

    Ctrl K R

im Editor. Ein von Diskette geholtes Programm wird fortan genauso behandelt, als sei es frisch geschrieben.

Soll ein Programm unter einem anderen Namen als dem aktuellen, sozusagen incognito, gespeichert werden, so wählen Sie im File-Menü Write to. Namen angeben, und ab geht die Post. Mit New können Sie den aktuellen Programmtext aus dem Speicher entfernen. War dieser noch nicht gesichert, erscheint eine Warnung mit dem Angebot, den Quelltext doch zuerst zu sichern. Dies kann angenommen werden oder nicht.

Verzeichnisse nur ansehen, können Sie mit dem Menüpunkt Directory im File-Menü, ein Verzeichnis wird mit Change Dir und Namensangabe gewechselt. Dieser Verzeichniswechsel wirkt sich auf alle Schreib-/Lesevorgänge des Compilers aus. Also Vorsicht.

Quit beendet all Ihre Arbeit und führt Sie zur DOS-Ebene zurück. Der Autor hofft aber, daß Sie ihn, sein Buch und TURBO BASIC nicht jetzt schon verlassen wollen.

Das Options-Menü

Haben Sie also Ihren Quelltext gesichert, so sollte der Menücursor noch immer nicht zu Compile oder Run, sondern zu Options geführt werden. Bitte werden Sie noch nicht ungeduldig, das Warten soll sich lohnen.

Tun Sie sich also den Gefallen und gehen Sie ins Options Menü. Dort können Sie eine Reihe für Sie und Ihre Programmentwicklung wichtiger Schalter aktivieren.

Wenn Sie einen 8087 oder 80287 Prozessor in dem Inneren Ihres PC's beherbergen, dann sollte der 8087 Schalter mit einem einfachen Return auf on gestellt werden. Die folgenden vier Schalter mögen bitte alle Leser auf on stellen.

Key Break on ermöglicht unter Umständen den letzten Ausweg aus einer Endlosschleife über Ctrl Break. Allerdings nur, wenn in der Schleife irgendwo ein print oder input auftaucht. Sind Sie also nicht sicher, ob eine Schleife eventuell nicht zu Ihrem seeligen Ende kommt, bauen Sie einfach zur Sicherheit ein paar

        print;

Anweisungen ein. Diese Print-Anweisungen haben keine Nebenwirkungen, durch sie kann aber ein Programm in jedem Fall ab gebrochen werden.

Bounds on überprüft die durch Dim gesetzten Grenzen bei Arrays. Wenn Bounds auf on gesetzt ist, führen Arrayelemente außerhalb der zulässigen Bereiche zu Fehlermeldungen. Ohne diesen Schalter auf on zu setzen, erhalten Sie, wenn die Arraygrenzen überschritten werden, während des Programmablaufs nur merkwürdige Ergebnisse. Overflow vermerkt, ob sich Zahlen innerhalb der Typbegrenzungen wie z.B. Integer bewegen. Tun sie dies nicht, gibt es Ärger mit TURBO BASIC. Ohne Overflow on kommt TURBO BASIC nur zu seltsamen Ergebnissen ohne jedoch auf die Fehlerquelle aufmerksam zu machen.

Stack test schließlich stellt fest, ob Sie unter Umständen zu viele Programmverschachtelungen mit Unterprogrammen gebaut haben, und daher ein korrektes Springen zwischen den Programmteilen nicht mehr möglich ist. Ist dieser Schalter nicht eingeschaltet, verirrt sich TURBO BASIC bei zu vielen Verschachtelungen schlicht in seinem eigenen Programmcode und stürzt ab.

In Ihrem eigenen Interesse sollte künftig Ihr erster Schritt nach Aktivierung von TURBO BASIC in Richtung Options Menü gehen, um dort die letztgenannten vier Schalter allesamt auf on zu stellen. Dies kann Ihnen viele Resets ersparen. Auch hier spricht der Autor aus bitterer Erfahrung.

PROGRAMME COMPILIEREN

Nun endlich wollen wir unser Programm auf Trab bringen.

TURBO BASIC ist ein intelligenter Compiler, will heißen, daß es vor einem Programmstart selbst merkt, ob der aktuelle Quelltext schon compiliert war oder nicht. Deshalb brauchen wir uns nicht erst zum Menüpunkt Compile zu bewegen, sondern können sogleich zu Run vorschreiten. Das Programm wird, wenn nötig, automatisch compiliert und im Anschluß gleich gestartet.

Tippen Sie also ESC, um den Editor zu verlassen und anschließend R für Run. Genauso gut können Sie diese Auswahl auch mit dem Menücursor und Return treffen, schneller jedoch geht es mit der erstgenannten Methode.

Was genau beim Compilieren geschieht und wozu es gut ist, ein Programm zu compilieren, können Sie sehr schön im ersten Teil der Heimsoeth Handbücher nachlesen. Hier soll schließlich und endlich mit dem Compiler gearbeitet und keine graue Theorie vorgetragen werden.

Zunächst werden Sie wahrscheinlich vom Ergebnis unseres Testprogramms nicht viel sehen, da das Run-Fenster so winzig ist. Deshalb Sie müssen das Run Fenster noch mit

   Alt F5

auf volle Größe bringen. Dann aber erscheint in voller Pracht das Ergebnis unseres vorhin geschriebenen Programms, vorausgesetzt, Sie haben keinen Tippfehler gemacht. Dann nämlich springt TURBO BASIC in den Editor zurück und zeigt auf den peinlichen Makel. Nicht immer ist die angezeigte Fehlerstelle auch die tatsächliche Quelle des Übels. Dazu an anderer Stelle in diesem Buch mehr.

Den Fehler korrigieren Sie, verlassen den Editor mit ESC, sichern die verbesserte Version mit Save im Filemenü (jetzt brauchen Sie keinen Namen einzugeben, denn den hat sich TURBO BASIC gemerkt) und starten erneut mit Run. Compiliert wird wiederum von selbst. Hoffentlich klappt es beim zweiten Anlauf.

1.6 PROGRAMME STAND ALONE

Im Options Menü haben wir noch einen wichtigen Punkt ausgelassen,
nämlich Compile to. Vorgabe ist Compile to memory, d.h. es wird innerhalb des Hauptspeichers des Computers compiliert und dann das Programm ausgeführt. Nur der im ASCII-Format vorliegende Quelltext wird
durch Save auf Diskette gesichert. TURBO BASIC wird also analog zu
einem Interpreter verwandt.

Diese Verfahrensweise ist wegen der Platzersparnis für interne Pro-
gramme zu empfehlen, die nicht so häufig gebraucht werden oder deren
Start über TURBO BASIC und erneute Compilierung im Speicher keine
Zeitverschwendung bedeutet. Schließlich compiliert TURBO BASIC
enorm schnell, Sie warten kaum länger als bei einem Interpreter auf die
Ausführung Ihres Programms.

Wollen Sie hingegen ein Programm recht häufig benutzen oder gar
verkaufen, so hätte man doch lieber ein ausführbares EXE-File auf
Diskette oder Festplatte stehen. Kein Problem. Wählen Sie einfach
Compile to an und es erscheint ein Untermenü, in dem Sie Compile to
EXE-File auswählen können, was Sie auch tun sollten.

Anschließend geht es zum Menüpunkt Compile im Hauptmenü. Das
EXE-File wird compiliert und unter dem aktuellen Namen ins aktuelle
Verzeichnis (siehe Change Dir im Menü File) mit der Endung .EXE ge-
schrieben.

Compilieren Sie also TEST.BAS mit Compile to exe. Finden Sie anschließend auf Ihrer Arbeitsdiskette eine Datei TEST.EXE. Verlassen Sie
TURBO BASIC mit Quit im File-Menü und rufen Sie TEST.EXE mit
der Befehlszeile

        test [RETURN]

von der DOS-Ebene auf. test.exe zeitigt dasselbe Ergebnis wie test.bas
unter TURBO BASIC aufgerufen. Nur kann TEST.EXE von jedem Com-
puterbesitzer, auch denen die TURBO BASIC weder besitzen noch kennen, benutzt werden. Dies ist mit TEST.BAS nicht möglich. Diesen Vorteil von TEST.EXE erkaufen Sie sich aber mit einigen Kilobytes
Speicherkapazität. Vergleichen Sie mal den Umfang von TEST.BAS und
TEST.EXE mit

        dir test.* [RETURN]

Die Datei TEST.EXE wird vor allem durch die Laufzeitbibliothek von
TURBO BASIC derart aufgeblasen. In dieser Bibliothek befinden sich
Maschinenroutinen, die eine selbständige Schnittstelle zwischen Ihrem
Programm und der Maschinensprache des Computers darstellen. Durch

diese Bibliothek wird das Programm unabhängig von TURBO BASIC und direkt ausführbar.

Noch ein Hinweis: Je mehr Schalter im Options Menü auf on gestellt sind, desto länger wird das EXE-File. Wenn also Ihr Programm hinlänglich geprüft und getestet, sozusagen serienreif ist, können Sie diese Schalter zur Platzersparnis auf off stellen und erst dann compilieren. Ohnehin ist ein EXE-File im Schnitt um 36 Kbyte länger als sein Quelltext-Halbbruder. Aber eben "Stand alone".

Nachdem die Grundzüge der Bedieneroberfläche von TURBO BASIC und die wichtigsten Arbeitsgänge vor, während und nach dem Compilieren erklärt sind, wollen wir uns nun mit den neuen Sprachkonstrukten des Compilers befassen.

2 Strukturiert programmieren

Die folgenden Kapitel sollen dem GW-BASIC-Programmierer und anderen BASIC-Erfahrenen die Neuigkeiten von TURBO BASIC in kurzer knapper Form vermitteln. Für genaue syntaktische Einzelheiten sei wieder auf das sehr gute Handbuch von Heimsoeth verwiesen. Hier geht es lediglich um die Strukturen von TURBO BASIC und ihre wichtigsten Anwendungsformen. Detaillierte Programmierbeispiele werden sich diesen einführenden Kapiteln gegliedert nach Programmieraufgaben anschließen.

2.1 SPRINGPARCOUR

Unterprogramme mit Gosub und Return

TURBO BASIC hebt sich von anderen BASIC-Dialekten durch die Strukturierbarkeit des Programmcodes ab. Dazu dienen zum einen verschiedene Schleifen, blockorientierte If-Then-Else Anweisungen und mehrzeilige Funktionsdefinitionen, zum anderen aber auch das Mittel der Unterprogramme. Hier soll von den Unterprogrammen die Rede sein.

Ein alter Hut für BASIC-Kenner sind die Unterprogramme, die mit Gosub angesprungen und mit Return beendet werden. Anders als so mancher Interpreter verlangt TURBO BASIC nicht unbedingt eine Zeilennummer als Sprungziel. Zwar bleibt die Möglichkeit der Zeilennummerierung auch in TURBO BASIC aus Kompatibilitätsgründen erhalten, sinnvoller aber sind sogenannte Sprungmarken, englisch Labels.

Ein Unterprogrammname könnte z.B.

    druckname:

sein. Der Name des Unterprogramms wird immer mit einem Doppelpunkt abgeschlossen. Die Verwendung von Klein- und Großbuchstaben hat keine Unterscheidungswirkung. "Druckname" ist gleich "druckname". Bei der Wahl des Namens sind Sie sehr frei. Die wenigen Ausnahmen zu erklären, wäre Platzverschwendung. Im Zweifelsfall gibt es ohnehin eine Fehlermeldung vom Compiler. Der Vorteil der Labels liegt in der leichten Lesbarkeit eines mit Labels geschriebenen Programms. "gosub druckname:" sagt jedem mehr als "gosub 1520".

Damit wissen Sie auch schon, wie ein mit einem Label benanntes Unterprogramm angesprungen wird.

```
gosub druckname:
```

Die Subroutine selbst sieht beispielsweise so aus:

```
druckname:
        print name$
return
```

Übrigens gibt es auch bei TURBO BASIC den absoluten Sprung mit Goto. Lassen Sie aber diesen Befehl den Programmierästheten zuliebe außen vor. Er sei deshalb hier nicht weiter erwähnt. Auch in den Programmbeispielen dieses Buches wird er, wenn irgend möglich, nicht verwendet.

Prozeduren

Neu für BASIC sind die bei TURBO BASIC vorhandenen Prozeduren. Im Prinzip ist eine Prozedur wie ein Unterprogramm zu behandeln, sie kann dieselben Aufgaben übernehmen.

Formuliert wird eine Prozedur mit

```
sub druckname

...

end sub
```

Sub druckname ist gleich dem Label eines Unterprogramms, nur eben für Prozeduren. End sub entspricht return. Die Prozedur wird im Gegensatz zu einem Unterprogramm nicht mit Gosub, sondern mit Call aufgerufen:

```
call druckname
```

Innerhalb einer Prozedur können weitere Prozeduren mit Call aufgerufen werden. Alle Schleifenkonstrukte, If-Then-Else-Anweisungen usw. sind erlaubt. Sie können sich also innerhalb einer Prozedur so richtig austoben. Nur das Einspringen mit Gosub und Goto und das Verlassen mit Gosub und Goto ist verboten. Auch die Definition weiterer Prozeduren innerhalb der Prozedur ist nicht erlaubt.

Damit sind wir aber auch schon am Ende der Gemeinsamkeiten von Unterprogrammen und Prozeduren angelangt. Ein

```
    sub druckname
        print name$
    end sub
```

mit

```
    call druckname
```

aufgerufen, bewirkt nämlich im Gegensatz zum entsprechenden Unterprogramm rein gar nichts.

Dies wollen wir untersuchen.

Erster Unterschied zwischen Unterprogramm und Prozedur: In ein Unterprogramm kann das Programm während des Ablaufs hineinfallen.

```
name$="Müller"
gosub druckname


druckname:
     print name$


return


end
```

Dieses Beispiel druckt den Namen Müller zweimal. Einmal durch den Aufruf des Unterprogramms und einmal dadurch, daß das End erst hinter dem Unterprogramm steht. Besser hieße es also

```
name$="Müller"
gosub druckname



end



druckname:
     print name$
return
```

In eine Prozedur kann man nicht hineinfallen.

```
sub druckname
     print "Müller"
end sub

end
```

Hier passiert gar nichts, obwohl die Prozedur direkt am Programmanfang steht. Sie verhält sich wie eine Funktionsdefinition. Erst ihr direkter Aufruf via Call führt zum Ausdruck des Namens "Müller". Zweiter Unterschied: Eine Prozedur ist sprichwörtlich von ihrer Außenwelt abgeschnitten. Sie weiß von keinem Array und keiner Variablen des aufrufenden Programms. Daher läßt

```
cls
name$="Müller"


sub druckname
      print name$
end sub


call druckname


end
```

den Bildschirm schwarz. Name$ ist der Prozedur druckname schlichtweg unbekannt. Was nun?

Parameterübergabe an eine Prozedur

Zwei Wege gibt es zur Verbesserung. Der erste ist die Übergabe eines Parameters an die Prozedur mit

```
call druckname(name$)
```

Die Prozedur wird geändert in

```
sub druckname(name$)
      print name$
end sub
```

Von nun an weiß auch die Prozedur um den Inhalt der Variable name$. Arrays werden mit

```
call druckname(name$(dimensionszahl))
```

übergeben. Sie kann man nur komplett weitervermitteln. Es können mehrere Parameter gleichzeitig übergeben werden, nur müssen sie beim Prozeduraufruf und bei der Prozedurdefinition in gleicher Reihenfolge auftauchen. So könnte man Name und Alter übergeben:

```
        call drucknamealter(name$,alter)

        sub drucknamealter(name$,alter)
             print name$;" ist ";alter;" Jahre alt."
        end sub
```

Über den Parameter kann eine Prozedur auch Ergebnisse zurück liefern:

```
        alterheute=100
        call alter2000(alterheute)
        print alterheute


        sub alter2000(alterheute)
             alterheute=alterheute+2000-1988
        end sub
```

Das Ergebnis von print alterheute wäre 112. Dies macht jedoch wenig Sinn, da alterheute das heutige Alter enthalten sollte. Besser schreibt man also

```
        alterheute=100
        alter2000=alterheute
        call alter2000(alter2000)
        print "Alter heute: ";alterheute
        print "Alter im Jahr 2000: ";alter2000


        sub alter2000(alterheute)
             alterheute=alterheute+2000-1988
        end sub
```

Nun ist sicherlich einige Verwirrung durch die Variablennamen bei Ihnen gestiftet worden, obwohl das Ergebnis dem Gewünschten entspricht. Deshalb einige erklärende Worte.

Der Aufrufparameter für eine Prozedur muß nur denselben Typ, nicht aber denselben Namen wie in der Prozedurdefinition haben. Sie können also die Prozedur alter2000(alterheute) mit call alter2000(alter2000) aufrufen, ohne daß TURBO BASIC protestiert.

Die Variable alterheute aus dem Hauptprogramm bleibt auf dem Wert hundert. Die Variable alterheute in der Prozedur hat mit der gleichnamigen Variablen des Hauptprogramms außer dem Namen nichts gemeinsam. In der Prozedur bekommt die Variable alterheute den Wert von alter2000 via call zugewiesen. Hier wird also unter dem Namen alterheute der Wert von alter2000 verarbeitet. Anfangs ist durch die Zuweisung

```
        alter2000=alterheute
```

alter2000 gleich dem alterheute des Hauptprogramms. In der Prozedur
aber wird das Alter im Jahr 2000 berechnet und über die Variable
alter2000, innerhalb der Prozedur alterheute genannt, zurückgegeben.

Deshalb liefert der anschließende Ergebnisausdruck einmal

    100

für alterheute und einmal

    112

für alter2000.

Wie nun können wir in der Prozedur mit der Variable alterheute, die
auch im Hauptprogramm vorkommt, rechnen, ohne sie zu verändern?
Damit wären wir bei dem Phänomen der lokalen Variablen.

Lokale Variablen

Eben sagten wir, daß die Prozedur von ihrer Außenwelt nichts weiß.
Gleiches können wir auch über die Außenwelt sagen: Sie weiß vom In-
nenleben der Prozeduren nichts. Innerhalb einer Prozedur verwandte
Variablen können rein lokalen Charakter haben.

Alterheute in der Prozedur hat nur innerhalb der Prozedurgrenzen seine
Wirkung. Nur durch die Tatsache, daß alterheute in der Parameterliste
unserer Beispielprozedur steht, kann diese Variable ihre Erkenntnisse
weitergeben. Dies tut sie aber nicht selbst, sondern über den Call Parameter alter2000. Das Prozedur-alterheute verläßt also die vier Wände seiner Prozedur nie.

Man kann auch lokale Variablen definieren, die nicht über die Parameterzeile mit dem Programm kommunizieren. Dafür dient das Befehlswort

    local

Ein Beispiel: Oft genug braucht man in For-Next-Schleifen eine
Laufvariable. Verschachtelt man mehrere For-Next-Schleifen, braucht
man immer wieder neue Laufvariablen. Irgendwann gehen einem dann
die Namen aus.

Nun kann man auch in Prozeduren For-Next-Schleifen verwenden. Hier
sind aber keine neuen Namen für die Laufvariablen notwendig. Sie
schreiben einfach

```
    sub mehrmals

    local i

    for i=1 to 100
         print i
    next

    end sub
```

Hier wurde die Laufvariable i als lokale Variable deklariert. Dadurch
wird folgendes Programm möglich:

```
    for i=1 to 10
         call mehrmals
    next

    end
```

ohne daß sich der Programmablauf verheddert. Die Laufvariable i des
Hauptprogramms weiß von ihrem Namensvetter in der Prozedur nichts
und umgekehrt.

Alles in allem sind die lokalen Variablen ein starkes Hilfsmittel in der
Programmiererei mit TURBO BASIC.

Shared-Variablen

Die lokalen Variablen haben auch einen Gegenpart, nämlich Variablen
vom Typ shared. Diese werden von der Prozedur ähnlich wie die Para-
metervariablen geteilt, sind also Programm und Prozedur bekannt.

Somit könnten wir die Prozedur druckname auch schreiben

```
    sub druckname

        shared name$

        print name$
    end sub
```

und erhielten den Inhalt der Variable name$ auf dem Bildschirm.

Parameterübergabe und Shared-Anweisungen sind in ihrer Wirkung
identisch. Die Parameterübergabe verwendet man am besten, wenn der
Programmierer ganz bewußt bestimmte Werte an eine Prozedur übergeben

soll. Die Shared-Anweisungen können z.B. für Standardvariablen eines Programms benutzt werden, die man nicht jedesmal neu beim Prozeduraufruf angeben möchte.

Stacküberlauf

Wenn man in einem Programm allzuviele lokale Variablen benutzt, kann es zu einem Stack-Überlauf kommen. Entweder man löscht einige lokale Variablen, oder man vergrößert den Stack. Dies geschieht mit dem Compilerbefehl $stack. Standardmäßig ist der Stack auf 768 Bytes voreingestellt, er kann mit

    $stack bytesanzahl

auf bis zu 32767 Bytes vergrößert werden. Zu einem Stack-Überlauf kann es auch durch allzuviele Verschachtelungen von Prozeduren und Unterprogrammen kommen. Allerdings ist dies reichlich unwahrscheinlich.

Einsatz von Unterprogrammen und Prozeduren

Welche Programmiertechnik, Prozedur oder Unterprogramm, benutzt man nun für welche Programmzwecke?

Wenn man eine komplettes Programm nur mit Prozeduren schreiben wollte, würde dies sicherlich sehr strukturiert und übersichtlich, der Programmierer aber hätte mehrere Nervenzusammenbrüche hinter sich und einen Schopf grauer Haare.

Dies liegt daran, daß man nur allzu leicht die notwendigen shared-Anweisungen bzw. Parameterübergaben vergißt. Außerdem verändern einem die Prozeduren oftmals Variablen, die unverändert bleiben sollten, weil man wiedermal etwas mit den lokalen Variablen falsch gemacht hat.

Kurz, für den normalen Programmablauf sollte man bei Return und Gosub bleiben, der Bequemlichkeit wegen. Wenn man aber Spracherweiterungen programmiert, die ähnlich eines TURBO BASIC Befehls verwendet werden sollen, dann sind die Mittel der lokalen Variablen und die Parameterübergabe bei Prozeduren ideale Hilfsmittel. Prozeduren treten nämlich nur in Aktion, wenn sie gerufen werden.

Dieses Prinzip wird übrigens bei allen Programmbeispielen dieses Buches beachtet, Hauptprogrammelemente werden mit Gosub/Return, Unterprogramme und allgemein verwendbare Hilfsroutinen mit Prozeduren programmiert.

Das neue blockorientierte If-Then-Else

Verbessert worden ist auch der Verteiler If-Then-Else. Gänzlich neu ist Select Case. On goto/gosub existiert weiterhin in alter Form und kann deshalb hier vernachlässigt werden.

Fortan können If-Then-Else Anweisungen über mehrere Zeilen verteilt werden. Man schreibt beispielsweise

```
if a=100 then
      print "A ist Hundert"
elseif a=0 then
      exit if
elseif a<100 then
      print "A ist kleiner Hundert"
elseif a>100 and a<1000 then
      print "A ist größer Hundert und kleiner Tausend"
else
      print "A ist größer Tausend"
end if
```

Damit hätten wir auch alle Elemente des neuen blockorientierten If-Then-Else erfaßt. Begonnen wird mit einer herkömmlichen

    if Bedingung then

Zeile. Else-Zweige, die von einer bestimmten neuen Bedingung abhängig sind, werden in einer neuen Zeile mit

    elseif Bedingung then

formuliert. Einfache Else-Zweige werden einfach mit

    else

begonnen. Die Anweisungen einer Verzweigung werden in eine neue Zeile unterhalb der Bedingung gestellt. Der komplette If-Then-Else Block wird mit

    end if

beendet. End if ist zwingend notwendig, es sei denn, man bleibt beim alten einzeiligen If-Then-Else. Alle anderen Zweige sind optional.

Mit Exit If kann vorzeitig aus dem If-Then-Else Block heraus gesprungen werden. Mehrere If-Then-Else Blöcke können auch verschachtelt sein

```
if a<1000 then
      if a=100 then
            print "A ist Hundert"
      elseif a=200 then
            print "A ist Zweihundert"
      elseif a=300 then
            exit if
      else
            print "A ist weder 100 noch 200"
      end if
elseif a>2000 then
      print "A ist größer 2000"
else
      print "A liegt zwischen 1000 und 2000"
end if
```

Das geübte Programmierauge erkennt sofort, welch phantastische Möglichkeiten sich durch das blockorientierte If-Then-Else ergeben. Ganz abgesehen davon, daß solche übersichtlichen Verteiler auch rein optisch eine Freude sind.

Eine Enttäuschung hingegen ist das neueingeführte Select Case. Längere Ausführungen hierzu sollen Ihnen erspart bleiben, da die Möglichkeiten dieses Befehls weit hinter denen des neu erstandenenen If-Then-Else zurückstehen. Man fragt sich wirklich, wozu es Select Case gibt. In keinem der Beispielprogramme dieses Buches wird es verwendet und der Autor hat dabei nichts vermißt. Ein schlechtes Zeichen für den Wert dieses Kommandos.

In der Datei WHEREIS.INC finden Sie dennoch einige Anwendungsbeispiele, die auch ohne Select-Case-Beispiele ein intensives Studium wert sind.

2.2 PROGRAMME VERKETTEN

Im interpretativen BASIC ist es häufig nur möglich, größere Programme zu schreiben, wenn man ausgiebig vom Chain-Befehl Gebrauch macht. Chain ist auch TURBO BASIC bekannt, jedoch mit weit weniger Optionen. Dies ist jedoch nicht tragisch, da wohl kaum unter TURBO BASIC Probleme mit dem Speicherplatz für das Programm auftauchen werden.

TURBO BASIC unterstützt nämlich auch Programme mit einer Länge
größer 64 Kbyte.

Dennoch sollte man nicht 64 Kbyte und mehr an einem Stück schreiben.
Da verliert man allzu leicht die Übersicht im Editor von TURBO BASIC.
Vielmehr bieten sich die Main- und Workfiles an.

Main- und Workfiles

Workfiles sind die Programmdateien, die gerade im Editor bearbeitet
werden, das Mainfile ist das Hauptprogramm. Auch das Mainfile kann
zum Workfile werden, wenn es im Editor steht! So kann z.B. ein Faktur-
programm aus den folgenden Programmteilen bestehen:

Auswahlmenü	Mainfile
Sachkonten	Workfile A
Debitoren	Workfile B
Fakturierung	Workfile C
Auftragsbearbeitung	Workfile D
Lagerbestandsführung	Workfile E
Kreditoren	Workfile F

Beginnen Sie also mit der Programmierung des Auswahlmenüs.

```
if wahl$="S" then
      gosub sachkonten
elseif wahl$="D" then
      gosub debitoren

usw.
```

Irgendwo im Programmtext müssen die Zeilen

```
$include "workfile.A"
$include "workfile.B"
$include "workfile.C"

usw.
```

stehen.

Mit $include wird der Quelltext anderer Programmdateien während der
Compilierung in den aktuellen Programmtext eingefügt, die Programme

also verkettet. Das Compilieren hat jetzt aber noch keinen Sinn, da die verschiedenen Workfiles noch nicht existieren.

Sichern Sie die Hauptdatei ab. Gehen Sie dann ins Dateimenü auf den Menüpunkt Mainfile, und geben Sie dort den Namen der gerade gesicherten Datei an.

Jetzt können Sie mit der Arbeit an dem ersten Workfile beginnen. Sichern Sie auch dieses ab, und beginnen Sie mit dem nächsten Workfile, bis alle Programme erstellt sind.

Wählen Sie nun den Menüpunkt Compile an. Automatisch lädt TURBO BASIC wieder das Mainfile in den Editor und compiliert es. Während der Compilation stößt der Compiler auf die $include-Befehle und bindet die dortgenannten Quelltexte, also die Workfiles, mit in das Compilat ein.

Ist in irgendeinem der Programmfiles, sei es Mainfile oder Workfile, ein Fehler entdeckt worden, lädt TURBO BASIC automatisch den Quelltext der entsprechenden Programmdatei in den Editor und zeigt die Fehlerstelle an.

Korrigieren Sie und starten Sie das Programm erneut. Sie brauchen nicht erst wieder das Mainfile zu laden, denn die richtige Hauptdatei war ja im Dateimenü angegeben. TURBO BASIC lädt also wiederum automatisch das Mainfile und compiliert dieses und alle Workfiles, um dann das Programm auszuführen.

Der zuvor geschilderte Korrektur/Compilierlauf ist solange zu wiederholen, bis das Programm fehlerfrei arbeitet.

Ein Beispiel für die Aufteilung des Quelltextes auf mehrere Dateien, finden Sie in der mitgelieferten Tabellenkalkulation MICROCALC, die sich in den Dateien MC.BAS und MC0.INC bis MC8.INC befindet. Die Dateien mit der Endung INC sind die Work/Includefiles, MC.BAS ist das Mainfile.

Der $include-Befehl

Mit $include können Sie natürlich auch in ganz normale kurze Programme Standardroutinen aus einer selbstaufgebauten Bibliothek einbauen. Angenommen, Sie haben sich eine Standard Inputroutine geschrieben (eine solche wird noch in diesem Buch vorgestellt), dann können Sie diese ja für jedes neue Programm, das Anwendereingaben entgegennimmt, wiederverwenden.

Sie schreiben einfach an geeigneter Stelle im Programm

```
$include "input.bib"
```

und schon steht Ihnen die Bibliotheksroutine zur Verfügung.

Übrigens eignen sich für solche Bibliotheken am besten Prozeduren, da man sie direkt am Programmanfang mit $include einbinden kann, ohne daß das Programm in die Unterroutinen hineinfällt.

Der Compilerbefehl $segment

Wenn Ihnen die Technik der Work- und Mainfiles zu aufwendig erscheint und Sie ohnehin keine Programmpakete entwickeln wollen, kommen Sie auch schon mit dem Compilerbefehl $segment ein ganzes Stück weiter.

Normalerweise wird in einem TURBO BASIC Programm von und zu Unterprogrammen mit sogenannten kurzen Sprungbefehlen gewechselt. Diese kurzen Sprungbefehle aber können nur im Umkreis von 64 Kbyte, sprich 32 Kbyte in jede Richtung springen.

Unterteilen Sie Ihr Programm aber an sinnvollen Stellen - über diese Grenzen sollte nicht allzu häufig ein Sprung vonnöten sein - mit

```
$segment
```

dann wird zwischen den Programmsegmenten ein weiter Sprung und innerhalb weiterhin ein kurzer Sprung benutzt. Somit läßt sich eigentlich jede Entfernung überwinden. Eine Aufteilung in Main- und Workfiles ist nicht nötig.

Einziger Nachteil, lange Sprünge über $segment-Grenzen hinweg dauern länger. Also ziehen Sie bitte die Grenze nicht gerade mitten durch Ihre Sortierroutine.

2.3 SCHLEIFEN

Bei den While-Wend und For-Next Schleifen hat sich bei TURBO BASIC nicht viel getan, neu ist lediglich die Möglichkeit, den Wert einer Laufvariablen mit Decr oder Incr zu ändern. Statt

```
laufvariable=laufvariable+1
```

zu schreiben, reicht nun

```
incr laufvariable,1
```

und aus dem Gegenteil

    laufvariable=laufvariable-1

wird

    decr laufvariable,1

Natürlich kann die Laufvariable auch mit anderen Werten als Eins hoch-
oder runtergezählt werden.

Als Laufvariable sei Ihnen i empfohlen. Ein i für die äußerste Schleife, ii
für die nächste Schleife, iii für die übernächste usw.

```
for i=starti to endei
     for ii=startii to endeii
          for iii=startiii to endeiii
                print i,ii,iii
          next iii
     next ii
next i
```

So kommen Sie zum einen nie in Verlegenheit um den Namen der Laufvariablen und wissen zum anderen anhand der Länge der Laufvariablen
immer, wieviel Schleifen noch zu beenden sind.

Die Do-Loop-Schleife

Ein Fortschritt ist die Do-Loop-Schleife. Neben einer neuen Formulierung der While-Wend-Schleife

    do

    ...

    loop while Bedingung

oder

    do while Bedingung

    ...

    wend

oder

        do while Bedingung

            ...

        loop

die außer der neuen Formulierung nichts bringt, liefert sie noch die

        do

            ...

        loop until Bedingung

Schleife. Diese ist eine echte Neuerung. Do/While oder While/Wend überprüft eine Bedingung immer vor der Ausführung der in der Schleife eingeschlossenen Anweisung.

```
a=0
do while a<>0
        print a
loop
```

gelangt nie zur Ausführung, weil schon bei der ersten Überprüfung die Bedingung a<>0 nicht erfüllt wird. Anders eine Do-Until Schleife. Sie wird zumindest einmal ausgeführt, da die Überprüfung erst am Ende der Schleife, also nach der Durchführung der Schleifenanweisung, überprüft wird.

```
a=0
do
        print a
loop until a<>0
```

schreibt folglich eine Null auf den Bildschirm.

Do/Until eignet sich hervorragend für die Hauptmenü-Schleife:

```
    do
            e$=inkey$
            e$=ucase$(e$)
            if e$="A" then
                    gosub a:
            elseif e$="B" then
                    gosub b:
            elseif e$="C" then
                    gosub c:
            elseif e$="D" then
                    gosub d:
            end if
    loop until e$="E"


    end
```

Diese Schleife wird inclusive Sprünge in die Unterprogramme a, b, c und
d solange wiederholt, bis man ein "e" oder "E" für "Ende" gedrückt hat.

Schleifen verlassen

Jede Schleife können Sie fortan auch ohne ein unschönes

```
    goto außerhalb schleife
```

verlassen. Für While-Wend und Do-Loop gibt es jetzt

```
    exit loop
```

und für For-Next

```
    exit for
```

Die Programmausführung wird mit dem ersten Befehl nach dem
Schleifenende fortgesetzt.

2.4 VARIABLER PROGRAMMIEREN

Was wäre der Programmierer ohne Variablen? Die Frage mag sich jeder
selbst beantworten, um die Besprechung des Themas Variablen in
TURBO BASIC solle man sich aber keinesfalls herumdrücken, da der
Compiler einige interessante Fähigkeiten für den Programmierer anbietet.

Beschäftigen wir uns zunächst mit den einfachen Zahlen- und Stringvariablen.

Variablennamen

Zunächst zu den Variablennamen. Gehen Sie ruhig großzügig mit den Namenlängen um. Anders als beim interpretativen BASIC geht Ihnen durch längere Variablennamen nämlich weder Speicherplatz noch Rechengeschwindigkeit verloren. Statt

  g

benutzen Sie ruhig

   gewicht

 und statt

  bje

  bruttojahreseinkommen

Die längeren Variablenformen sind weit aussagekräftiger für Sie als Programmierer und weisen keinerlei Nachteile auf, Borland sei es gedankt. Leider können Sie für die Variablennamen keine Umlaute verwenden. Überhaupt sind die Umlaute das Hauptproblem für TURBO BASIC. Bei Input und Ucase\$/Lcase\$ werden wir uns noch mit diesem Problem zu beschäftigen haben.

Stringvariablen

Einfache Strings haben sich unter TURBO BASIC zu enormer Größe aufplustern können. Mit einer maximalen Stringlänge von 32767 Zeichen schlagen die Turbo Strings sogar Basic2 des Schneider PC, das mit 4096 Zeichen pro String bisher einmalig war.

Allerdings sollte sich die Freude über diese gigantische Stringlänge schnell wieder bändigen lassen. Denn nutzen Sie diese Stringlänge tatsächlich aus, dann können Sie nur magere zwei Stringvariablen benutzen. Mehr als 64 Kbyte für einfache Strings insgesamt, stellt nämlich auch TURBO BASIC nicht zur Verfügung.

Neue numerische Typen: Langinteger

Neue Möglichkeiten bei der Verarbeitung von Integer-Zahlen bietet der Typ Langinteger. Anders als Integer (Wertebereich -32767 bis +32767) reicht der Bereich von Langinteger von -2147483648 bis +2147483647. Eine Zahl vom Typ Langinteger wird mit einem nachgestellten & gekennzeichnet (Integer %)

34542523& Langinteger

345%   Integer

Einer Gruppe von Variablen kann ähnlich Defint mit

deflng a-z

den Typ Langinteger zugewiesen werden.

Natürlich hat auch Langinteger einen Nachteil. Einmal wird mit Langintegern etwas langsamer gerechnet, da der Prozessor sie nicht auf einmal verarbeiten kann, zum anderen belegen sie mehr Speicherplatz als Integervariablen. Die langsamere Rechenweise kann durch einen 8087 bzw. 80287 Co-Prozessor wieder mehr als wett gemacht werden, doch muß man solch einen Prozessor erstmal haben, um dann auch TURBO BASIC Programme mit den dafür vorgesehenen Optionen compilieren zu können.

Shared, local und static Variablen

Nun noch ein paar Worte zu den Variablentypen shared und local sowie, hier neu eingeführt, dem Typ static. Alle drei Variablentypen haben ihre Wirkung nur innerhalb von Prozeduren und, wie Sie später noch sehen werden, innerhalb von Funktionsdefinitionen. In Unterprogrammen mit Gosub/Return sind die Variablenbezeichner shared, local und static ver- gebene Liebesmühe. Sie provozieren sogar Fehlermeldungen.

Shared-Variablen haben, wie wir bereits wissen, ihre Gültigkeit innerhalb und außerhalb von Prozeduren. Sie können also innerhalb einer Prozedur verändert werden und dies der Außenwelt mitteilen.

Local/Lokale Variablen sind nur innerhalb der Prozedur von Bedeutung. Selbst bei gleichen Namen haben sie nichts mit ihrem Umfeld zu tun. Ihr Inhalt geht beim Verlassen der Prozedur verloren. D.h., wenn Sie später die Prozedur wiederaufrufen, sind die Inhalte der lokalen Variablen ver- loren, sie müssen wieder neu auf ihre Startwerte gesetzt werden.

Hier setzen die Static-Variablen ein. Zunächst sind sie in ihrer Wirkung genauso auf die Prozedur beschränkt wie die lokalen Variablen und können nicht mit der Außenwelt kommunizieren. Verläßt man aber die Prozedur, um anschließend wieder in sie zurückzukehren, bleibt der Wert von Static-Variablen im Gegensatz zu Local-Variablen erhalten. Eine Variable wird als static erklärt mit

        static variablenname

Verwechseln Sie aber bloß nicht Static-/statische Variablen mit Konstanten. Static-Variablen sind nämlich veränderbar, sie sind lediglich unveränderbar (statisch), bis das Programm die Prozedur wieder aufruft. Dann kann an den Static-Variablen wieder lustig manipuliert werden.

Benannte Konstanten

Damit kommen wir zu den benannten Konstanten. Manche Variablenwerte möchte man konstant auch in den Prozeduren eines Programms immer wieder benutzen. Natürlich kann man diese Konstanten ständig durch shared-Anweisungen einbinden. Dies ist aber nicht elegant. Deshalb kann man Integervariablen, allerdings auch nur solche, als Konstanten benennen. Man tut dies sinnigerweise am Programmanfang, indem das Integerkennzeichen % nicht an das Variablenende, sondern an den Variablenanfang gestellt wird. Die Datei REGNAMES.INC bietet ein gutes Beispiel hierfür:

```
%FLAGS = 0
   %AX = 1
   %BX = 2
   %CX = 3
   %DX = 4
   %SI = 5
   %DI = 6
   %BP = 7
   %DS = 8
   %ES = 9
```

Diese Datei werden Sie aber erst für die maschinennahe Programmierung mit Call interrupt gebrauchen können. In einem weiten Bereich brauchbar auch für Einsteigerprogramme ist die konstante Festlegung der Farbnummern auf benannte Konstanten:

```
%schwarz=0
%blau=1
%gruen=2
%tuerkis=3
%rot=4
%lila=5
%braun=6
%grau=7
%dunkelgrau=8
%hellblau=9
%hellgruen=10
%helltuerkis=11
%hellrot=12
%violett=13
%gelb=14
%weiss=15
```

Von nun an können Sie rote Schrift auf blauem Grund mit

> color %rot,%blau

erreichen, was viel leichter zu verstehen und programmieren ist als

> color 4,1

Größter Vorteil benannter Konstanten ist, daß sie auch in Prozeduren ihre Gültigkeit haben und nicht erst mit shared eingebunden werden müssen.

Der Command$-Befehl

Eine weitere Möglichkeit variabler zu programmieren, bietet der Command$-Befehl. Von den MS-DOS Utilities kennen Sie die Parameter übergabe an ein Programm, z.B.

> *Befehl   Parameter*
>
> copy   a:*.* b:*.*
>
> chkdsk   /v
>
> usw.

Da TURBO BASIC ja direkt ausführbare EXE-Files compilieren kann - die meisten MS-DOS Utilities sind auch bloß EXE-Files - wäre das Mittel der Parameterübergabe auch an TURBO BASIC Programme äußerst interessant, um die eigenen Programme noch flexibler zu gestalten. Command$ bietet diese Möglichkeit.

        parameterstring$=command$

Wurde ein Parameter mit dem Aufruf des EXE-Files verbunden, so steht er in Command$ und kann ausgelesen und analysiert werden, wie jeder andere String auch. Maximal 127 Zeichen abzüglich des Programmnamens können übergeben werden. Den Programmnamen zieht Command$ übrigens selbständig ab. Wird ein Programm also mit

        turbo parameter

aufgerufen, so steht in Command$ nur "parameter".

Man kann eine Parameterzeile auch verwenden, ohne das Programm gleich als platzfressendes EXE-File zu compilieren. Schreiben Sie einfach im Options-Menü unter Parameterline den gewünschten Parameter, compilieren Sie dann das Programm und starten Sie es. Der bei Parameterline eingegebene Parameter findet sich in Command$ wieder.

Dim und Arrays

Kommen wir nun zu den Arrays, denn auch hier bietet TURBO BASIC erstaunliche neue Möglichkeiten. Da ist zunächst der Dim Befehl. Bislang konnte durch dim ein Array nur in der Gesamtausdehnung und eventuell mit mehreren Dimensionen vereinbart werden:

        dim array$(100)

oder

        dim array$(100,10)

oder

        dim array$(10,10,10)

Erstes Arrayelement war in allen Fällen array$(0) bzw. (0,0) oder (0,0,0). Mit Option base konnte diese Basis Null auf einen anderen Wert - für alle Arrays gleich - erhöht werden. Diese Möglichkeiten bestehen auch unter TURBO BASIC, es kommen aber noch einige mehr hinzu.

Zunächst sind die Dim-Optionen erheblich erweitert worden. Von nun an können die Dimensionen für jede Dim-Anweisung mit unterschiedlichen Unter- und Obergrenzen festgelegt werden:

        dim jahre(1987:2000)

für ein Array, das die Jahresdaten von 1987 bis 2000 aufnehmen soll, oder

>   dim tage(25:51,2:6)

für ein Array, das Informationen zu allen Jahrestagen der zweiten Jahreshälfte aufgeteilt auf die Kalenderwochen und Arbeitstage enthalten kann. Das inflexible Option Base kann ruhig in der Versenkung verschwinden.

Statische und dynamische Arrays

Weiterhin kann man über statische und dynamische Arrays verfügen. Die statischen Arrays sind die althergebrachten Felder, die ständig den von Dim angegebenen Platz benutzen, auch wenn sie erheblich weniger bräuchten.

>   erase statischesarray()

bewirkt nur das Zurücksetzen statischer Arrays auf den Wert Null oder leer. Ein statisches Array kann nur einmal in einem Programm mit Dim dimensioniert werden.

Anders die dynamischen Arrays. Sie schreiben

>   dim dynamic array(.....)

und schon bewirkt

>   erase array(...)

daß der gesamte Array samt seiner Dimensionierung wieder verschwindet, weshalb er erneut dimensioniert werden kann. Außerdem belegt ein dynamischer Array immer nur soviel Platz, wie seine Feldelemente auch tatsächlich benötigen.

Sie können dynamische Arrays bzw. statische Arrays auch grundsätzlich für ein Programm mit den Compilerbefehlen

> $static

für statische Array-Erzeugung und

> $dynamic

für dynamische Felder einstellen. Ausnahmen von der Regel werden in diesen Fällen entweder mit

>   dim static statischesarray(...)

oder mit

    dim dynamic dynamischesarray(...)

erzeugt.

Unter Umständen kann es auch und gerade bei dynamischen Arrays
interessant sein, wo die Unter- und Obergrenze der Feldnummern liegt.
Ubound und Lbound helfen weiter

    grenze=u/lbound(arrayname,dimension)

    grenze=ubound(testarray,1)

    grenze=lbound(testarray)

    grenze=ubound(testarray,3)

Der Parameter Dimension ist optional und gibt an, von welcher
Dimension man die Ober- bzw. Untergrenze wissen möchte. Der Name
des Arrays wird ohne nachfolgendes Klammerpaar wie z.B. bei shared
übergeben.

Der freie Speicherplatz

Informationen über den zur Verfügung stehenden Speicherplatz gibt Fre.
Altbekannt ist diese Funktion und doch unter TURBO BASIC mit einigen neuen Anwendungsmöglichkeiten versehen.

    arrayspeicher&=fre(-1)

liefert den freien Speicherplatz für Arrays

    stringspeicher&=fre("A")

liefert den freien Speicherplatz für Strings und

    stackspeicher&=fre(-2)+10

schließlich ermittelt den freien Speicherplatz für den Stack. Der freie
Gesamtspeicherplatz ergibt sich damit zu

    gesamtspeicher&=fre(-1)+fre("A")+fre(-2)+10

in Byte.

Die Ergebnisse, die Fre liefert, sind immer im Format Langinteger. In
Verbindung mit der Erzeugung statischer und dynamischer Arrays kann
Ihnen fre die unterschiedliche Speicherplatzbelegung aufzeigen. Das
Handbuch liefert unter dem Stichwort fre hierzu ein schönes Beispiel.

Statik contra Dynamik

Nun mag es scheinen, daß dynamische Arrays vor allem wegen der
Platzersparnis soviele Vorteile haben, daß man sie aus schließlich benutzt.
Doch halt! Ganz so einfach ist die Rechnung gegen die statischen Arrays
nicht zu machen.

Denn dynamisch heißt auch ständige Neuberechnung der Adressen der
einzelnen Feldelemente während des Programmlaufs. Muß also eine Sortierroutine Elemente eines dynamischen Arrays sortieren, so geschieht
dies wegen der ständigen Adressenberechnung relativ langsam.

Statische Arrays und die Adressen der einzelnen Feldelemente hingegen
werden nur einmal während der Compilation berechnet und stehen so
ständig sozusagen als Konstanten zur Verfügung. Die Sortierroutine arbeitet also mit den statischen Arrays wesentlich schneller.

Wenn also Geschwindigkeit im Vordergrund steht, dann bitteschön
statische Arrays, geht dabei aber allzuviel Platz verloren, dann greife
man zu den Dynamikern.

2.5 BASIC MIT DEF FN SELBSTGESTRICKT

Mittels der Def fn Anweisung kann man den Funktionsschatz von BASIC
erheblich erweitern. Vor allem sind Erweiterungen des mathematischen
Befehlsvorrats sehr beliebt.

TURBO BASIC verfeinert die Def Fn Anweisung durch die Möglichkeit
des mehrzeiligen Aufbaus einer Funktionsdefinition noch etwas. Zudem
sind unter TURBO BASIC in Funktionsdefinitionen ähnlich wie in Prozeduren lokale Variablen erlaubt. Hinzu kommt, daß auch der Aufbau
von Schleifen und If-Then-Else Blöcken innerhalb von Funktionsdefinitionen künftig möglich ist. Funktionsdefinitionen können also den Charakter von Unterprogrammen annehmen, allerdings mit einigen Besonderheiten. Erste Besonderheit: Zwar können auch an eine Funktion mehrere Parameter übergeben werden, sie liefert aber immer nur einen Wert
als Ergebnis zurück. Dieses Ergebnis muß mit

        fnfunktionsname=ergebnis

zugewiesen werden, bevor die Funktion verlassen wird. Eine Funktion
kann mehrere Ausgänge und daher mehrere Ergebniszuweisungen enthalten. Ans Hauptprogramm wird aber immer nur ein Ergebnis weiterge-
geben.

Zweite Besonderheit: Eine Funktion wird weder mit Call oder Gosub aufgerufen, sondern wie bisher auch mit

> variable=fnfunktionsname(parameter)

oder

> print fnfunktionsname(parameter)

aktiviert.

Sehen wir uns ein Beispiel an.

Es darf noch einmal die Definition der Fakultät herhalten, da sich hier ein kleiner aber folgenschwerer Druckfehler ins Heimsoeth Handbuch eingeschlichen hat.

Für Nicht-Mathematiker sei noch erwähnt, daß sich die Fakultät aus dem Produkt aller ganzen Zahlen kleiner oder gleich dem übergebenen Wert ergibt. So ist die Fakultät von 3 gleich 3*2*1=6.

```
def fnfakultaet#(x%)


        local i%                 'lokale Variablen
        local gesamt#


        if x%<0 or x%>170 then   'If-Block in Funktion
           fnfakultaet#=-1       'erste Ergebniszuweisung
           exit def              'Ausstieg bei Überlauf
        end if


        gesamt#=1


        for i%=x% to 2 step -1   'For-Next-Schleife
           gesamt#=gesamt# * i%  'hier hieß es im Handbuch
                                 'fälschliche Weise + i%
        next i%


        fnfakultaet#=gesamt#     'zweite Ergebniszuweisung


    end def                      'beendet die Funktionsdefinition
```

Zu diesem Beispiel wird im Handbuch treffend bemerkt, daß es alle Elemente des neuen Def Fn beinhaltet, weshalb es auch hier als Beispiel dient.

Noch einmal zum formalen Aufbau. Die erste Zeile leitet mit

```
def fnfunktionsname(parameterliste)
```

die Funktionsdefinition ein. Es folgt mit

```
local variablen
```

```
shared variablen
```

```
static variablen
```

die Deklaration der nicht in der Parameterliste übergebenen Variablen. Anschließend wird mit den Werten wie in einer Prozedur über Schleifen und If-then-Else etc. gearbeitet. Ein vorzeitiger Ausstieg aus der Funktionsdefinition wird über

```
exit def
```

erreicht. Die Zuweisung des Ergebnisses erfolgt durch

```
fnfunktionsname=ergebnis
```

und die Funktionsdefinition wird endgültig beendet mit

```
end def
```

Denken Sie aufgrund des Fakultätsbeispiels bitte nicht, der Autor hätte sich nicht auf die Suche nach einem eigenen Funktionsbeispiel begeben. Lediglich ist keines so für alle verschiedenen Möglichkeiten des neuen Def fn geeignet wie die Fakultät.

Es folgen noch ein paar weitere nützliche mathematische Definitionen, die den Arbeitswillen des Autors bestätigen mögen:

```
def fncotangens#(x#)

    local ergebnis#

    ergebnis#=1/tan(x#)

    fncotangens#=ergebnis#

end def
```

```
      def fnsecans#(x#)

            local ergebnis#

            ergebnis#=1/cos(x#)

            fnsecans#=ergebnis#

      end def


      def fncosecans#(x#)

            local ergebnis#

            ergebnis#=1/sin(x#)

            fncosecans#=ergebnis#

      end def
```

Und zum Abschluß noch etwas ganz Schwieriges:

```
      def fnarcushyperbelcosecans#(x#)

            local ergebnis#

            ergebnis#=log((sgn(x#)*sqr(x#*x#+1)+1)/x#)

            fnarcushyperbelcosecans#=ergebnis#

      end def
```

2.6 REKURSIVE PROGRAMMIERUNG

Um es gleich von Anfang an zu sagen: Versprechen Sie sich von der rekursiven Programmierung nicht allzuviel. Zwar bietet sie die Möglichkeit der immensen Verkürzung von Programmcode, aber dem stehen überproportionaler Verbrauch von Stackspeicherplatz während des Programmablaufs und längere Ausführungszeiten entgegen. Wer also vor allem schnellen Code compilieren möchte, kann das Kapitel "Rekursive Programmierung" gleich vergessen. Ebenso können sich Besitzer eines PCs mit weit unter 640 Kbyte Hauptspeicher anderen Kapiteln zuwenden. Zu allem Überfluß ist rekursiver Programmcode auch gedanklich nur äußerst schwer nachvollziehbar.

Wenn Sie nun noch nicht vergrault sind, dann sei Ihnen das Prinzip rekursiver Programmierung erklärt. Rekursiv ist eine Prozedur oder Funktion dann, wenn sie sich selbst wiederholt aufrufen kann.

Wozu diese Übung? Das fragt sich der Autor bis heute. Auch angesehene Fachzeitschriften wußten als Beispiel für die rekursive Programmierung nicht mehr als die gute alte Fakultät zu nennen. Und auch das Heimsoeth Handbuch stützt sich auf dieses Beispiel.

Ein zweites Beispiel ist der Quicksort-Algorithmus, der auf den TURBO BASIC Disketten mitgeliefert wird. Damit hätten wir dann aber die Auswahl der bisher erprobten und publizierten Anwendungen rekursiver Programmierung nahezu erschöpft.

Um hier dennoch ein eigenständiges Beispiel zu bringen, ist der rekursive Quicksort-Algorithmus vom Zahlensortieren auf das Sortieren von Wörtern getrimmt worden. Wenn es im Kapitel "Dateiverwaltung" aber um größtmögliche Geschwindigkeit beim Sortieren gehen wird, kommen wir auf die zwar etwas längere, aber wesentlich schnellere, herkömmliche Programmierweise von Quicksort zurück.

Es wird das Stringarray found$() sortiert, left gibt das erste, right das letzte Element des Arrays an. Der Aufruf von Quicksort erfolgt mit

```
call quicksort(left,right)
```

Und nun der Quellcode des rekursiven Quicksort für Strings:

```
sub quicksort(left,right)

    local I.Index

    if left <= right then
        I.Index = FNpart(left,right)
        call quicksort(left,I.Index-1)  'rekursiver
        call quicksort(I.Index+1,right) 'Aufruf
    end if

end sub
```

```
      def fnpart(left,right)

          shared found$()
          local I.Index,J.Index,value$,temp$

          value$ = found$(right)
          I.Index = left-1
          J.Index = right

          do
                do
                        I.Index = I.Index + 1
                        if I.Index>right then exit loop
                loop until found$(I.Index) >= value$

                do
                        J.Index = J.Index - 1
                        if J.Index<1 then exit loop
                loop until found$(J.Index) <= value$

                temp$ = found$(I.Index)
                found$(I.Index) = found$(J.Index)
                found$(J.Index) = temp$

          loop until J.Index <= I.Index

          found$(J.Index) = found$(I.Index)
          found$(I.Index) = found$(right)
          found$(right) = temp$
          fnpart = I.Index

      end def
```


2.7 PROGRAMMIERÄSTHETIK

Nach den Erläuterungen zur Bedienung des Compilers sowie zu den
neuen Sprachkonstrukten und Programmiermöglichkeiten mit TURBO
BASIC scheint es angebracht, noch einige Worte zum Programmierstil zu
verlieren.

Lassen Sie Ihre Programme eine Freude für den Betrachter werden,
zumal dies unter TURBO BASIC ganz einfach ist. Beachten Sie die
folgenden Punkte, und Sie finden sich auch noch nach einem Jahr und

mehr in Ihren Programmen zurecht. Ein Ziel, das schon einige Mühe
wert ist.

1. Labels und Prozedurnamen stehen in einer eigenen Zeile. Das
    Hauptprogramm auf Tab(1), Unterprogramme weiter eingerückt.

```
mainprogram

    subprogram

        subprogram

            subprogram

            subprogram

        subprogram

    subprogram

end
```

So weiß jeder gleich über die Wichtigkeit eines Programmteils Be-
scheid. Geben Sie den Programmteilen aussagekräftige Namen, vermeiden Sie Zeilennummern. Eigentlich gibt es für Zeilennummern
keine ausreichenden Gründe.

2. Deklarieren Sie Ihre Variablen am Programmbeginn, möglichst mit
    REM erklärt. Machen Sie dabei ausgiebig Gebrauch von benannten
    Konstanten.

```
variables:

    i=0        'Laufvariable
    %jahr=1987 'benannte Konstante
```

usw.

So sind die wichtigsten Variablen eines Programms für jeden
verständlich.

3. Rücken Sie Schleifenkonstrukte ein, es liest sich leichter.

```
for i=1 to 100
    print "Eingerückt"
    print "sieht es"
    print "besser aus"
next
```

```
do
        print "Dies gilt"
        print "für alle"
        print "Schleifen"
loop
```

4. Nutzen Sie das mehrzeilige If-Then-Else. Es ist viel übersichtlicher als sein einzeiliger Bruder.

```
if bedingung then
        folge 1
elseif bedingung then
        folge 2
elseif bedingung then
        if bedingung then
                folge 3a
        else
                folge 3b
        end if
else
        folge4
end if
```

5. Stellen Sie den Beginn und das Ende von Prozeduren, Unterprogrammen und Funktionsdefinitionen heraus.

```
sub prozedurname(parameterliste)


        anweisung

        anweisung

        anweisung

        anweisung


end sub
```

        label:

                anweisung

                anweisung

                anweisung

                anweisung

        return

        def fnfunktionsname(parameterliste)

                anweisung

                anweisung

                anweisung

                anweisung

        end def

6. Benutzen Sie aussagekräftige Variablennamen. Dies kostet Sie weder Speicherplatz noch Arbeitsgeschwindigkeit. Auch viele Rems zehren nicht an der Geschwindigkeit, ob Sie es glauben oder nicht.

7. Stellen Sie sich eine Programmbibliothek zusammen. Hier sollten immer wieder von Ihnen benötigte Standardprozeduren gesammelt werden, z.B. zum Datenin- und output. Binden Sie diesen Bibliotheksroutinen am Programmanfang mit

        $inline "bibliotheksroutine"

in das Programm ein und erklären Sie via Rem, was diese Routine leistet.

So wird das Listing Ihres Hauptprogramms kürzer und leserlicher, als wenn Sie alle Unterroutinen mit Blockeinlesen direkt in den Programmtext schreiben.

Ist das Programm trotz inline-Routinen unerträglich lang, erinnern Sie sich an die Work- und Mainfiles.

8. Verheddern Sie sich nicht in allzuviele Goto-Anweisungen. Oft genug ist ein Goto unvermeidbar oder gar sinnvoll, weshalb hier keine Hetzpredigt gegen Goto gehalten werden soll. Überlegen Sie aber, ob nicht ein Gosub/return auf Dauer viel bessere Dienste leistet, auch wenn im Moment die Programmierarbeit größer zu sein scheint.

9. Nehmen Sie sich beim Programmieren viel Zeit für die Benutzerschnittstelle. Menütechnik, Hilfsfenster, ausführliche Fehlermeldungen und Abhilfebeschreibungen seien Ihnen als Stichworte genannt. Gerade für die Fehlerbehandlung können auch Standardroutinen zu Rate gezogen werden. Einmal gute Arbeit spart zehnmal Flickschusterei.

10. Lesen Sie sich vor der Programmierarbeit diese Liste noch einmal durch, sozusagen als Programmierknigge. Vielleicht können Sie sich so am leichtesten einige programmiertechnische Unarten, die noch von GW-BASIC herrühren, abgewöhnen.

Nach dieser Standpauke wollen wir uns endlich in die Arbeit mit TURBO BASIC stürzen. Ziehen Sie sich warm an, denn es geht gleich mit der Entwicklung eines komplexen Taschenrechnerprogramms los.

3 Rechnen mit TURBO BASIC

3.1 EIN TASCHENRECHNER DER LUXUSKLASSE

Programmidee

Eine ganze Reihe von Anwenderprogrammen wartet heute mit einem Taschenrechner auf. Selten jedoch sind diese Accessories zu mehr als den Grundrechenarten und Prozentrechnung in der Lage. Wir wollen nun den Versuch unternehmen, erstens, selbst einen Taschenrechner zu programmieren, der in jedes eigene Programm eingebunden werden kann und zweitens, bekannte Taschenrechner an Funktionsvielfalt zu übertreffen.

Programmplan

Drei Programmteile erscheinen für einen Taschenrechner notwendig: erstens die Dateneingabe, zweitens die Datenauswertung und drittens die Datenausgabe.

In der Routine "Taste holen" wird die Eingabe verwirklicht werden, die Routine "Zahl ausgeben" gibt die Eingaben auf dem Bildschirm wieder. Im Unterprogramm "Funktion holen" wird die Eingabe analysiert und wenn nötig berechnet. Auf den Bildschirm kommen die Ergebnisse durch "Ergebnis ausgeben".

Die Grundrechenarten bestehen immer aus zwei Operanden, z.B. Faktor a und Faktor b (a*b). Damit a und b wiederum ohne den Einsatz von Klammern Funktionsergebnisse sein können, z.B. cos(a)*sin(b) ist das gesamte Taschenrechnerprogramm noch einmal zweigeteilt. Beide Teile verfügen über getrennte Dateneingabe, -analyse und -ausgabe. Für den zweiten Operanden sind alle Bearbeitungsschritte in der Routine "zweite Funktion" zusammengefaßt.

Die Routine "zweite Funktion" berechnet nie Endergebnisse, sondern immer nur den Zahlenwert des Ausdrucks, der als zweiter Operand eingegeben wurde. Die Ergebnisse werden immer im ersten Teil des Programms berechnet.

Ein Beispiel für den Rechenablauf. Berechnet werden soll

   5+cos(7)

Fünf wird in "Taste holen" eingegeben. "Funktion holen" erkennt eine
Zahl und legt sie als ersten Operanden auf dem Speicher ab. Ein Plus-
Zeichen wird von "Taste holen" empfangen. "Funktion holen" erkennt
Plus als Grundrechenart, speichert die Rechenart und übergibt die Kon-
trolle an "Zweite Funktion". "Zweite Funktion" empfängt den Auftrag,
den Cosinus von Sieben zu berechnen. Ist dies erledigt, reicht "Zweite
Funktion" das Ergebnis als zweiten Operanden an "Funktion holen" zu-
rück. Dort wird nun das Plus-Zeichen und die Fünf vom Speicher run-
tergeholt und mit dem zweiten Operanden verknüpft, das Ergebnis über
"Ergebnis ausgeben" auf den Bildschirm gebracht.

Ein dritter Programmteil "Klammerzu" erledigt ähnlich wie "zweite
Funktion" die Klammerarbeit. Beim Öffnen einer Klammer wird wie bei
einer Grundrechenart die gewünschte Rechenverknüpfung vom ersten
Operanden und Klammerausdruck sowie der Wert des ersten Operanden
selbst in den Speicher gebracht. Wird nun eine Klammer geschlossen, so
schaut "Klammerzu" nach, mit welchem Wert das Klammerergebnis wie
verknüpft werden muß. Nach der Berechnung wird das Ergebnis als
erster oder zweiter Operand an den aufrufenden Programmteil übergeben.

Damit mehrere Klammerebenen möglich sind, werden Verknüpfung und
Wert des letzten Ergebnisses vor Klammeröffnung in indizierten Variab-
len gespeichert. Wird dann die fünfte Klammer geschlossen, so wird der
Inhalt der fünften Klammer mit dem fünften Ergebnis und der fünften
Rechenart verknüpft, die Klammerebene auf vier 'runtergezählt.

Genug der Theorie, an die Arbeit.

Vorspiel

Unser Rechner soll also als Unterprogramm aufgerufen werden können
und ein Ergebnis an das Gesamtprogramm übergeben.

```
' CALCULATOR version 1.0 by Martin Böhmer .1987

gosub calculator
on error goto hauptfehlerbehandlung
color 3,0
print result#

end
```

Damit ist der Aufruf erledigt. Das Ergebnis liegt in der Variable result# vor, die beliebig in jedem Programm weiterverrechnet werden kann.

Nun gilt es, für den Taschenrechner eine spezielle Fehlerbehandlung zu initialisieren.

```
calculator:
        on error goto fehlerbehandlung
```

Die interne Steuerung des Taschenrechners

Bevor wir nun den Variablen ihre Startwerte zuweisen, kommen wir zur internen Steuerung des Taschenrechnerprogramms:

```
programmsteuerung:
        gosub variablen
        color 14
        gosub bildschirmaufbau
        gosub tasteholen
        color ,0
        cls
        result#=ez#(ke)
        erase ez#,zz#,e,ea
return
```

Erst werden also die Variablenstartwerte geholt, dann wird der Bildschirm aufgebaut und schließlich die Kernroutine des Taschenrechnerprogramms zur Annahme von Anwendereingaben aufgerufen.

Vereinbarungen zu den benutzten Variablen

Die Variable i wollen wir grundsätzlich als Laufvariable in For-Next-Schleifen verwenden.

Die indizierten Variablen ez# und zz# stehen für erstezahl und zweitezahl. Diese beiden Variablen werden vor allem für die Grundrechenarten benutzt. Bei der Multiplikation beispielsweise, wird in ez# der Faktor eins und in zz# der Faktor zwei zwischengespeichert. Im

Index dieser Variablen wird die aktuelle Klammerebene vermerkt. Die Klammerebene selbst steht in ke. In ez# erscheint immer das Ergebnis einer Rechnung.

Die Variable e nimmt die angeforderte Rechenoperation auf. Auch sie wird mit der Klammerebene indiziert. Bei den Grundrechenarten wird die sich anschließende Rechenoperation in f geschrieben. Schließlich nimmt ea die letzte Rechenoperation vor Eröffnung einer Klammer auf.

In der Variable speicher# soll der Inhalt des Rechenspeichers vermerkt werden. Die Variable Grad stellt fest, ob Zahlen im Grad- oder Bogen-maß verrechnet werden.

Mit Klammern wird die maximal erlaubte Zahl von Klammern festgelegt.

e$ und zahl$ nehmen die Eingaben des Anwenders solange auf, bis sie analysiert und verrechnet sind.

Im Folgenden werden den Variablen ihre Startwerte zugewiesen und die Arrays dimensioniert. Momentan wird der Taschenrechner dank der Variable klammern über 99 Klammerebenen verfügen. Bei Platzmangel im Hauptspeicher können Sie diese Werte jederzeit auf ein vernünftiges Maß reduzieren. Es geht hier nur darum zu zeigen, daß das vorgestellte Taschenrechnerprogramm ungewöhnlich flexibel ist, weshalb es beliebig viele Klammerebenen anstandslos verarbeitet. Die einzelnen Variablen sind Ihnen inzwischen ein Begriff. ke, die aktuelle Klammerebene, wird übrigens auf eins gesetzt. Von dieser Ebene gehen alle Rechnungen aus.

```
variablen:
    zahl$=""
    klammern=99
    ke=1
    dim dynamic ez#(klammern),zz#(klammern)
    dim dynamic e(klammern),ea(klammern)
    ez#(ke)=0
    zz#(ke)=0
    speicher#=0
    grad=true
    cls
return
```

Das Äußere des Taschenrechners

Dem persönlichen Geschmack sei das Erscheinungsbild des Taschenrechners auf dem Bildschirm überlassen. Die folgende Routine stellt eine annehmbare Variante dar. Jeder mag seinem Rechner eine persönliche Note
geben.

```
bildschirmaufbau:
        locate 9,9
        print chr$(201);string$(55,chr$(205));chr$(187)
        for i=10 to 18
                locate i,9
                print chr$(186)
                locate i,65
                print chr$(186)
        next
        locate 19,9
        print chr$(200);string$(55,chr$(205));chr$(188)
        locate 11,10
        print string$(55,chr$(196))
        locate 13,11
        print "7 8 9 0 + * ^ deg a/cos log () M+ PI RND"
        locate 15,11
        print "4 5 6 . - % = rad a/sin l10 x2 M- => FRC"
        locate 17,11
        print "1 2 3 V : W Clear a/tan EXP MC MR <= ESC"
        gosub ergebnisausgeben
        gosub speicherausgeben
        gosub klammerebene
    return
```

Die Schnittstelle zum Anwender

In der Routine Tasteholen befindet sich die Schnittstelle zwischen Programm und Anwender. Diese Routine analysiert, ob eine Taste gedrückt
wurde und gibt entsprechende Meldungen an die Routine Funktionholen
weiter. Der Abbruch des Programms erfolgt über ESC (ASCII 27).

```
ta-holen:
     do
          do
               e$=inkey$
          loop until e$<>""
          e(ke)=asc(e$)
          gosub funktionholen
     loop until e(ke)=27
return
```

Analyse der Eingabe und Rechenfunktionen

In der Routine Funktionholen leistet das Taschenrechnerprogramm seine
Hauptarbeit. Hier wird festgestellt, welche Rechenoperation verlangt oder
ob eine Zahl eingegeben wird. Die Identifizierung erfolgt über die Tasta-
turcodes, die durch Tasteholen geliefert werden.

Der erste Block nimmt Zahlen entgegen.

```
funktionholen:
     if e(ke)>45 and e(ke)<58 and e(ke)<>47_
          and e(ke)<>45 then
          zahl$=zahl$+chr$(e(ke))
          gosub zahlausgeben
```

Bei Zahlen kann das Vorzeichen gewechselt werden.

```
     elseif e(ke)=118 then
          if zahl$<>"" then
               zahl$=str$(-1*val(zahl$))
               gosub zahlausgeben
          elseif zahl$="" then
               ez#(ke)=ez#(ke)*-1
               gosub ergebnisausgeben
          end if
```

Es folgen die Grundrechenarten. Als erstes die Addition.

```
elseif e(ke)=43 then
        gosub zahlzuweisen
        gosub zweitefunktion
        if e(ke)=27 then return
                ez#(ke)=ez#(ke)+zz#(ke)
                gosub ergebnisausgeben
                if f=43 or f=45 or f=42 or f=94 or f=58_
                        or f=87 then
                        e(ke)=f
                        goto funktionholen
        end if
```

Die Subtraktion.

```
elseif e(ke)=45 then
        gosub zahlzuweisen
        gosub zweitefunktion
        if e(ke)=27 then return
        ez#(ke)=ez#(ke)-zz#(ke)
        gosub ergebnisausgeben
        if f=43 or f=45 or f=42 or f=94_
                or f=58 or f=87 then
                e(ke)=f
                goto funktionholen
        end if
```

Die Multiplikation.

```
elseif e(ke)=42 then
        gosub zahlzuweisen
        gosub zweitefunktion
        if e(ke)=27 then return
        ez#(ke)=ez#(ke)*zz#(ke)
        gosub ergebnisausgeben
        if f=43 or f=45 or f=42 or f=94_
                or f=58 or f=87 then
                e(ke)=f
                goto funktionholen
        end if
```

Hier taucht die Potenzierung auf, weil sie programmtechnisch genauso wie die Grundrechenarten gelöst wird.

```
elseif e(ke)=94 then
        gosub zahlzuweisen
        gosub zweitefunktion
        if e(ke)=27 then return
        ez#(ke)=ez#(ke)^zz#(ke)
        gosub ergebnisausgeben
        if f=43 or f=45 or f=42 or f=94_
            or f=58 or f=87 then
            e(ke)=f
            goto funktionholen
        end if
```

Das gleiche gilt für Wurzeln n-ten Grades.

```
elseif e(ke)=87 then
        gosub zahlzuweisen
        gosub zweitefunktion
        if e(ke)=27 then return
        ez#(ke)=ez#(ke)^(1/(zz#(ke)))
        gosub ergebnisausgeben
        if f=43 or f=45 or f=42 or f=94_
            or f=58 or f=87 then
            e(ke)=f
            goto funktionholen
        end if
```

Schließlich die Definition der Division.

```
elseif e(ke)=58 then
        gosub zahlzuweisen
        gosub zweitefunktion
        if e(ke)=27 then return
        ez#(ke)=ez#(ke)/zz#(ke)
        gosub ergebnisausgeben
        if f=43 or f=45 or f=42 or f=94_
            or f=58 or f=87 then
            e(ke)=f
            goto funktionholen
        end if
```

Der Cosinus eines Winkels.

```
elseif e(ke)=99 then
      gosub zahlausgeben
      gosub zahlzuweisen
      ez#(ke)=cos(ez#(ke))
      gosub ergebnisausgeben
```

Sinus-Berechnung.

```
elseif e(ke)=115 then
      gosub zahlausgeben
      gosub zahlzuweisen
      ez#(ke)=sin(ez#(ke))
      gosub ergebnisausgeben
```

Tangens.

```
elseif e(ke)=116 then
      gosub zahlausgeben
      gosub zahlzuweisen
      ez#(ke)=tan(ez#(ke))
      gosub ergebnisausgeben
```

Es folgen die Umkehrfunktionen der trigonometrischen Grundfunktionen. Zunächst, weil im Sprachumfang von TURBO BASIC bereits vorhanden, Arcustangens.

```
elseif e(ke)=20 then
      gosub zahlausgeben
      gosub zahlzuweisen
      ez#(ke)=atn(ez#(ke))
      gosub ergebnisausgeben
```

Der Arcus-Sinus gibt sich die Ehre.

```
elseif e(ke)=19 then
      gosub zahlausgeben
      gosub zahlzuweisen
      ez#(ke)=atn(ez#(ke))/sqr(1-ez#(ke)*ez#(ke))
      gosub ergebnisausgeben
```

Letzte Umkehrfunktion: Der Arcus-Cosinus.

```
elseif e(ke)=3 then
      gosub zahlausgeben
      gosub zahlzuweisen
      ez#(ke)=-atn(ez#(ke))/sqr(1-ez#(ke)*ez#(ke))_
            +3.141593/2
      gosub ergebnisausgeben
```

Nun die Umrechnungen zwischen Grad- und Bogenmaß.

```
elseif e(ke)=100 then
      gosub zahlausgeben
      gosub zahlzuweisen
      ez#(ke)=(360*ez#(ke))/(2*3.141593)
      gosub ergebnisausgeben
elseif e(ke)=114 then
      gosub zahlausgeben
      gosub zahlzuweisen
      ez#(ke)=2*3.141593*(ez#(ke)/360)
      gosub ergebnisausgeben
```

Eine Zahl kann auch nach oben aufgerundet werden.

```
elseif e(ke)=62 then
      gosub zahlausgeben
      gosub zahlzuweisen
      ez#(ke)=ceil(ez#(ke))
      gosub ergebnisausgeben
```

Wer sich erniedrigt, wird erhöht werden: Abrunden.

```
elseif e(ke)=60 then
      gosub zahlausgeben
      gosub zahlzuweisen
      ez#(ke)=fix(ez#(ke))
      gosub ergebnisausgeben
```

Etwas schwieriger ist das Abschneiden der Vorkommastellen, da diese
Funktion in TURBO BASIC nicht vorgesehen ist. Wir machen es
trotzdem.

```
elseif e(ke)=102 then
      gosub zahlausgeben
      gosub zahlzuweisen
      kommastelle=0
      kommastelle=instr(str$(ez#(ke)),".")
      zahl$=mid$(str$(ez#(ke)),kommastelle+1)
      ez#(ke)=val("0."+zahl$)
      zahl$=""
      gosub ergebnisausgeben
```

Und noch mehr Funktionen. Quadratwurzel, natürlicher Logarithmus und
dekadischer Logarithmus.

```
elseif e(ke)=119 then
        gosub zahlausgeben
        gosub zahlzuweisen
        ez#(ke)=sqr(ez#(ke))
        gosub ergebnisausgeben
elseif e(ke)=108 then
        gosub zahlausgeben
        gosub zahlzuweisen
        ez#(ke)=log(ez#(ke))
        gosub ergebnisausgeben
elseif e(ke)=76 then
        gosub zahlausgeben
        gosub zahlzuweisen
        ez#(ke)=log10(ez#(ke))
        gosub ergebnisausgeben
```

Die Exponentialfunktion.

```
elseif e(ke)=101 then
        gosub zahlausgeben
        gosub zahlzuweisen
        ez#(ke)=exp(ez#(ke))
        gosub ergebnisausgeben
```

Ein Bonbon, z.B. für Bingo-Spieler ist die Ausgabe einer Zufallszahl
durch den Taschenrechner.

```
elseif e(ke)=63 then
        gosub zahlausgeben
        gosub zahlzuweisen
        randomize timer
        ez#(ke)=int(rnd*ez#(ke))+1
        gosub ergebnisausgeben
```

Das Quadrat einer Zahl ist eine der einfachsten Übungen.

```
elseif e(ke)=120 then
        gosub zahlausgeben
        gosub zahlzuweisen
        ez#(ke)=ez#(ke)*ez#(ke)
        gosub ergebnisausgeben
```

Irgendwann muß auch der Rechenspeicher gelöscht werden.

```
elseif e(ke)=8 then
        zahl$=""
        ez#(ke)=0
        zz#(ke)=0
        gosub ergebnisausgeben
```

Eine Klammer wird geöffnet. Bei Überschreiten der zulässigen Anzahl
von Klammern gibt es eine hübsche Fehlermeldung.

```
elseif e(ke)=40 then
        ea(ke)=e(ke)
        ke=ke+1
        gosub klammerebene
        if ke>klammern then
                ke=klammern
                locate 10,11
                print "Klammerfehler ";
        end if
```

Geöffnete Klammern wollen auch geschlossen werden.

```
elseif e(ke)=41 then
        gosub klammerzu
```

Die Konstante Pi.

```
elseif e(ke)=112 then
        zahl$="3.141593"
        gosub zahlausgeben
```

Der Memorywert kann in die aktuelle Rechnung übernommen werden.

```
elseif e(ke)=109 then
        zahl$=str$(speicher#)
        gosub zahlausgeben
```

Wie der normale Rechenspeicher, sollte auch der Memory gelöscht werden können.

```
elseif e(ke)=7 then
        speicher#=0
        gosub speicherausgeben
```

Hier wird die aktuelle Zahl zum Speicherwert addiert.

```
        elseif e(ke)=77 then
            if zahl$="" then
                speicher#=speicher#+ez#(ke)
                gosub speicherausgeben
            elseif zahl$<>"" then
                speicher#=speicher#+val(zahl$)
                gosub speicherausgeben
            end if
```

Und nun wird sie wieder abgezogen.

```
        elseif e(ke)=13 then
            if zahl$="" then
                speicher#=speicher#-ez#(ke)
                gosub speicherausgeben
            elseif zahl$<>"" then
                speicher#=speicher#-val(zahl$)
                gosub speicherausgeben
            end if
        end if
    return
```

Ausgaberoutinen

Damit sind wir nicht am Ende unseres Lateins, sondern nur am Ende der Routine Funktionholen. Sie werden gemerkt haben, daß innerhalb dieser Routine eine ganze Reihe anderer Sub-Routinen aufgerufen wurde. Selbstverständlich wollen wir diese nachreichen.

Damit eingebene Zahlen auch auf dem Display erscheinen, gibt es Zahlausgeben.

```
    zahlausgeben:
        color 0,1
        locate 10,11
        print string$(20," ")
        locate 10,11
        print left$(zahl$,19)
    return
```

Für die Ergebnisse gibt es eine eigene Routine, da sie nicht in der Variable zahl$, sondern in ez# vorliegen.

```
ergebnisausgeben:
        color 0,1
        locate 10,11
        print string$(20," ")
        locate 10,11
        print left$(str$(ez#(ke)),19)
    return
```

Innerhalb der Rechenfunktionen wird die Routine Zahlzuweisen aufgerufen. Sie sorgt dafür, daß die zuletzt eingebene Zahl auch tatsächlich in ez# vorliegt. Schließlich arbeiten alle Rechenfunktionen nur mit ez# und zz#, aber keinesfalls mit zahl$.

```
zahlzuweisen:
        if ea(ke)<>109 then
                ez#(ke)=ez#(ke)+val(zahl$)
                zahl$=""
        else
                ez#(ke)=speicher#
        end if
    return
```

Auch der Speicherinhalt will das Licht der Welt erblicken.

```
speicherausgeben:
        color 0,2
        locate 10,39
        print string$(20," ")
        locate 10,39
        print left$(str$(speicher#),19)
    return
```

Aufgrund der vielen möglichen Klammerebenen erschien es sinnvoll, für die aktuelle Klammerebene eine eigene Statusanzeige zu schaffen. So weiß der Anwender immer, wieviele Klammern er noch öffnen kann bzw. schließen muß.

```
klammerebene:
        color 0,1
        locate 10,32
        print ke;" "
    return
```

Die zweite Zahl

Innerhalb der Grundrechenarten wird die Routine Zweitefunktion aufgerufen. Eigentliche Aufgabe dieser Routine ist, die für die Grundrechenarten notwendige zweite Zahl (zz#) zu ermitteln (5 + zweitezahl).
Diese zweite Zahl kann auch erst noch errechnet werden. So kann die
zweite Zahl der Cosinus von 1 sein (5 + cos(zweitezahl)).

Zunächst gibt es also wieder eine Tasteholen Funktion.

```
zweitefunktion:
        do
                e$=inkey$
        loop until e$<>""


        f=asc(e$)
```

Und wiederum schließt sich das Ermitteln der gewünschten Funktion an.

Taschenrechnerprogramm beenden.

```
        if f=27 then
                e(ke)=f
                return
```

Zahleneingabe.

```
        elseif f>45 and f<58 and f<>47 and f<>45 then
                zahl$=zahl$+chr$(f)
                gosub zahlausgeben
                goto zweitefunktion
```

Vorzeichenwechsel.

```
        elseif f=118 then
                if zahl$<>"" then
                        zahl$=str$(-1*val(zahl$))
                        gosub zahlausgeben
                        goto zweitefunktion
                elseif zahl$="" then
                        zz#(ke)=-1*zz#(ke)
                        gosub zahlausgeben
                        goto zweitefunktion
                end if
```

Die Zahl Pi.

```
elseif f=112 then
        zahl$="3.141593"
        gosub zahlausgeben
end if
```

Die kleine Form der Routine Zahlzuweisen, nur für die zweite Zahl.

```
zz#(ke)=val(zahl$)
zahl$=""
```

Nun werden die Funktionen ermittelt und eventuell ausgerechnet. Der
Funktionsumfang ist wie für die erste Zahl.

```
if f=99 then
        zz#(ke)=cos(zz#(ke))
elseif f=115 then
        zz#(ke)=sin(zz#(ke))
elseif f=116 then
        zz#(ke)=tan(zz#(ke))
elseif f=20 then
        zz#(ke)=atn(zz#(ke))
elseif f=100 then
        zz#(ke)=(360*zz#(ke))/(2*3.141593)
elseif f=114 then
        zz#(ke)=2*3.141593*(zz#(ke)/360)
elseif f=119 then
        zz#(ke)=sqr(zz#(ke))
elseif f=108 then
        zz#(ke)=log(zz#(ke))
elseif f=76 then
        zz#(ke)=log10(zz#(ke))
elseif f=101 then
        zz#(ke)=exp(zz#(ke))
elseif f=63 then
        randomize timer
        zz#(ke)=int(rnd*zz#(ke))+1
elseif f=120 then
        zz#(ke)=zz#(ke)*zz#(ke)
elseif f=7 then
        zahl$=""
        ez#(ke)=0
        zz#(ke)=0
        gosub ergebnisausgeben
```

```
        elseif f=40 then
             ea(ke)=e(ke)
             ke=ke+1
             gosub klammerebene
             if ke>klammern then
                    ke=klammern
                    locate 10,11
                    print "Klammerfehler ";
                    goto tasteholen
             end if
             goto tasteholen
        elseif f=41 then
             e(ke)=f
             return
        elseif f=7 then
             speicher#=0
             gosub speicherausgeben
        elseif f=62 then
             zz#(ke)=ceil(zz#(ke))
        elseif f=102 then
             kommastelle=0
             kommastelle=instr(str$(zz#(ke)),".")
             zahl$=mid$(str$(zz#(ke)),kommastelle+1)
             zz#(ke)=val("0."+zahl$)
             zahl$=""
        elseif f=77 then
             speicher#=speicher#+zz#(ke)
             gosub speicherausgeben
        elseif f=13 then
             speicher#=speicher#-zz#(ke)
             gosub speicherausgeben
        elseif f=109 then
             zz#(ke)=speicher#
        elseif f=37 then
             zz#(ke)=(ez#(ke)*zz#(ke))/100
        end if
```

Das Zwischenergebnis wird auf dem Display ausgegeben.

```
        color 0,1
        locate 10,11
        print string$(20," ")
        locate 10,11
        print left$(str$(zz#(ke)),19)


    return
```

Schließlich die Rückkehr zu den Grundrechenarten. Dort wird jetzt aus der ersten und zweiten Zahl das Endergebnis ermittelt.

Unterroutinen für die Klammerbearbeitung

Bei den vielen Klammerebenen, über die unser Rechner verfügt, ist das Schließen einer Klammer schon etwas schwieriger. Deshalb die selbständige Routine. Zur Erinnerung: In ke steht die aktuelle Klammerebene, in ea(ke) die Rechenfunktion der vorigen Ebene.

```
klammerzu:
      ke=ke-1
      if ke=0 then ke=1
      gosub klammerebene
```

Geschlossene Klammern werden ausgerechnet. Sie können nur an einer der Grundrechenarten aufgehängt sein.

```
      if ea(ke)=43 then
            ez#(ke)=ez#(ke)+ez#(ke+1)
            gosub ergebnisausgeben
      elseif ea(ke)=45 then
            ez#(ke)=ez#(ke)-ez#(ke+1)
            gosub ergebnisausgeben
      elseif ea(ke)=42 then
            ez#(ke)=ez#(ke)*ez#(ke+1)
            gosub ergebnisausgeben
      elseif ea(ke)=94 then
            ez#(ke)=ez#(ke)^ez#(ke+1)
            gosub ergebnisausgeben
      elseif ea(ke)=58 then
            ez#(ke)=ez#(ke)/ez#(ke+1)
            gosub ergebnisausgeben
      elseif ea(ke)=87 then
            ez#(ke)=ez#(ke)^(1/ez#(ke+1))
            gosub ergebnisausgeben
      elseif ea(ke)=40 then
            ez#(ke)=ez#(ke)
            gosub ergebnisausgeben
      end if
```

Die Variablen der geschlossenen Klammerebene werden vorsichtshalber auf Null gesetzt.

```
            ez#(ke+1)=0
            zz#(ke+1)=0
            ea(ke+1)=0
    return
```

Fehlerbehandlung für den Taschenrechner

Ein Taschenrechner kann leicht falsch bedient oder überfordert werden. Damit der Anwender auch weiß, weshalb etwas nicht funktioniert, gibt die untenstehende Fehlerroutine ausführlich Auskunft.

```
    fehlerbehandlung:
        if err=6 then
                zahl$="überlauf"
                gosub zahlausgeben
        elseif err=11 then
                zahl$="Division durch Null"
                gosub zahlausgeben
        elseif err=5 then
                zahl$="Ungültige Operation"
                gosub zahlausgeben
```

Für selten oder unerwartet auftretende Fehler wird nur die Fehlernummer ausgegeben.

```
        elseif err<>6 and err<>11 and err<>5 then
                zahl$="Fehlernummer: "+str$(err)
                gosub zahlausgeben
        end if

        zahl$=""
        ez#(ke)=0
        zz#(ke)=0
    resume tasteholen
```

Damit sind wir mit dem Programmieren des Rechners fertig. Bleibt noch, Ihnen zu erklären, wie er bedient wird.

3.2 FUNKTIONEN UND BEDIENUNG DES TASCHENRECHNERS

Der Rechner wird ausschließlich über die Tastatur bedient. Die Maus ist hier nicht gefragt. Eine Einbindung der Maus würde die Programmierung erheblich erschweren und das Programm unnötig aufblähen.

Zahlen werden entweder über die normale Tastatur oder über den Zehnerblock mit NumLock eingegeben. Statt einem Dezimalkomma muß ein Punkt eingetippt werden. Größenbegrenzungen der Zahlen sind wie bei TURBO BASIC üblich. Unzulässige Zahlen werden zurückgewiesen. Mit Druck auf p steht die Konstante Pi zur Verfügung. Mit Druck auf v wird das Vorzeichen der aktuellen Zahl gewechselt. Die aktuelle Zahl steht immer in der linken Bildschirmanzeige.

Addition, Subtraktion, Division und Multiplikation werden alle in gleicher Form eingegeben und behandelt. Man gibt

    erste Zahl, Rechenart, zweite Zahl, Enter/Leertaste

ein. Für Addition drücken Sie +, für Multiplikation *, für Subtraktion - und für Division :. Enter kann entfallen, wenn die Rechnung fortgesetzt wird. Bei jeder weiteren Rechnung wird die Bildschirmanzeige im linken Feld als erste Zahl angesehen. Gelöscht wird das aktuelle Ergebnis mit Backspace (<-).

Der Rechner verfügt über 99 Klammerebenen. In welcher Ebene Sie sich befinden, wird im mittleren Display angegeben. Eine Klammer wird mit (geöffnet und mit) geschlossen. In einer Klammer kann jede Rechenart verwendet werden. Klammerausdrücke können durch die Grundrechenarten verbunden sein.

Durch Druck auf die Taste x erhält man das Quadrat der angezeigten Zahl.

Potenziert wird mit ^. Die zu potenzierende Zahl ist die aktuelle Zahl, die Potenz wird nach dem ^ eingegeben:

    ^Potenz

Die Quadratwurzel wird mit w gezogen. Jede andere n-te Wurzel wird mit W und Wurzelzahl gezogen

    W Wurzelzahl

Potenzen mit ^ und n-te Wurzeln können auch in Klammern berechnet werden.

Prozente können abgezogen oder addiert werden. Ausgangsbasis ist die aktuelle Zahl. 14% abgezogen werden mit

    -14%

hinzugezählt mit

+14%

Alle anderen Funktionen des Rechners beziehen sich auf die aktuelle im linken Bildschirmteil angezeigte Zahl. Es reicht ein einfacher Druck auf die zur Funktion gehörige Taste, und das entsprechende Ergebnis wird angezeigt. Folgende Funktionen stehen zur Verfügung:

Funktion	Taste
cosinus	c
sinus	s
tangens	t
a–cosinus	Ctrl+c
a–sinus	Ctrl+s
a–tangens	Ctrl+t
Quadrat	x
Logarithmus	l (kleines L)
dekadischer Logarithmus	L
Umrechnung in Bogenmaß	r
Umrechnung in Gradmaß	d
Zufallszahl basierend auf der angezeigten Zahl (wie der BASIC-Befehl Rnd)	?

Der Rechner verfügt über einen Speicher für Zahlen. Der Inhalt des Speichers wird im rechten Display gezeigt. Die aktuelle Zahl wird mit Shift+m zu der Zahl im Speicher addiert, mit Ctrl+m subtrahiert. Der Speicherinhalt wird mit Del gelöscht. Der Inhalt des Speichers kann mit der aktuellen Zahl durch die Grundrechenarten verknüpft werden. Statt einer konkreten Zahl, schreibt man einfach

Rechenart m Enter/Leertaste

Wird die Rechnung fortgeführt, kann Enter entfallen.

Beim Umgang mit dem Rechner können eine Reihe von Fehlern auftreten. Eine Division durch Null ist nicht erlaubt und ruft deswegen eine Fehlermeldung hervor. Bei den trigonometrischen Funktionen sind einige

Operationen ungültig - entsprechende Fehlermeldungen erscheinen auf dem Display. Schließlich kann auch noch der zulässige Zahlenbereich überschritten werden; die Fehlermeldung lautet "Überlauf". Sollte unerwarteter Weise ein anderer Fehler auftauchen, so wird die entsprechende BASIC-Fehlernummer ausgegeben.

Der Rechner wird mit Esc beendet.

4 Textverarbeitung

4.1 TEXTE ERFASSEN

Altbekannt unter BASIC-Programmierern ist, daß der Input-Befehl alles andere als eine komfortable Möglichkeit der Dateneingabe darstellt. Zudem gibt er dem Programmierer kaum eine Chance, während der Tastatureingabe die Plausibilität der Eingabe zu überprüfen. Bei TURBO BASIC gesellt sich nun noch ein weiterer gravierender Nachteil hinzu: TURBO BASICs Input erlaubt keine Umlaute als Eingabe. Ein Umstand, der bei der Programmierung von Software für den deutschen Sprachraum nicht akzeptabel ist. Doch es geht auch anders.

Ohne schon hier auf die Feinheiten der maschinennahen Programmierung einzugehen (dafür gibt es ein eigenes Kapitel in diesem Buch), sei hier ein Ausweg aus der Misere über einen BIOS-Interrupt gewiesen.

Das BIOS (Basic Input Output System) stellt eine Reihe von Funktionen, auch zur Ein- und Ausgabe von Zeichen zur Verfügung. Die Kunst ist nun, diese Funktionen auch für eigene Programme zu nutzen. Mit dem TURBO BASIC Befehl Call Interrupt ist das kein Problem.

Eine Eingabe von der Tastatur nimmt der Interupt 16h entgegen, wenn das AX-Register auf Null gesetzt wird. Auch dies ist mit dem Reg-Befehl nicht schwierig. Nochmals sei für Einzelheiten der Interrupt-Programmierung auf das Kapitel Maschinensprache verwiesen.

Die Routine Getkey ruft den Interrupt 16h und wird mit dem ASCII-Code des eingegebenen Zeichens und dem Scancode der Taste belohnt. Auf Seite 606 des TURBO BASIC Handbuchs sind die Scancodes und auf der Seite 605 die ASCII-Codes beschrieben. Die Scancodes finden Sie auch im Anhang dieses Buches.

Beachten Sie, daß Getkey jeweils nur ein Zeichen von der Tastatur holt und keine Überprüfung auf Zulässigkeit der Eingabe vornimmt. Allerdings akzeptiert Getkey alle Umlaute und auch Graphikzeichen. Der erste Teil des Problems mit Input ist also gelöst.

```
sub getkey(ascii$,scancode)

    local lowbyte
    local highbyte
    local adress
```

```
        do
            reg 1,00
            call interrupt &H16
            adress=reg(1)
            highbyte=int(adress/256)
            lowbyte=adress-highbyte*256
        loop until chr$(lowbyte)<>""

            ascii$=chr$(lowbyte)
            scancode=highbyte


    end sub
```

Es gilt nun dieses Gerüst einer Input-Routine so zu erweitern, daß erstens mehrere Zeichen entgegengenommen werden können und zweitens die Eingabe auf Zulässigkeit überprüft wird.

Die Prozedur Getinp soll diese Aufgabe für uns übernehmen. Außerdem soll sie auch gleich noch die Ausgabe des Aufforderungstextes an einer bestimmten Stelle des Bildschirms erledigen. Die Parameter sollen sein:

inpline = Zeile des Dateninputs

inpcolumn = Spalte des Dateninputs

getinp$ = eingegebene Daten

inplength = erlaubte Länge der Dateneingabe

inptype = Typenbezeichnung der erlaubten Zeichen

specialkey$ = Sondertypen

Der Aufruf der Prozedur:

```
    cls


    'call getinp(inpline,inpcolumn,getinp$,inplength,inptype,_
    specialkey$)


    call getinp(1,1,getinp$,10,6,"" )


    end
```

Und die Prozedur selbst:

```
sub getinp(inpline,inpcolumn,getinp$,inplength,inptype,_
specialkey$)

     local i
```

Der Cursor wird positioniert und sichtbar gemacht.

```
     locate inpline,inpcolumn,1,0,7
```

Eine Schleife, um die in inplength vorgebene Anzahl von Zeichen zu lesen.

```
     do
```

Aufruf von Getkey, um ein Zeichen zu lesen.

```
       call getkey(ascii$,scancode)
```

Aufruf von Checkkey, um das durch Getkey gelesene Zeichen auf Zulässigkeit zu überprüfen. Diese Routine wird im Anschluß vorgestellt.

```
       call checkkey(ascii$,scancode,inptype,_
specialkey$,Ok)
```

Wenn die Eingabe in Ordnung war, wird sie an getinp$ angehängt und auf dem Bildschirm ausgegeben.

```
       if Ok=1 then
          incr i,1
          getinp$=getinp$+ascii$
          print ascii$;
```

Durch Delete wird das letzte Zeichen wieder gelöscht.

```
       elseif asc(ascii$)=8 and len(getinp$)>0 then
          decr i,1
          getinp$=left$(getinp$,i)
          inpcolumn=pos(x)-1
          locate ,inpcolumn
          print " ";
          locate ,inpcolumn
       end if
```

Die Schleife endet, wenn inplength Zeichen gelesen wurden, oder Return gedrückt wurde.

```
     loop until i=>inplength or ascii$=chr$(13)
```

Der Cursor verschwindet.

```
        locate ,,0


    end sub
```

Nun ist noch die Routine zur Überprüfung der Dateneingabe Checkkey einzuführen. Checkkey besteht im wesentlichen aus der Vereinbarung von sieben Standardtypen von erlaubten Eingaben. Diese Typen sind:

```
sub checkkey(ascii$,scancode,inptype,specialkey$,Ok)


        local inptype$
        local inptype1$  'Kleinbuchstaben
        local inptype2$  'Großbuchstaben
        local inptype3$  'Zahlen
        local inptype4$  'Sonderzeichen
        local inptype5$  'ausländische Buchstaben
        local inptype6$  'math. Sonderzeichen
        local inptype7$  'Graphikzeichen
```

Der Inhalt dieser Eingabetypen steht in den oben vorgestellten Variablen:

```
inptype1$="abcdefghijkl mnopqrstuvwxyz aöüß"
inptype2$="ABCDEFGHIJKL MNOPQRSTUVWXYZ ÄÖÜß"
inptype3$="1234567890"
inptype4$=",;:_!'<>\[])($%&`+*=/#^?{}|~"+chr$(34)
inptype5$="Çéâàåçêëèïîì"
inptype6$="αβΓπΣσμτΦΩδ∞φ∈∩≡±≥≤⌡÷≈°••√η²■<>\/:()+*=.-"
inptype7$=" ▒│┤┤┤╢╖╕╣║╗╝╜╛┐└┴┬├─┼╞╟╚╔╩╦╠═╬╧╨╤╥╙╘╒╓╫╪┘┌█▄▌▐▀"
```

Aus diesen Grundtypen kann man durch Zusammensetzen noch einige spezielle Formen entwickeln. Die Besetzung der Variable inptype beim Aufruf von Getinp entscheidet darüber, welche Zeichen eingegeben werden dürfen.

```
if inptype=1 then 'Kleinbuchstaben
        inptype$=inptype1$
elseif inptype=2 then 'Großbuchstaben
        inptype$=inptype2$
elseif inptype=3 then 'Zahlen
        inptype$=inptype3$
elseif inptype=4 then 'Zahlen (incl. Negativ- und Kommazahlen)
        inptype$=inptype4$+"-."
elseif inptype=5 then 'math. Formeln
        inptype$=inptype4$+inptype6$
elseif inptype=6 then 'alle deutschen Schriftzeichen
        inptype$=inptype1$+inptype2$+inptype3$+inptype4$
```

```
      elseif inptype=7 then 'alle Schriftzeichen
          inptype$=inptype1$+inptype2$+inptype3$+inptype4$+inptype5$+_
             inptype6$
      elseif inptype=8 then 'Graphikzeichen
          inptype$=inptype7$
      elseif inptype=9 then 'alle Graphik- und Schriftzeichen
          inptype$=inptype1$+inptype2$+inptype3$+inptype4$+inptype5$+_
             inptype6$+inptype7$
      elseif inptype=10 then 'ausgewählte Zeichen
          inptype$=specialkey$


      end if
```

In specialkey\$ kann eine selbstdefinierte Zeichenfolge gespeichert werden. Der inptype ist bei Verwendung dieser für Sonderaufgaben vorgesehenen Möglichkeit gleich zehn.

Hier nun wird festgestellt, ob die gemachte Eingabe mit den erlaubten Zeichen übereinstimmt. Wenn nicht, wird ein Piepton ausgegeben, andernfalls die Variable ok auf 1 gesetzt. Daran erkennt Getinp, daß ein gültiges Zeichen eingegeben wurde und an getinp\$ angehängt werden soll.

```
      if instr(inptype$,ascii$)>0 then
          ok=1
      elseif asc(ascii$)=8 then
          ok=0
      elseif asc(ascii$)=13 then
          ok=0
      else
          ok=0
          beep
      end if


   end sub
```

Getinp erlaubt nur die Korrektur einer Eingabe mittels Delete. Für kurze Eingabetexte ist dies sicherlich ausreichend. Bei Textverarbeitungen oder Datenbanken aber sollte man eine Möglichkeit einbauen, mit dem Cursor im Eingabetext zu wandern und Zeichen einzufügen.

Bei Checkkey müssen die Cursortasten dabei entsprechend wie Return gewertet werden, d.h. sie dürfen keinen Piepston erzeugen. Denken Sie also an die Zeichenüberprüfung in dieser Routine. Außerdem müßte bei Getinp das Zusammenfügen der Eingaben mit Mid\$ gelöst und ein Zähler für die Cursorposition eingeführt werden.

Sicherlich ist die Verwirklichung einer solchen Input-Routine die Aufgabe für einen längeren Abend und steckt voller Überraschungen.

4.2 TEXTE AUSGEBEN

Das Ausgeben von Texten ist in BASIC eine recht umständliche Angelegenheit. Zuerst muß der Cursor mit Locate positioniert, dann mit Color eine Schriftfarbe bestimmt und schließlich mit Print ein Text ausgegeben werden. Schön wäre es, alle drei Befehle mit einem Schlag erledigen zu können.

Hinzu kommt noch ein weiteres Ärgernis. Mit dem Befehl Screen kann man den ASCII-Code eines Zeichens auf dem Bildschirm ermitteln. Screen kann aber noch mehr. Es ist auch das Attribut eines Zeichen erfahrbar. Was aber ist das Attribut? Nichts anderes als die durch Color gesetzte Farbe und hier fängt der Ärger an. Denn Color setzt die Farbe in Vorder- und Hintergrundfarbe getrennt, das Attribut aber ist nur eine Zahl.

Wenn Sie dann z.B. einen Bildschirmbereich überschreiben und anschließend den alten Inhalt wiederherstellen wollen, dann müssen Sie die Attributwerte, die Screen liefert, als erstes in Vorder- und Hintergrundfarbe zerlegen. Ein umständliches und zeitaufwendiges Verfahren, das man vermeiden sollte.

Außer Color benutzt übrigens kein Befehl diese unnötige Trennung, auch die Interrupts des BIOS nicht. Also wollen wir uns auf die grundsätzliche Benutzung des Attributs einigen. Dazu aber müssen Sie wissen, welches Attribut welche Farbkombination darstellt:

Attribut	Grundfarbe
0	schwarz
1	blau
2	grün
3	türkis
4	rot
5	violett
6	braun
7	grau

(Fortsetzung)

(Fortsetzung)

Attribut	Grundfarbe
8	dunkelgrau
9	hellblau
10	hellgrün
11	helltürkis
12	hellrot
13	hellviolett
14	gelb
15	weiß

Höhere Attributnummern sind eine Kombination aus Hintergrund- und Vordergrundfarbe und blinkender Zeichen. Acht verschiedene Farben stehen für den Hintergrund zur Verfügung:

0	schwarz
1	blau
2	grün
3	türkis
4	rot
5	violett
6	braun
7	grau

Die Nummer eines Attributs für eine Kombination von Vorder- und Hintergrundfarbe ergibt sich aus der Formel

$$hf*16+vf$$

hf steht für die Nummer der Hintergrundfarbe, vf für die Nummer der Vordergrundfarbe. Rote Schrift auf blauem Grund ist also Attributnummer

$$1*16+4=20$$

Blinkende Zeichen erhält man, indem man zur normalen Attributnummer 128 addiert. Blinkende rote Zeichen auf blauem Grund haben also das Attribut

$$1*16+4+128=148$$

Höchstmögliche Attributnummer ist 255.

Nennen wir nun unsere Routine Pr(int)at. Sie soll mit folgenden Parametern aufgerufen werden:

textline=Textzeile

column=Textspalte

text$=Ausgabetext

attribute=Farbattribut

Da wir wegen der Benutzung eines Farbattributs auf Color verzichten müssen, geht auch hier kein Weg an einem Interruptaufruf vorbei. Diesmal ist es der Interrupt 10h, der beliebige Zeichen mit einem bestimmten Attribut auf dem Bildschirm ausgibt. Für die Details der Interruptprogrammierung sei abermals auf das Kapitel "Maschinensprache" verwiesen. An dieser Stelle geht es nur um die Anwendung der neuen Routine.

```
sub prat(textline,column,text$,attribute)
      local i
      local ah,al,ax
      local bh,bl,bx
```

Ausgabe jedes einzelnen Zeichens über den Interrupt 10h.

```
      for i=1 to len(text$)

            locate textline,column+i-1

            ah=09
            al=asc(mid$(text$,i,1))
            ax=int(al+(256*ah))
            reg(1),ax

            bh=0
            bl=attribute
            bx=int(bl+(256*bh))
            reg(2),bx

            reg(3),1

            call interrupt &H10

      next


end sub
```

Damit Sie auch eine Vorstellung von Anwendung und Wirkung der Prozedur Prat bekommen, folgendes kleines Beispielprogramm.

```
cls

for i=1 to 20
     for ii=1 to 10
           call prat(i,1,"TURBO BASIC",i*ii)
     next
next


end
```

Dieses Progrämmchen gibt das Wort TURBO BASIC in den verschiedensten Farben zehnmal pro Zeile auf zwanzig verschiedenen Zeilen aus.

Zusammen mit Prat können wir noch einmal das Thema Input aufnehmen. Ist Ihnen die anfangs vorgestellte Input-Routine zu aufwendig, dann können Sie bei Input bleiben und es ein wenig verbessern. Inp(ut)at ist weitaus flexibler als Input und spart uns die Befehle Color und Locate wie bei Prat ein. Die Aufrufparameter sind:

textline = Textzeile

column = Textspalte

inputtext$ = Eingabeaufforderung

attribute = Textfarbe

inputdata$ = Anwendereingabe

Und hier die lauffähige Routine. Gleich anschließend ein kleines Beispielprogramm.

```
sub inpat(textline,column,inputtext$,attribute,inputdata$)

     call prat(textline,column,inputtext$,attribute)
     print "";
     input "";inputdata$

end sub

'Demo für Inpat

cls
call inpat(5,10,"Name:",5,nachname$)
print nachname$


end
```

Schriftenvielfalt

Oft genug bejammern PC-Besitzer die mangelnde Schriftenvielfalt ihres Arbeitstieres. Als Abhilfe werden immer wieder Font-Editoren/Designer und ähnliche angepriesen. Sicherlich ist dies eine feine Sache, doch bis man einen eigenen Zeichensatz kreiert hat, bekommt man graue Haare.

Daher der Gedanke, aus dem vorhandenen PC-Systemzeichensatz mehr herauszuholen. Veränderungen wie Kursiv, Fett und Doppeltbreit sollten durch ein bißchen Bitmanipulation im Zeichensatz-Rom und RAM nicht allzu schwierig sein. Selbstverständlich läuft all dies nur auf einem Graphikbildschirm.

```
screen 2,0
```

Die Routine Character erlaubt die Übergabe des auszugebenden Strings, der Ausgabeposition in Zeile und Spalte und der Schriftart.

Die Schriftart wird als Zahl zwischen Eins und Sieben kodiert und bezeichnet:

1	Normal
2	Kursiv
3	Fett
4	doppeltbreit
5	kursiv-fett
6	kursiv-doppeltbreit
7	fett-doppeltbreit

```
sub character(text$,pline,column,style)

    local characterromsegment,graphicscharactersegment
    local characterromoffset,graphicscharacteroffset
    local zeichen$,pwidth
    local position%
    local buchstabe
    local byte,bit,zeichen,i
```

Eine Schwierigkeit bereitet die Speicherung des Zeichensatzes an verschiedenen Speicherstellen. Die ASCII-Zeichen kleiner 128 befinden sich im Character-ROM an der Adresse F000h:FA6Eh, die Zeichen von 129 bis 255 hingegen werden von graftabl an eine veränderbare Stelle im RAM geladen. Man kann diese Stelle aber aus dem Inhalt der Adresse 0h:1Fh ermitteln. Natürlich sind diese Zeichen nur vorhanden, wenn beim Systemstart oder später der Befehl graftabl gegeben wurde.

```
characterromsegment=&HF000
characterromoffset =&HFA6E
def seg=0
graphicscharactersegment=256*peek(&H1F*4+3)+peek(&H1F*4+2)
graphicscharacteroffset= 256*peek(&H1F*4+1)+peek(&H1F*4)
pwidth=1
```

Der Ausgabestring wird Zeichen für Zeichen gelesen und ausgegeben.

```
for zeichen=1 to len(text$)


    buchstabe$=mid$(text$,zeichen,1)
    buchstabe=asc(buchstabe$)*8


    for byte=0 to 7
```

Hier wird das Bitbild des zu druckenden Zeichens aus dem entsprechenden Speicherbereich gelesen, damit es anschließend für die Ausgabe manipuliert werden kann.

```
        if buchstabe<=128*8 then
                def seg=characterromsegment
                position%=characterromoffset+buchstabe+byte
        else
                def seg=graphicscharactersegment
                position%=graphicscharacteroffset+buch_
                stabe-1024+byte
        end if


        zeichen$=bin$(peek(position%))


        if len(zeichen$)<8 then
                zeichen$=string$(8-len(zeichen$),"0")+zeichen$
        end if
```

Für die kursiven Schriften wird einfach das Bitbild schräg nach rechts verschoben, oben mehr, unten weniger (siehe folgende Abbildung).

```
0011110000        00000111100        0000111111110000
0110011000        00001100110        0011110000111100
1100001100        00011000011        1111000000001111
1100001100        00110000110        1111000000001111
1111111100        00111111110        1111111111111111
1100001100        01100001100        1111000000001111
1100001100        01100001100        1111000000001111
1100001100        11000011000        1111000000001111
```

Bitbild A normal kursiv   doppeltbreit

```
'Kursivschrift
if style=2 or style=5 or style=6 then
    if byte=0 or byte=1 or byte=2 then
        zeichen$=string$(3,"0")+zeichen$
    elseif byte=3 or byte=4 then
        zeichen$=string$(2,"0")+zeichen$
    elseif byte=5 or byte=6 then
        zeichen$=string$(1,"0")+zeichen$
    end if
end if
```

Für die doppeltbreite Schrift wird das Bitbild in der Waagerechten genau verdoppelt. Siehe auch die oben abgebildeten Bitbilder.

```
'doppeltbreit
if style=4 or style=6 or style=7 then
    z$=""
    for i=1 to len(zeichen$)
        z$=z$+string$(2,mid$(zeichen$,i,1))
    next
    zeichen$=z$
    pwidth=2
end if
```

Bei normal zu druckenden Schriftarten wird nun das Bitbild auf dem Bildschirm ausgegeben. In diese Kategorie gehören auch die Kursiv- und doppeltbreite Schrift.

```
'Normalschrift
if style<3 or style<11 and style>3 and style<>5 and_
    style<>7 then
    for bit=1 to 10*pwidth
        if mid$(zeichen$,bit,1)="1" then
            pset (column*(8*pwidth)-9+bit,_
                pline*8-7+byte)
        end if
    next
```

Alle Schriften mit einem Fettzusatz werden hier ausgegeben. Der Eindruck der Fettschrift entsteht durch zweifaches Setzen eines Bits nebeneinander.

```
                          'Fettschrift
                          elseif style=3 or style=5 or style=7 then
                                for bit=1 to 10*pwidth
                                      if mid$(zeichen$,bit,1)="1" then
                                            pset (column*(8*pwidth)-9+bit,_
                                                  pline*8-7+byte)
                                            pset (column*(8*pwidth)-8+bit_
                                                  ,pline*8-7+byte)
                                            if style=7 then
                                                  pset (column*(8*pwidth)-_
                                                        7+bit,pline*8-7+byte)
                                                  pset (column*(8*pwidth)-_
                                                        6+,pline*8-7+byte)
                                            end if
                                      end if
                                next
                          end if
                    next
                    incr column,1
            next
      end sub


      end
```

Ein Hoch auf den Autor in sieben Schriftvarianten.

```
      call character("Martin Böhmer",1,1,1)
      call character("Martin Böhmer",2,1,2)
      call character("Martin Böhmer",3,1,3)
      call character("Martin Böhmer",4,1,4)
      call character("Martin Böhmer",5,1,5)
      call character("Martin Böhmer",6,1,6)
      call character("Martin Böhmer",7,1,7)
      end
```

4.3 EIN EIGENER EDITOR

Ein Texteditor stellt an den Programmierer weit höhere Ansprüche als
vergleichsweise simple Input-Routinen. Ein erster Grundstock soll hier
für einen RPED-ähnlichen Editor gelegt werden. Wieso sollte man sich
nicht auch eine Textverarbeitung selber programmieren?

Programmplan

Kern jedes Editors ist eine Programmschleife, die zu Anfang ein Zeichen
von der Tastatur liest und es anschließend analysiert. Das gilt auch für
unseren Editor. Bei der Analyse muß zwischen zwei Grundkategorien von
Eingaben unterschieden werden, den Schriftzeichen und den Steuerzeichen.

Während Schriftzeichen an der Cursorposition auszugeben sind, können
Steuerzeichen die verschiedensten Ergebnisse bewirken. Da sind zunächst
die Cursorsteuerzeichen, die den Cursor auf- und abwärts, nach rechts
und links usw. wandern lassen. Die für die Cursorsteuerung vorgesehenen
Tasten müssen erkannt und in entsprechende Aktionen des Cursors um-
gesetzt werden.

Direkten Einfluß auf den Text haben die Editierbefehle zum Löschen,
aber auch die Tabulatortaste. Alle diese Tasten müssen erkannt und einer
korrekten Behandlung zugeführt werden.

Weiterhin gibt es die Befehlstasten, die z.B. Menüs zum Löschen, Speichern und Drucken eines Textes aufrufen. Kurzum, sonderlich schwierig
ist eigentlich kein Programmteil. Es ist nur eine Menge Detailarbeit zu
erledigen.

Der Editor

Das Programm wird durch die Programcontrolunit gelenkt.

```
programcontrolunit:
        gosub initialize
        gosub editor
    end
```

In der Initialisierungsroutine werden einige Variablen vereinbart und auf
ihre Startwerte gesetzt. Die maximal erlaubte Anzahl von Schreibzeilen
steht in maxline, der geschriebene Text in der Variable wline$(wline).
Indiziert ist diese Variable mit der Nummer der Schreibzeile. Die Nummer der letzten geschriebenen Zeile steht in lastwline. Die maximale
Spaltenanzahl wird mit lineslength festgelegt, die Länge einer Seite wird
durch pagelength definiert.

Die waagerechte Position des Schreibcursors wird in linespos festgehalten.
Insert wird Auskunft über den Schreibmodus - Einfügen oder Überschreiben - geben.

```
initialize:

    cls
    maxlines=100
    dim wline$(maxlines)
    insert=1
    wline=1
    lastwline=1
    lineslength=80
    pagelength=60
    linespos=1
```

Beim Scrollen des Textes wird unser Editor wieder einmal Gebrauch von
einem BIOS-Interrupt machen. Dieser verlangt ein Farbattribut für die
Nachfolgezeilen, das in den folgenden Zeilen zusammengesetzt wird.

```
    foregroundcolor$=bin$(15)
    intensity$="0"
    backgroundcolor$=bin$(15)
    blink$="0"
    attribut$="&B"+foregroundcolor$+backgroundcolor$+_
    blink$+intensity$
```

Schlußendlich wird die Statuszeile initialisiert. Hier wird der Schreiber
über die Seiten-, Zeilen- und Spaltenposition sowie den Schreibstatus
informiert.

```
    locate 25,1
    print "Seite: ";tab(8) int(wline/pagelength)+1;
    print    tab(12)   "Zeile:   ";tab(20) wline; tab(24)_
    " Spalte: ";tab(34) linespos;
    print tab(38) "Einfügen ";
    locate 1,1,1,1,13
return
```


Die Hauptschleife des Programms

Befassen wir uns nun mit der Hauptschleife unseres Programms, der
Dateneingabe und Analyse. Die Schleife und damit das Programm wird
durch einen Druck auf die rechte Maustaste oder ESC abgebrochen. ESC
hat den Scancode eins.

```
editor:


        while scancode<>1
                goon:
```

Zunächst wird die Statuszeile aktualisiert.

```
        textposx=pos(x)
        textposy=csrlin
        locate 25,1,0
        print "Seite: ";tab(8) int(wline/_
                pagelength)+1;
        print   tab(12)   "Zeile:   ";tab(20)  wline$;_
                tab(24) "Spalte: ";tab(34) linespos;


        if insert=1 then
                print tab(38) "Einfügen ";
        else
                print tab(38) "Überschrei. ";
        end if


        locate textposy,textposx,1
```

Und jetzt her mit der ersten Anwendereingabe. Wir benutzen übrigens unseren alten Bekannten Getkey für die Dateneingabe im Texteditor.

```
        call getkey(ascii$,scancode)
```

Es folgt die langwierige Prozedur der Eingabeanalyse. Zunächst werden alle normalen Buchstabentasten ausgesondert - deren Scancode liegt zwischen 1 und 58. Leider liegen jedoch ein paar Exoten dazwischen, wie z.B. Return, die ebenfalls einer eigenen Behandlung bedürfen.

```
        if scancode<=58 and scancode>1 then
            if ascii$=chr$(13) then
                    gosub newline
                    goto goon
```

Durch den Backslash wird später der Kommandomodus des Editors aufgerufen. Backslash gefolgt von einem s wird einen Text speichern, ein l wird einen Text laden. Weitere Kommandos können bequem eingebaut werden. Wie wäre es mit dem Ausdruck eines geschriebenen Textes von Diskette oder Speicher?

```
            elseif ascii$="\" then
                textwline=csrlin
                textcolumn=pos(x)
                locate 25,50
                print "Kommando";
                gosub commands
                goto goon
```

Auch der Tabulator und die Löschentaste wollen getrennt bearbeitet werden.

```
            elseif scancode=15 then
                gosub tabulator
                goto goon
            elseif scancode=14 then
                gosub delete
                goto goon
```

Nachdem nun die anständigen Zeichen unter sich sind, können wir damit beginnen, sie korrekt in den Text einzufügen.

Im einfachsten Fall brauchen die Zeichen nur hinten an die Schreibzeile angefügt zu werden.

```
            elseif linespos>=len(wline$(wline))_
                and wline>=lastwline then
                gosub add
                goto goon
```

Steht der Cursor aber innerhalb einer vorhandenen Schreibzeile, müssen die eingegebenen Zeichen entweder eingefügt werden oder andere Zeichen überschreiben.

```
            elseif linespos<len(wline$(wline))_
                and insert=1 or_
                linespos=lineslength_
                and insert=1 then
                gosub insert
                goto goon
            elseif linespos<len(wline$(wline))_
                and insert=-1 or_
                linespos=lineslength_
                and insert=-1 then
                gosub overwrite
                goto goon
        end if
```

Neben Tabulator, Delete, Return und normalen Buchstaben wollen auch
die Cursorbewegungstasten erfaßt werden. Selbstverständlich sind Cursorbewegungen nach links und rechts eingebaut.

```
elseif scancode=75 then
     gosub left
     goto goon
elseif scancode=77 then
     gosub right
     goto goon
```

Oben und Unten dürfen ebensowenig fehlen. Allerdings seien PageUp
und PageDown Ihren eigenen Programmierkünsten überlassen.

```
elseif scancode=72 then
     gosub up
     goto goon
elseif scancode=80 then
     gosub down
     goto goon
```

Mit End und Home gelangt der Schreiber zum Ende bzw. Anfang einer
Schreibzeile.

```
elseif scancode=71 then
     gosub beginofline
     goto goon
elseif scancode=79 then
     gosub endofline
     goto goon
```

Mit der Ins-Taste wird zwischen Überschreibe- und Einfügemodus gewechselt. Die Variable Insert macht dies auch dem Programm klar. Die
Statuszeile informiert den Schreiber.

```
                    elseif scancode=82 then
                            insert=-1*insert
                            if insert=-1 then
                                    locate 25,38,0
                                    print "Überschreiben";
                            elseif insert=1 then
                                    locate 25,38,0
                                    print tab(38) "Einfügen ";
                            end if
                            locate textposy,textposx,1
                            goto goon


                    end if
                wend


        return
```

Damit wären wir schon am Ende der Hauptprogrammschleife angelangt.
Jetzt heißt es, die oben aufgerufenen Funktionen im Detail zu programmieren.

Kümmern wir uns zunächst um die Analyse der ausgewählten Kommandos. Zwei Kommandos, zum Laden und Speichern eines Textes sind bereits eingebaut. Diese Routine verweist wiederum nur an weitere Sub-
routinen.

```
        commands:
            wahl$=input$(1)
            wahl$=ucase$(wahl$)
            if wahl$="L" then
                    gosub diskread
            elseif wahl$="S" then
                    gosub diskwrite
            elseif wahl$=chr$(27) then
                    locate 25,50
                    print string$(25," ");
            end if
            locate textwline,textcolumn
        return
```

Diskettenoperationen

In der folgenden Routine wird ein beliebiger auf Diskette befindlicher
ASCII-Text gelesen. Man muß nach \L lediglich den Dateinamen ange-

ben. Eine Absicherung gegen ungültige Dateinamen wäre eine weitere
Aufgabe für Sie.

```
diskread:
        locate 25,50
        input ;"Datei lesen: ",datei$
        locate 25,50
        print string$(25," ");
        locate 1,1,1,1,13
        i=0


        open datei$ for input as #1
        while not(eof(1))
                input #1,wline$(i+1)
```

Innerhalb unseres Home-made-Editors benutzen wir einen Punkt am
Zeilenbeginn, um auch Einrückungen speichern zu können. Ein Leerzeichen zu Beginn einer Zeile wird nämlich von TURBO BASIC nicht
auf Diskette geschrieben. Der eingefügte Punkt ist also nur ein Trick und
muß beim Lesen wieder entfernt werden. Wir könnten auch jedes x-be-
liebige andere Zeichen für diesen Ausweg verwenden, nur verwirrt der
Punkt am wenigsten, da er eigentlich gar nicht am Zeilenanfang vorkom-
men kann.

```
                if left$(wline$(i+1),1)="." then
                        wline$(i+1)=mid$(wline$(i+1),2)
                end if
                incr i,1
                lastwline=i
        wend
        close 1
```

Ausgabe der ersten 24 Zeilen des neuen Textes auf dem Bildschirm.

```
        for i=1 to 24
                print wline$(i);
        next


        locate 1,1,1,1,13
        textwline=1
        textcolumn=1
        wline=1
    return
```

Wo man Texte laden kann, sollten sie auch gespeichert werden. Diskwrite
fragt nach einem Dateinamen, um daraufhin mit der Datensicherung
loszulegen. Dabei werden unter Umständen schon bestehende Dateien
überschrieben. Wieder eine Aufgabe für Sie, sich um mehr Sicherheit im

Umgang mit dem Editor zu kümmern. Etwa eine Warnung: "Datei besteht bereits".

```
diskwrite:
        locate 25,50
        input ;"Datei schreiben: ",datei$
        locate 25,50
        print string$(25," ");
        open datei$ for output as #1
        for i=1 to lastwline
                print #1,wline$(i)
        next
        close 1
return
```

Editorkommandos

Die folgenden Routinen nehmen die für einen Editor lebenswichtigen Textmanipulationen vor. Add fügt, wenn der Cursor am Zeilenende steht, eingegebene Zeichen einfach hinten an. Wenn der Schreiber dabei über den rechten Rand hinaus gerät, wird eine neue Zeile begonnen, mit Newline.

```
add:
        wline$(wline)=wline$(wline)+ascii$
        if len(wline$(wline))>lineslength then goto newline
        print ascii$;
        incr linespos,1
return
```

Wenn die aktuelle Zeile schon die letzte mögliche Schreibzeile (maxlines) ist, kann natürlich keine weitere Zeile angehängt werden.

```
newline:
        if wline=maxlines then return
        print ascii$;
        if lineslength=80 then
                locate csrlin-1
        end if
```

Der neuen Zeile wird das umbrochene Zeichen zugewiesen.

```
        wline$(wline)=left$(wline$(wline),lineslength)
        incr wline,1
```

Wenn die neue Zeile eine Leerzeile sein soll, muß wieder unser Punkt
herhalten – selber Trick wie bei den Einrückungen.

```
if ascii$<>chr$(13) then
        wline$(wline)=ascii$
else
        wline$(wline)="."
end if
linespos=1
```

Solange die 24. Bildschirmzeile nicht erreicht ist, können wir die Zeichen
einfach unten auf den Bildschirm schreiben. Andernfalls muß nach oben
gescrollt werden.

```
if csrlin<24 then
        locate csrlin+1,1
        if ascii$<>chr$(13) then
                print ascii$;
                incr linespos,1
        end if
elseif csrlin>=24 then
        gosub scrollup
        locate 24,1
        if ascii$<>chr$(13) then
                print ascii$;
                incr linespos,1
        end if
end if
lastwline=wline
return
```

Steht der Cursor inmitten einer Zeile, müssen wir die neu eingegebenen
Zeichen in die Schreibzeile einfügen. Dabei ist zu beachten, ob im Über-
schreibe- (Overwrite) oder Einfügemodus (Insert) geschrieben wird.

```
insert:
        wline$(wline)=left$(wline$(wline),linespos-1)+ascii$+_
                mid$(wline$(wline),linespos)
        if len(wline$(wline))=>lineslength then goto format
        print mid$(wline$(wline),linespos);
        incr linespos,1
        locate ,linespos
return
```

```
overwrite:
        wline$(wline)=left$(wline$(wline),linespos-1)+ascii$+_
              mid$(wline$(wline),linespos+1)
        print ascii$;
        if linespos<lineslength then
                incr linespos,1
                locate ,linespos
        end if
return
```

Beim Einfügemodus entsteht ein weiteres Problem. Wohin mit den eventuell über den rechten Zeilenrand überstehenden Zeichen? Unser einfacher Editor löst das Problem in der Format-Routine wie RPED; das
Zeilenende wird einfach entsprechend gekappt. Vornehmere Lösungen
sind 'mal wieder Ihrer Phantasie überlassen.

```
format:
        wline$(wline)=left$(wline$(wline),lineslength)
        print mid$(wline$(wline),linespos);
        if linespos<lineslength then
                incr linespos,1
                locate csrlin-1,linespos
        else
                if csrlin<24 then
                        incr wline,1
                        linespos=1
                        locate csrlin,linespos
                else
                        gosub scrollup
                        incr wline,1
                        linespos=1
                        locate 24,linespos
                end if
        end if
return
```

Genauso wichtig wäre der Einbau einer Funktion zum Einfügen und
Entfernen von Zeilen. Es gibt noch viel zu tun. Wir aber machen mit
dem Löschen von Zeichen weiter.

```
    delete:
          gosub left
          wline$(wline)=left$(wline$(wline),linespos-1)+_
          mid$(wline$(wline),linespos+1)
          textposx=pos(x)
          textposy=csrlin
          print mid$(wline$(wline),linespos);" ";
          locate textposy,textposx
    return
```

Tabulatoren

Verhältnismäßig schwierig gestaltet sich auch die Tabulatorfunktion. Man muß nämlich feststellen, zu welchem Tab noch gesprungen werden kann und ob der Zwischenraum bis dort durch Leerzeichen zu füllen, oder schlicht zu überspringen ist.

In der vorgestellten Version gibt es nur vier Tabulatoren an den festgeschriebenen Positionen 5, 10, 15 und 20. Für einfache Texte ist dies sicherlich ausreichend. Mehr Komfort erreichen Sie aber mit variablen Tabulatoren, die z.B. über ein Kommando \T geändert werden könnten.

```
    tabulator:
          if linespos<5 and len(wline$(wline))>5 then
                linespos=5
                locate ,linespos
          elseif linespos<10 and len(wline$(wline))>10 then
                linespos=10
                locate ,linespos
          elseif linespos<15 and len(wline$(wline))>15 then
                linespos=15
                locate ,linespos
          elseif linespos<20 and len(wline$(wline))>20 then
                linespos=20
                locate ,linespos
```

Tabulatorsprünge mit Einfügen von Leerzeichen.

```
          elseif linespos<5 and len(wline$(wline))<5 then
                linespos=5
                wline$(wline)="."+wline$(wline)+_
                      string$(4-len(wline$(wline))," ")
                locate ,linespos
```

```
        elseif linespos<10 and len(wline$(wline))<10 then
                linespos=10
                wline$(wline)=wline$(wline)+string$_
                        (10-len(wline$(wline))," ")
                locate ,linespos
        elseif linespos<15 and len(wline$(wline))<15 then
                linespos=15
                wline$(wline)=wline$(wline)+string$_
                        (15-len(wline$(wline))," ")
                locate ,linespos
        elseif linespos<20 and len(wline$(wline))<20 then
                linespos=20
                wline$(wline)=wline$(wline)+string$_
                        (20-len(wline$(wline))," ")
                locate ,linespos
        else
                return
        end if
return
```

Die Cursorbewegungen

Beschäftigen wir uns nun mit den zahlreichen Cursorbewegungsmöglichkeiten, die einen Texteditor erst richtig bequem machen.

Schwierig werden alle Cursorbewegungen durch die Bildschirmgrenzen. Wenn z.B. der Cursor nach unten bewegt wird, so muß ab Zeile 24 der Text nach oben gescrollt werden, umgekehrt, wenn der Cursor nach oben wandert. Auf weitere Probleme werden wir noch bei der Programmierung der Routinen zu sprechen kommen.

Zuerst bewegen wir den Cursor nach oben.

```
    up:
        textposx=pos(x)
```

Der Cursor kann nicht weiter nach oben bewegt werden, wenn wir uns am Textanfang befinden.

```
        if wline=1 then
                return
        elseif csrlin>1 then
                decr wline,1
```

Eventuell muß bei der Aufwärtsbewegung der Text nach unten gescrollt werden.

```
elseif csrlin=1 then
        decr wline,1
        gosub scrolldown
end if
```

Außerdem ist darauf zu achten, daß der Cursor immer im beschriebenen Teil der Zielzeile oder an deren Ende zu stehen kommt. Andernfalls erhält man unsinnige Ergebnisse bei den nächsten Schreibarbeiten. Wenn also die untere Zeile länger als die obere ist und der Cursor am Zeilenende steht, so muß er bei der Aufwärtsbewegung nicht nur nach oben, sondern auch nach links bewegt werden.

```
if textposx>len(wline$(wline)) and csrlin>1 then
        locate csrlin-1,len(wline$(wline)),1
        linespos=len(wline$(wline))
elseif textposx<=len(wline$(wline)) and csrlin>1 then
        locate csrlin-1,textposx,1
elseif textposx>len(wline$(wline)) and csrlin=1 then
        locate 1,len(wline$(wline)),1
        linespos=len(wline$(wline))
elseif textposx<=len(wline$(wline)) and csrlin=1 then
        locate 1,textposx,1
end if
return
```

Wer sich selbst erhöht, wird erniedrigt werden. Für die Cursorbewegung nach unten gelten unter umgekehrten Vorzeichen dieselben Bedingungen wie für die Aufwärtsbewegung.

```
down:
        textposx=pos(x)
        if wline=lastwline then
                return
        elseif csrlin<24 then
                incr wline,1
        elseif csrlin=24 then
                incr wline,1
                gosub scrollup
                locate 24,1
                print wline$(wline);
                locate 24,1
        end if
```

```
        if textposx>len(wline$(wline)) and csrlin<24 then
              linespos=len(wline$(wline))
              locate csrlin+1,linespos,1
        elseif textposx<=len(wline$(wline)) and csrlin<24 then
              locate csrlin+1,textposx,1
        elseif textposx>len(wline$(wline)) and csrlin=24 then
              linespos=len(wline$(wline))
              locate 24,linespos,1
        elseif textposx<=len(wline$(wline)) and csrlin=24 then
              locate 24,textposx,1
        end if
  return
```

Texte scrollen

Eine ganze Reihe von Routinen hat bereits vom Scrollen eines Bildschirmbereiches Gebrauch gemacht. Nur hatten wir bisher noch nicht die
dafür notwendigen Routinen vorgestellt.

Sowohl Scrollup und Scrolldown arbeiten mit dem BIOS-Interrupt 10h,
der für uns die Arbeit in einer Wahnsinnsgeschwindigkeit erledigt. Übrigens zählt dieser Interrupt die Spalten und Zeilen bei Null beginnend.
Daher die seltsamen Angaben für die Register 3 und 4.

```
scrollup:
        call adress(1,6,adress)
        reg 1,adress
        call adress(0,0,adress)
        reg 3,adress
        call adress(79,23,adress)
        reg 4,adress
        reg 2,val(attribut$)

        call interrupt &H10
        locate 1,1,1,1,13
        color 7,0
  return
```

```
scrolldown:
      call adress(1,7,adress)
      reg 1,adress
      call adress(0,0,adress)
      reg 3,adress
      call adress(79,23,adress)
      reg 4,adress
      reg 2,val(attribut$)

      call interrupt &H10
      locate 1,1,1,1,13
      color 7,0
      print wline$(wline);
   return
```

Adress ist nur eine Hilfsroutine für die Scrollbewegungen und errechnet
aus low- und highbyte die Adresse. Was es mit diesem Fachchinesisch
auf sich hat, können Sie im Kapitel Maschinensprache nachlesen.

```
sub adress(lowbyte,highbyte,adress)
      adress=int(lowbyte+(256*highbyte))
end sub
```

Weitere Cursorbewegungen

Bleibt uns noch, den Cursor nach rechts und links zu bewegen. Hat der
Cursor den jeweiligen Rand erreicht, wird er bei der Linksbewegung auf
die nächsthöhere Zeile, bei der Rechtsbewegung auf die nächstniedrigere
Zeile gesetzt. Doch nicht immer ist dies möglich, wodurch leider auch
diese Routinen recht kompliziert werden.

```
right:
      if linespos>len(wline$(wline))_
            or linespos=lineslength then
            if wline=lastwline then
                  return
            elseif csrlin<24 then
                  incr wline,1
                  locate csrlin+1,1
                  linespos=1
```

```
              elseif csrlin=24 then
                  incr wline,1
                  gosub scrollup
                  locate 24,1
                  print wline$(wline);
                  locate 24,1
                  linespos=1
              end if
```

Der Normalfall.

```
          elseif linespos<lineslength then
              incr linespos,1
              locate ,pos(x)+1
          end if
      return
```

Und das linke Beinchen. Hier zuerst die Linksbewegung für den Normal-
verbraucher.

```
      left:
          if linespos>1 then
              decr linespos,1
              locate ,pos(x)-1
```

Ist man am linken Rand angelangt, muß die Zeile gewechselt werden.

```
          elseif linespos=1 then
              if wline>1 then
                  if csrlin>1 then
                      decr wline,1
                      linespos=len(wline$(wline))
                      locate csrlin-1,linespos
```

Unter Umständen muß man dafür den Bildschirm scrollen.

```
                  elseif csrlin=1 then
                      decr wline,1
                      gosub scrolldown
                      linespos=len(wline$(wline))
                      locate 1,linespos
                  end if
              else
                  return
              end if
          end if
      return
```

Sehr einfach hingegen ist es, den Cursor an den Zeilenanfang und das
Zeilenende zu setzen. Diese leichteste unserer Übungen soll denn auch
das vorläufige Ende unserer Arbeit an einem eigenen Texteditor darstellen.

```
beginofline:
       linespos=1
       locate ,1
return


endofline:
       linespos=len(wline$(wline))+1
       if linespos>lineslength then linespos=lineslength
       locate ,linespos
return
```

Nochmals Getkey

Vergessen Sie nur nicht, in den Texteditor die Routine Getkey zu inte-
grieren. Wenn Sie sie bei der Inputroutine noch nicht abgetippt haben
und jetzt nicht zurückblättern wollen, so sei sie hier wiederholt.

```
sub getkey(ascii$,scancode)

       local lowbyte
       local highbyte
       local adress
       do
             reg 1,00
             call interrupt &H16
             adress=reg(1)
             highbyte=int(adress/256)
             lowbyte=adress-highbyte*256
       loop until chr$(lowbyte)<>""

       ascii$=chr$(lowbyte)
       scancode=highbyte

end sub
```

Wenn Sie vom Abschreiben dieses Programms des Tippens noch nicht müde sind, dann können Sie ja nun mit dem neuen Mini-Editor einen Brief an ihre Großmutter aufsetzen. Vielleicht fallen Ihnen bei dieser Gelegenheit die ersten Mängel des Programms auf, die Sie ausmerzen möchten. Derer gibt es nämlich leider noch viele.

5 Benutzerschnittstelle

5.1 TURBO WINDOWS

Pop-Up, Highlight und Pull-down Menüs, Cursor- und Maussteuerung und vor allem Fenster, Fenster, Fenster bestimmen moderne professionelle Programme, nicht zuletzt auch TURBO BASIC selbst. Dennoch sucht man im Sprachumfang des Compilers vergeblich nach Befehlen zur Unterstützung dieser Programmiertechniken. Bevor wir nun auf das Erscheinen einer entsprechenden Tool Box warten, machen wir uns doch lieber selbst an die Arbeit. Zum Glück ist dafür kein Assemblerkursus notwendig, da TURBO BASIC auch für die Fenster- und Menütechnik im Gegensatz zu BASIC-Interpretern schnell genug ist. Ganz so schnell wie TURBO BASIC seine eigenen Fenster verwaltet, wird es allerdings nicht gehen. Die selbstgebaute Fenstertechnik soll in ihrer Funktionsvielfalt aber mit professionellen Fenstersystemen konkurrieren können. So werden Sie in den folgenden Kapiteln Routinen zum Öffnen, Verschieben, Vergrößern und Verkleinern von Fenstern finden. Auch an das Scrollen von Fensterinhalten ist gedacht. Die Fenster können durch verschiedene Farben für Rahmen, Namen und Inhalt sowie durch Fensternamen individuell gestaltet werden. Aktuelle Fenster werden durch doppelte Rahmen hervorgehoben. Die Position und Größe der Fenster soll beliebig sein, ebenso ist die Fensteranzahl nur von der Kapazität des Hauptspeichers abhängig.

Zunächst sollten wir einige Definitionen in Bezug auf die Fensterprogrammierung vornehmen, damit wir nicht aneinander vorbeireden.

Graphikzeichen des IBM PC

Mit den Graphikzeichen des IBM-PC sind vier verschiedene Fensterarten möglich:

Fenster 1 (einfacher Rahmen):

Aussehen: ASCII-Codes:

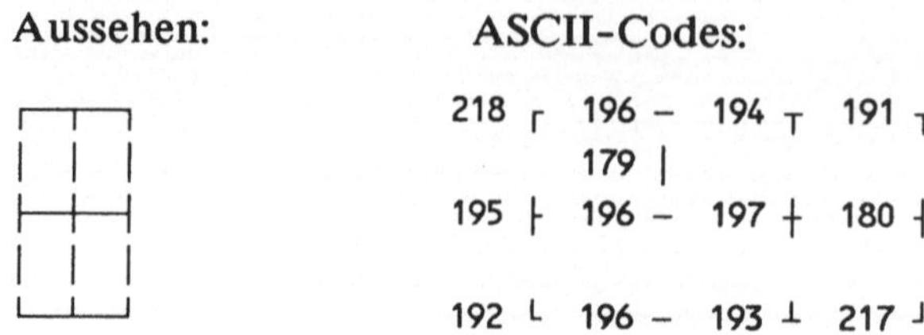

Fenster 2 (vertikal doppelter Rahmen):

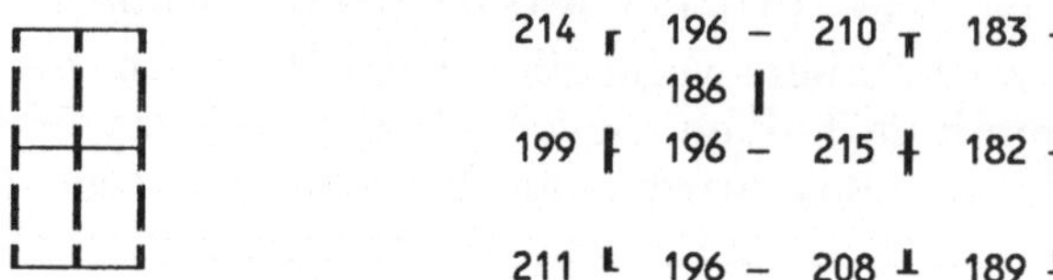

Fenster 3 (horizontal doppelter Rahmen):

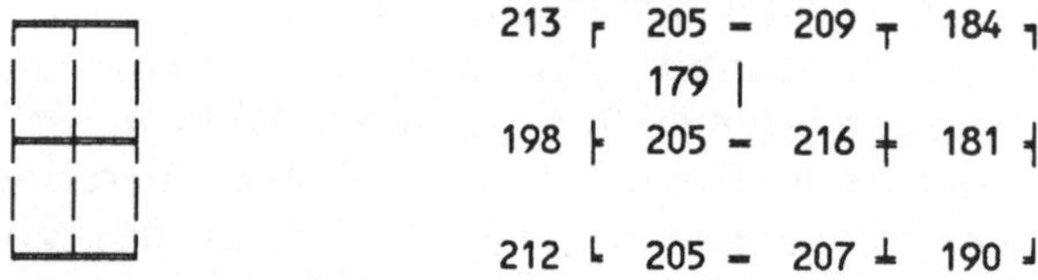

Fenster 4 (doppelter Rahmen):

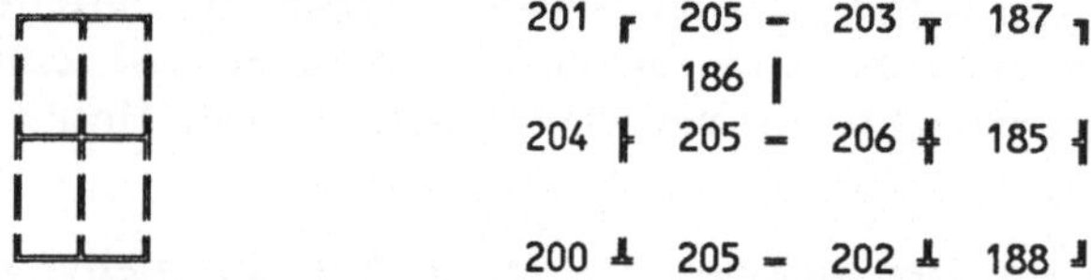

Entsprechend diesen vier Fenstertypen definieren wir vier Windowtypes. Damit haben wir auch die erste Systemvariable unserer Fenstertechnik festgelegt:

    windowtype=Fensterart

5.2 FENSTER DEFINIEREN

Jedes Fenster bekommt zusätzlich einen Namen. Diesen schreiben wir in die Variable

    windowtitle$=Name des Fensters

Natürlich ist es mit der Festlegung des Aussehens eines Fensters allein nicht getan.

Nächster Schritt ist die Positionierung eines Fensters auf dem Bildschirm. Es gibt verschiedene Möglichkeiten, die Position zu bestimmen. Wir wollen uns auf folgende Festlegung einigen:

Die linke obere Ecke eines Fensters wird durch

     fl=erste Textzeile (First Line)

und

     fc=erste Textspalte (First Column)

bestimmt. Hiermit ist nicht der Fensterrahmen erfaßt, sondern die Schreibfläche eines Fensters. Daraus ergibt sich, daß die tatsächliche linke obere Ecke bei

     fl-1

und

     fc-1

liegt.

Die Breite und die Höhe eines Fensters bestimmen wir ebenfalls in Bezug auf die Schreibfläche. Die Anzahl der Schreibspalten geben wir mit

     columns=Schreibspalten

und die Schreibzeilen mit

     lines=Schreibzeilen

an. Mit diesen Angaben können wir auch die rechte untere Ecke eines Fensters ermitteln:

     ll=lines+fl-1

und

     lc=columns+fc-1

Dabei ist ll (Last Line) die letzte Zeile des Fensters und lc (Last Column) die letzte Spalte.

Nun wollen wir ja nicht nur ein einziges Fenster öffnen und schließen können. Die maximale Anzahl von Fenstern legen wir mit

     win=maximale Fensterzahl

fest. Für spätere Manipulationen muß win immer um eins größer als die tatsächlich gewünschte maximale Fensterzahl sein. Wenn zehn Fenster benötigt werden, so bitte win mit elf belegen.

Gleichzeitig ist es sinnvoll, alle Fensterkoordinaten zu indizieren, um die Koordinaten auch den richtigen Fenstern zuordnen zu können. So wird aus

    fc

    fc(window)

und aus

    ll

    ll(window)

und so weiter.

Die Nummer des aktuellen Fensters schreiben wir in

    wn=Nummer des aktuellen Fensters

Es kann immer nur ein aktuelles Fenster geben, auf das sich dann eine Reihe von Aktionen bezieht. Auch dies kennen Sie von TURBO BASIC; nur einem Fenster gebührt der doppelte Rahmen. Auch bei GEM ist es nicht anders. Das aktuelle Fenster erhält dort aber einen fettgedruckten Titel.

Bleibt eigentlich nur noch festzulegen, was denn eigentlich in unserem Fenster stehen soll. Diese Information erfassen wir mit der Variable

    wl$(line,window)=Textzeile (Window Line$)

Der Index line steht für die jeweilige Textzeile eines Fensters und window für die Nummer des Fensters.

Oft genug zeigt ein Fenster nur einen Ausschnitt eines größeren Textes. Wenn dieser Ausschnitt verändert wird, spricht man vom Scrollen eines Fensters. Auch diese Möglichkeit wollen wir mit zwei Variablen erfassen:

    scrline(window)=Scrollzeile (senkrechtes Scrollen)

und

    scrcolumn(window)=Scrollspalte (waagerechtes Scrollen)

Letztlich muß noch festgehalten werden, was das zu öffnende Fenster überschreibt, denn wenn es geschlossen wird, soll wieder der alte Bildschirminhalt erscheinen. Damit dies möglich wird, speichern wir ihn in

    formerwl$(line,window)=überschriebene Bildschirmzeile

Im Folgenden werden wir außerdem immer zwischen einer Monochrom- und einer Colorversion unserer Fenstertechnik unterscheiden.

Da, wo sich beide Versionen in der Programmierung unterscheiden, finden Sie entsprechenden Hinweise in den Listings oder gar zwei getrennte Prozeduren.

Die Monochromversion eignet sich, wie der Name schon sagt, für Monochrommonitore und stellt beim Schließen eines Fensters den einfarbigen Hintergrund wieder her. In der Colorversion hingegen werden auch mehrfarbige Hintergründe wieder korrekt restauriert. Verständlicherweise ist dieses Verfahren komplizierter und etwas langwieriger. Es sollte deshalb nur Verwendung finden, wenn mehrere Farben sinnvoll eingesetzt werden. Später wird außerdem gezeigt werden, wie mit einem Trick bei der Monochromversion einige wenige Farben verwendbar sind.

Für die Colorversion müssen wir zusätzlich noch mit Screen das Bildschirmattribut an den von dem Fenster zu überschreibenden Stellen speichern. Dies geschieht in der Variable

```
formerwa$(line,window)
```

Damit sind nun die wichtigsten Systemvariablen für die Fensterprogrammierung festgelegt. Bleibt noch die Aufgabe, diese Variablen zu dimensionieren:

```
windowvariables:


        win=11
        pages=2        'Bildschirmseiten pro Fenster
        wlines=25
        dim wl$(1:23*pages,1:win)
        dim windowtitle$(1:win)
        dim formerwl$(3:wlines,1:win)
        dim formerwa$(3:wlines,1:win)        'nur Colorversion
        dim fl(1:win)
        dim ll(1:win)
        dim fc(1:win)
        dim lc(1:win)
        dim scrline(1:win)
        dim scrcolumn(1:win)


    return
```

Diese Routine muß in jedes Programm, das die Fenstertechnik nutzt, eingebunden und mit

```
gosub windowvariables
```

am Anfang einmal angesprungen werden. Machen wir uns nun daran, ein Fenster zu öffnen.

5.3 FENSTER ÖFFNEN

Dazu müssen wir zunächst den Bereich, den das Fenster überschreiben wird, in formerwl$/formerwa$ speichern. Diese Aufgabe übernimmt die Routine Savewindow:

```
sub savewindow (wn)              'Monochromversion

      local i,ii
      local char
      shared formerwl$()
      shared fl(),fc(),ll(),lc()

      for i=fl(wn)-1 to ll(wn)+1
            formerwl$(i,wn)=""
            for ii=fc(wn)-1 to lc(wn)+1
                  char=screen(i,ii)
                  formerwl$(i,wn)=_
                        formerwl$(i,wn)+chr$(char)
            next
      next

   end sub


sub savewindow (wn)                 'Colorversion

      local i,ii
      local char
      local attribute$
      shared formerwl$()
      shared formerwa$()
      shared fl(),fc(),ll(),lc()
```

```
          for i=fl(wn)-1 to ll(wn)+1
              formerwa$(i,wn)=""
              formerwl$(i,wn)=""
              for ii=fc(wn)-1 to lc(wn)+1
                  char=screen(i,ii)
                  attribute$=string$(3-len(str$(_
                      screen(i,ii,1)))," ")+_
                      str$(screen(i,ii,1))
                  formerwl$(i,wn)=formerwl$(i,wn)+_
                      chr$(char)
                  formerwa$(i,wn)=formerwa$(i,wn)+_
                      attribute$
              next
          next


      end sub
```

Kern dieser Routine ist die Zeile

```
    char=screen(i,ii)
```

Mit dem Screen-Befehl ist es möglich, den ASCII-Code eines bestimmten Zeichens auf dem Bildschirm zu ermitteln. Für die Colorversion liefert uns dieser Befehl außerdem das Attribut eines jeden Zeichens.

Mit Putwindow wollen wir nun das Fenster auf den Bildschirm schreiben:

```
    sub putwindow (wn)

        local i
        shared wl$()
        shared fl(),fc(),ll(),lc()
        shared scrline(),scrcolumn()
        shared textcolor$        'nur Colorversion

        call upperframe
```

```
        for i=fl(wn) to ll(wn)
              call leftframe

              color val(left$(textcolor$,2)),_
                    val(mid$(textcolor$,3,2))   'nur Colorv.

              print mid$(wl$(i-fl(wn)+1+scrline(wn),wn),_
                    scrcolumn(wn)+1,lc(wn)-fc(wn)+1;_
                    string$(lc(wn)-pos(x)+1," ");
              call rightframe
        next

        call lowerframe


     end sub
```

In der For-Next-Schleife dieser Routine wird mit Print der Inhalt unseres Fensters ausgegeben. In der Variable textcolor$ steht für die Colorversion als String codiert die Farbgebung für den normalen Text. Die Kodierung der Farbe wird auch für alle anderen Farbangaben gelten. Daher sei sie hier kurz erklärt.

Die Farben stehen immer in einem vier Zeichen langen String. Die ersten beiden Zeichen geben die Vorder-, das dritte und vierte Zeichen die Hintergrundfarbe an.

        textcolor$="0100"

liefert blaue Schrift auf schwarzem Grund

        textcolor$="1401"

gelbe Schrift auf blauem Hintergrund. Die Nummern einer jeden Farbe entsprechen den Werten beim Color-Befehl.

Unschwer erkennen Sie den Aufruf von vier weiteren Routinen, die den Rahmen unseres Fensters auf den Bildschirm zaubern. In der Farbversion lernen wir noch die Systemvariablen

        framecolor$=Rahmenfarbe

und

        titlecolor$=Titelfarbe

kennen.

```
sub upperframe           'Oberer Fensterrand mit Fenstername


        shared wn
        shared fl(),fc(),ll(),lc()
        shared windowtype
        shared windowtitle$()
        shared titlecolor$                      'Colorversion
        shared framecolor$                      'Colorversion


        color val(left$(framecolor$,2)),_
             val(mid$(framecolor$,3,2))     'Colorversion


        locate fl(wn)-1,fc(wn)-1


        if windowtype=1 then
             print chr$(218);string$(lc(wn)-fc(wn)+1,_
                  chr$(196));chr$(191)
        elseif windowtype=2 then
             print chr$(214);string$(lc(wn)-fc(wn)+1,_
                  chr$(196));chr$(183)
        elseif windowtype=3 then
             print chr$(213);string$(lc(wn)-fc(wn)+1,_
                  chr$(205));chr$(184)
        elseif windowtype=4 then
             print chr$(201);string$(lc(wn)-fc(wn)+1,_
                  chr$(205));chr$(187)
        end if


        color val(left$(titlecolor$,2)),_
             val(mid$(titlecolor$,3,2))     'Colorversion


        locate fl(wn)-1,int((lc(wn)-fc(wn))/2)+fc(wn)-2
        print windowtitle$(wn)       'Fenstername


        end sub
```

```
sub leftframe        'linker Fensterrand

     shared wn
     shared ll(),fc(),lc(),fl()
     shared windowtype
     shared framecolor$                      'Colorversion

     color val(left$(framecolor$,2)),_
          val(mid$(framecolor$,3,2))       'Colorversion

     locate ,fc(wn)-1

     if windowtype=1 or windowtype=3 then
          print chr$(179);
     elseif windowtype=2 or windowtype=4 then
          print chr$(186);
     end if

end sub




sub rightframe          'rechter Fensterrand

     shared wn
     shared ll(),fc(),lc(),fl()
     shared windowtype
     shared framecolor$                      'Colorversion

     color val(left$(framecolor$,2)),_
          val(mid$(framecolor$,3,2))       'Colorversion


     locate ,lc(wn)+1
     if windowtype=1 or windowtype=3 then
          print chr$(179)
     elseif windowtype=2 or windowtype=4 then
          print chr$(186)
     end if

end sub
```

```
      sub lowerframe          'unterer Fensterrand

          shared wn
          shared ll(),fc(),lc(),fl()
          shared windowtype
          shared framecolor$                      'Colorversion

          color val(left$(framecolor$,2)),_
                val(mid$(framecolor$,3,2))    'Colorversion

          locate ll(wn)+1,fc(wn)-1
          if windowtype=1 then
                print chr$(192);string$(lc(wn)-fc(wn)+1,_
                    chr$(196));chr$(217)
          elseif windowtype=2 then
                print chr$(211);string$(lc(wn)-fc(wn)+1,_
                    chr$(196));chr$(189)
          elseif windowtype=3 then
                print chr$(212);string$(lc(wn)-fc(wn)+1,_
                    chr$(205));chr$(190)
          elseif windowtype=4 then
                print chr$(200);string$(lc(wn)-fc(wn)+1,_
                    chr$(205));chr$(188)
          end if

      end sub
```

Da Savewindow und Putwindow unbedingt zusammengehören, ist es
sinnvoll, beide Routinen in einem Aufruf Setwindow zusammen zulegen:

```
      sub setwindow (wn)


          call savewindow (wn)
          call putwindow (wn)


      end sub
```

Allerdings wollen wir es mit Setwindow zum Öffnen eines Fensters nicht
bewenden lassen. Ein wesentlicher Bestandteil unserer Fenstertechnik
fehlt nämlich noch. Das zuletzt geöffnete Fenster ist das aktuelle Fenster.
Damit man das aktuelle Fenster auch eindeutig identifizieren kann, soll
es immer den doppelten Rahmen erhalten, während alle anderen Fenster
den dünnen Rahmen aufweisen. Sie kennen dieses Verfahren von
TURBO BASIC. Also ist beim Öffnen eines neuen Fensters zunächst der
Rahmen des vorigen Fensters von doppelt auf dünn umzustellen, dann
erst wird das neue Fenster mit dem doppelten Rahmen von Setwindow

angelegt. Diese Aufgabe und noch ein wenig mehr übernimmt die Routine Openwindow in Zusammenarbeit mit Changeframe.

```
sub openwindow

      shared wn
      shared win
      shared windowtype
      shared windowtitle$,windowtitle$()
      shared fl(),fc(),ll(),lc()
      shared fl,fc,lines,columns

      if wn+1>win-2 then exit sub

      if wn<>0 then
           windowtype=1
           call changeframe
      end if

      incr wn,1
      windowtitle$(wn)=windowtitle$
      fl(wn)=fl
      fc(wn)=fc
      ll(wn)=lines+fl-1
      lc(wn)=columns+fc-1

      windowtype=4
      call setwindow (wn)

   end sub


sub changeframe

      shared fl(),ll()
      shared wn

      call upperframe
      for i=fl(wn) to ll(wn)
           call leftframe
           call rightframe
      next
      call lowerframe

   end sub
```

Die eigentliche Schnittstelle des Programmierers mit unseren Fensterroutinen ist also Openwindow. Openwindow wird wie folgt durch eines
Ihrer Programme aufgerufen:

```
fl=erste Textzeile des Fensters
lines=Anzahl der Textzeilen
fc=erste Textspalte des Fensters
columns=Anzahl der Textspalten
wl$(line,wn+1)=Inhalt der Textzeilen im Fenster
windowtitle$=Name des Fensters


call openwindow
```

und das gewünschte Fenster erscheint auf dem Bildschirm. In der
Colorversion müssen zudem noch die Farbvariablen

```
textcolor$
titlecolor$
```

und

```
framecolor$
```

in der oben besprochenen Form belegt werden. Einiges müssen Sie beim
Aufruf der Fensterroutinen beachten: Für alle Fenster gilt, daß Sie nicht
außerhalb des Bildschirms positioniert werden können - auch nicht nur
teilweise. Beachten Sie diesen Unterschied zu den GEM-Fenstern. Daraus
folgt, daß fl mindestens gleich zwei sein muß, der Wert von lines 23
nicht überschreiten darf und daß fc ebenfalls mindestens den Wert zwei
annehmen muß. fl darf weiterhin nicht größer 23 und fc nicht größer 78
sein, fl und lines plus 1 darf nicht größer 23 werden und fc plus columns
plus 1 nicht größer 78. Diese Zahlen ergeben sich nur für einen Bildschirm von 80 Zeichen Breite und 25 Zeichen Höhe.

Kurz zusammengefaßt:

```
2<=fc<78 and fc+columns+1<=78
```

und

```
2<=fl<23 and fl+lines+1<=23
```

Außerdem sollte windowtitle$ nicht länger als die Breite eines Fensters
mit columns sein. Wenn Sie all dies beim Öffnen eines Fensters beachten,
kann eigentlich nichts schief gehen, ansonsten erhalten Sie bei Locate
einen Runtime-Error und werden dem hoffentlich zu begegnen wissen.

Mit Tricks kann man bei Farbbildschirmen auch in der Monochromversion unserer Fenstertechnik mit mehreren Farben arbeiten. Hierzu
sollte man darauf achten, daß die Fenster nie ein anderes Fenster überschreiben, sondern nur den Fließsatz z.B. einer Textverarbeitung. Dieser

darf nur eine Farbe annehmen. Dann bestimmen Sie für den Rahmen, den Titel und den Text des Fensters sowie den Fließsatz jeweils andere Farben. Wird ein Fenster aber gelöscht, kommt immer die Standardfarbe des Fließsatzes zum Einsatz, denn nur dieser wurde überschrieben. So sind verschiedene Farben also kein Problem, und der Bildschirmaufbau geht so schnell wie in der Monochromversion vonstatten.

5.4 FENSTER SCHLIESSEN

Zu einer anständigen Fenstertechnik gehört selbstverständlich auch das Schließen einmal geöffneter Fenster. Sonst sähen Sie bald den Bildschirm vor lauter Fenstern nicht mehr. Auch dies leisten unsere Home-made-Windows.

Unser Fenster wird nur indirekt gelöscht. Dies geschieht, indem wir an die Position des zu löschenden Fensters wieder den in formerwl$ gespeicherten alten Bildschirminhalt der betreffenden Stelle schreiben. Dies erledigt Erasewindow für uns.

In der Colorversion ist das Ganze sehr viel aufwendiger. Hier muß für jedes Zeichen das Bildschirmattribut geprüft und gesetzt werden. Da in formerwa$ durch Screen gelieferte Attributwerte und keine Vorder- und Hintergrundfarben stehen, sparen wir uns die Umrechnerei zwischen beiden Darstellungen und geben die Zeichen mit einer abgewandelten Version unser Pr(int)at-Routine aus dem Kapitel Textverarbeitung aus. Hier war die Benutzung von Bildschirmattributen ja sogar zwingend vorgeschrieben.

```
sub erasewindow (wn)                     'Monochrom-Version

        local i
        shared formerwl$()
        shared fl(),fc(),ll()


        for i=fl(wn)-1 to ll(wn)+1
                locate i,fc(wn)-1
                print formerwl$(i,wn)
        next


    end sub
```

```
      sub erasewindow (wn)                    'Colorversion

            local attribute
            local i,ii
            shared formerwa$()
            shared formerwl$()
            shared fl(),fc(),ll()



            for i=fl(wn)-1 to ll(wn)+1
                  for ii=1 to len(formerwl$(i,wn))
                        attribute=val(mid$(formerwa$(i,wn),_
                              ((ii-1)*3+1),3))
                        call wprat(i,fc(wn)-2+ii,_
                              mid$(formerwl$(i,wn),ii,1),_
                              attribute)
                  next
            next

      end sub



      sub wprat(textline,column,text$,attribute)    'nur Colorvers.

            local ah,al,ax
            local bh,bl,bx

            locate textline,column

            ah=09
            al=asc(text$)
            ax=int(al+(256*ah))
            reg(1),ax

            bh=0
            bl=attribute
            bx=int(bl+(256*bh))
            reg(2),bx


            reg(3),1


            call interrupt &H10

      end sub
```

In Erasewindow wie in Setwindow fehlt noch das Spiel mit den Rahmen.

Wir haben mit Erasewindow das aktuelle Fenster geschlossen, also muß
ein anderes Fenster den doppelten Rahmen erhalten, am besten das Fenster, das vor dem jetzt geschlossenen geöffnet wurde. Lassen wir uns das
Problem durch Closewindow lösen:

```
sub closewindow


        shared wn
        shared windowtype
        shared fl(),ll()


        call erasewindow (wn)


        decr wn,1


        if wn<>0 then
                windowtype=4
                call changeframe
        end if



    end sub
```

Der Aufruf von Closewindow ist denkbar einfach:

    call closewindow

Dadurch wird immer das aktuelle Fenster geschlossen. Das aktuelle Fenster war und ist noch das zuletzt geöffnete. An dieser Regel wollen wir
nun Rütteln.

5.5 FENSTER AKTUALISIEREN

Stellen Sie sich vor, Sie haben vier Fenster fein säuberlich auf Ihrem
Bildschirm verteilt, ein Fenster, das mit dem doppelten Rahmen, ist das
aktuelle Fenster. Von TURBO BASIC nun kennen Sie die Möglichkeit,
mit F6 das aktuelle Fenster zu wechseln. Dies könnten Sie mit unserer
bisherigen Fenstertechnik auch, jedoch nur über den Umweg des Schließens aller oder einiger Fenster und deren erneuter Öffnung in anderer
Reihenfolge. Dieser Umweg ist aber in vielen Fällen für ungeduldige
Menschen zu lang.

Im Folgenden müssen wir leider zwei Fälle unterscheiden:

  1. Wechseln zu einem Fenster, das nicht verdeckt wird

und

  2. Wechseln zu einem Fenster, das verdeckt wird.

Der zweite Fall ist der weitaus schwierigere, weshalb er etwas später behandelt werden soll.

Der erste Fall scheint recht einfach zu sein. Man wechsle den Rahmen und fertig. Die Wahrheit ist wie immer komplizierter. Würde man nämlich nach einem solchen Rahmenwechsel versuchen, das angeblich aktuelle Fenster mit Closewindow zu schließen, so würde viel passieren, nicht aber das gewünschte Fenster geschlossen.

Dies hängt mit der Speicherung der Systemvariablen zusammen. Alle Systemvariablen sind mit der Fensternummer indiziert. Das aktuelle Fenster ist das Fenster mit der höchsten Fensternummer. Wenn wir nun den Rahmen wechseln, so verändern wir nicht diese Nummernzuweisung. Bei vier geöffneten Fenstern wird Fenster drei nie und nimmer das aktuelle, auch nicht, wenn wir es mit einem Goldrahmen versehen. Wir müssen also aus Fenster drei Fenster vier machen.

Den Voreiligen sei hier Einhalt geboten. Es genügt nicht, mit Swap einfach die Werte der Variablen von Fenster drei und vier zu vertauschen. Würden wir nämlich von Fenster vier auf Fenster eins wechseln wollen, so dürfte Nummer vier auf keinen Fall zu Nummer eins werden. Richtig wäre aus eins wird vier, aus vier drei, aus drei zwei und aus zwei eins. Dies zu verwirklichen ist komplizierter als ein Austausch mit Swap, aber mit zufriedenstellender Geschwindigkeit ausführbar.

Wir hängen zunächst die Variablenwerte von Fenster drei als Pseudofenster fünf an. Dann zählen wir die Fensternummern zurück. So wird aus vier drei und aus fünf vier. Nun ziehen wir wieder unser Pseudofenster ab und machen aus dem ehemaligen Fenster drei, nun Fenster vier, mit Changeframe auch dem Ansehen nach das aktuelle Fenster. Diese komplizierte Arbeit erledigt Changewindow:

```
sub changewindow (cw)

      local i,ii
      local wnloc
      shared wn
      shared pages
      shared wl$()
      shared windowtype
      shared windowtitle$()
      shared fl(),fc(),ll(),lc()
      shared formerwl$()
      shared formerwa$()                'Colorversion

      wnloc=wn

      windowtype=1              'Rahmen wechseln
      call changeframe
      wn=cw
      windowtype=4
      call changeframe
      wn=wnloc

      incr wn,1                 'Pseudofenster anfügen

      for i=1 to 23*pages
           wl$(i,wn)=wl$(i,cw)
      next

      for ii=fl(cw)-1 to ll(cw)+1
           formerwl$(ii,wn)=formerwl$(ii,cw)
           formerwa$(ii,wn)=formerwa$(ii,cw) 'Colorvers.
      next

      fl(wn)=fl(cw)
      fc(wn)=fc(cw)
      ll(wn)=ll(cw)
      lc(wn)=lc(cw)

      windowtitle$(wn)=windowtitle$(cw)
```

```
        for i=cw to wn-1           'Fensternummern zurückzählen
            for ii=1 to 23*pages
                    wl$(ii,i)=wl$(ii,i+1)
            next
            for ii=fl(i+1)-1 to ll(i+1)+1
                    formerwl$(ii,i)=formerwl$(ii,i+1)
                    formerwa$(ii,i)=formerwa$(ii,i+1)
                            'Colorversion
            next
            fl(i)=fl(i+1)
            fc(i)=fc(i+1)
            ll(i)=ll(i+1)
            lc(i)=lc(i+1)
            windowtitle$(i)=windowtitle$(i+1)
        next

        decr wn,1                  'Pseudofenster abziehen


    end sub
```

Der Aufruf von Changewindow ist für den Programmierer denkbar
einfach:

> call changewindow(Nummer des Zielfensters)

In unserem Beispiel hätte man also

> call changewindow(3)

schreiben müssen. Nun bewirkt übrigens auch Closewindow wieder das
Schließen des wahrhaft aktuellen Fensters.

Widmen wir uns nun dem zweiten schwierigeren Fall, dem Aktualisieren
eines verdeckten Fensters. Ein verdecktes Fenster ist wie eine MauMau-
Karte im Stapel; erst müssen alle über dem gewünschten Buben liegenden
Karten gezogen werden, um den Glücksbringer erhaschen zu können.

Wenn wir also zehn Fenster geöffnet haben und wollen Fenster drei
obenauf legen, so müssen wir zuerst die Fenster zehn, neun, acht, sieben,
sechs, fünf und vier aufnehmen, Fenster drei herausziehen, alle zuvor
aufgenommenen Fenster wieder hin- und Fenster drei obenauflegen.

Zusätzlich müssen wie bei Changewindow die Fensternummern neu verteilt werden. Ein kompliziertes Unterfangen also, das auch seine Zeit be-
ansprucht. Nichtsdestotrotz löst Getwindow auch dieses Problem:

```
sub getwindow (gw)

    local i,ii
    shared wn
    shared pages
    shared wl$()
    shared windowtype
    shared windowtitle$()
    shared fl(),fc(),ll(),lc()
    shared formerwl$()
    shared formerwa$()                'Colorversion
    local wnloc


    wnloc=wn
    for i=wn to gw step -1   'Fenster aufnehmen
        call erasewindow (wn)
        decr wn,1
    next


    windowtype=1
    incr wn,1


    for i=gw+1 to wnloc      'Fenster ablegen
        incr wn,1
        call setwindow (wn)
    next


    incr wn,1                        'Pseudofenster anfügen


    for i=1 to 23*pages
        wl$(i,wn)=wl$(i,gw)
    next


    fl(wn)=fl(gw)
    fc(wn)=fc(gw)
    ll(wn)=ll(gw)
    lc(wn)=lc(gw)


    windowtitle$(wn)=windowtitle$(gw)
```

```
                for i=gw to wn-1         'Fensternummern runterzählen
                    for ii=1 to 23*pages
                         wl$(ii,i)=wl$(ii,i+1)
                    next

                    for ii=fl(i+1)-1 to ll(i+1)+1
                         formerwl$(ii,i)=formerwl$(ii,i+1)
                         formerwa$(ii,i)=formerwa$(ii,i+1)
                              'Colorversion
                    next
                    fl(i)=fl(i+1)
                    fc(i)=fc(i+1)
                    ll(i)=ll(i+1)
                    lc(i)=lc(i+1)
                    windowtitle$(i)=windowtitle$(i+1)
                next

                decr wn,1                'Pseudofenster entfernen

                windowtype=4             'aktuelles Fenster obenauf
                call setwindow (wn)       legen


            end sub
```

Getwindow wird wie Changewindow aufgerufen:

> call getwindow(Nummer des Zielfensters)

5.6 FENSTER MANIPULIEREN

Bleibt uns noch die Aufgabe, verschiedene Manipulationen am aktuellen
Fenster vorzunehmen. Dazu gehören das Verschieben von Fenstern, das
Vergrößern und Verkleinern und schließlich das Scrollen.

Um ein Fenster zu verschieben ist nicht mehr notwendig, als es an der
alten Position zu löschen und an der neuen wieder aufzubauen. Dabei
können wir weitgehend auf schon vorhandene Prozeduren zurückgreifen.
Übrigens überprüfen alle Verschieberoutinen selbst, ob die Zielkoordi-
naten zulässig sind.

Das Fenster wird durch Windowright nach rechts verschoben:

```
sub windowright (steps)


        shared wn
        shared fc(),lc()


        if lc(wn)+steps>79 then
                exit sub
        end if


        call erasewindow (wn)
        incr fc(wn),(steps)
        incr lc(wn),(steps)
        call setwindow (wn)


    end sub
```

Windowleft sorgt für das Gegenteil:

```
sub windowleft (steps)


        shared wn
        shared fc(),lc()


        if fc(wn)-steps<2 then
                exit sub
        end if


        call erasewindow (wn)
        decr fc(wn),(steps)
        decr lc(wn),(steps)
        call setwindow (wn)


    end sub
```

Eine Etage höher geht es mit Windowup:

```
sub windowup (steps)


        shared wn
        shared fl(),ll()
        if fl(wn)-steps<2 then
                exit sub
        end if
```

```
            call erasewindow (wn)
            decr fl(wn),(steps)
            decr ll(wn),(steps)
            call setwindow (wn)


        end sub
```

Und ab in den Keller mit Windowdown:

```
    sub windowdown (steps)


            shared wn
            shared fl(),ll()


            if ll(wn)+steps>23 then
                    exit sub
            end if


            call erasewindow (wn)
            incr fl(wn),(steps)
            incr ll(wn),(steps)
            call setwindow (wn)


        end sub
```

Alle Verschiebeoperationen werden mit

        call window richtung (Schrittweite)

aufgerufen. Soll ein Fenster also um zehn Zeilen nach oben versetzt werden, so schreiben Sie einfach

        call windowup (10)

und die Sache ist gelaufen. Sollte allerdings die angestrebte neue Position außerhalb des Bildschirms liegen, so passiert rein garnichts.

Ähnlich einfach ist das Vergrößern und Verkleinern von Fenstern mit Windowsize. Auch Windowsize überprüft, ob die gemachten Angaben für die Veränderung der Größe im Rahmen des Erlaubten sind.

```
    sub windowsize(height,wiwidth)


            shared wn
            shared fl(),ll(),fc(),lc()
```

```
        if ll(wn)+height>23 or lc(wn)+wiwidth>79_
            or ll(wn)=fl(wn) or lc(wn)=fc(wn) then
            ll(wn)=ll(wn)-height
            lc(wn)=lc(wn)-wiwidth
            exit sub
    end if


    call erasewindow (wn)
    ll(wn)=ll(wn)+height
    lc(wn)=lc(wn)+wiwidth
    call setwindow (wn)


    end sub
```

Aufgerufen wird Windowsize unter Angabe der Vergrößerung bzw. Verkleinerung für die Höhe und Breite:

```
    call windowsize (5,3)
```

vergrößert das Fenster um 5 Zeilen und 3 Spalten

```
    call windowsize (5,-3)
```

vergrößert das Fenster um 5 Zeilen und verkleinert es um 3 Spalten

```
    call windowsize (-2,-2)
```

schließlich verringert den Umfang um 2 Zeilen und 2 Spalten.

Zum Abschluß soll das Fenster auch noch gescrollt werden. Nach den schwierigen Aufgaben zuvor, ist dies eine unserer leichtesten Übungen. Hier wird lediglich ein anderer Teil der in wl$ gespeicherten Texte im Fenster ausgegeben. Auch Windowscroll überprüft die Zulässigkeit der Parameter:

```
    sub windowscroll (scrline,scrcolumn)


        shared wn
        shared pages
        shared scrline(),scrcolumn()
        shared fl(),ll(),fc(),lc()
        shared wl$()
        shared textcolor$                'Colorversion


        if scrline+ll(wn)-fl(wn)+1>23*pages then
             exit sub
        elseif scrcolumn+lc(wn)-fc(wn)+1>78 then
             exit sub
        end if
```

```
        scrline(wn)=scrline
        scrcolumn(wn)=scrcolumn

        color val(left$(textcolor$,2)),_
              val(mid$(textcolor$,3,2))    'Colorversion


        for i=fl(wn) to ll(wn)
              locate i,fc(wn)
              print mid$(wl$(i-fl(wn)+1+scrline(wn),wn),_
                    scrcolumn(wn)+1,lc(wn)-fc(wn)+1);
        next


     end sub
```

Der Aufruf erfolgt mit

    call windowscroll(zielzeile,zielspalte)

Unabhängig von der überprüfung der Parameter durch die Routine
selbst, sollten Sie darauf achten, daß die Zielbereiche des Scrollvorgangs
auch mit Text beschrieben sind. Das heißt, wenn Sie in Zeile 30 eines
Fensters scrollen, sollte die Variable wl$(30,fensternummer) auch einen
Text aufweisen, sonst finden Sie nur gähnende Leere.

Sie verfügen nun über eine Reihe nützlicher Routinen zur Fensterprogrammierung. Mit den im folgenden Kapitel beschriebenen Prozeduren
zur Menüverwaltung haben Sie die Werkzeuge in der Hand, Programme
zu schreiben, die modernsten Software-Ansprüchen genügen. Ein Demonstrationsprogramm sowohl zur Fenster- als auch zur Menüprogrammierung werden Sie am Ende des folgenden Abschnitts finden. Bis dahin
bitte noch etwas Geduld und Aufmerksamkeit.

5.7 A LA CARTE - MENÜWAHL

Maßstab für komfortable Bedienung eines Programms wird mehr und
mehr die Menüsteuerung. Auch hier ist wieder unsere eigene Kreativität
gefragt, denn Befehle wie Setmenu kennt TURBO BASIC ebensowenig
wie Window-Befehle. Nachdem wir die Problematik der Fensterprogrammierung mit Bravour gelöst haben, dürfte die Menüsteuerung ein Leichtes sein.

Zunächst müssen wir eine Menüzeile auf den Bildschirm bekommen. Dazu bedarf es einiger Informationen. Wie bei den Fenstern müssen wir die Rahmenart der Menüzeile mit

    windowtype=Fensterrahmenart

bestimmen. Wie ein Fenster, so hat auch die Menüzeile einen Titel, der mit

    menutitle$=Menütitel

festgelegt wird. Die Auswahlpunkte des Menüs schreiben wir in die Variable

    menu$=Menüzeile

Schließlich vereinbaren wir noch mit

    menuwidth=Menübreite

die Breite des Menüstreifens auf dem Bildschirm. Unser Menü muß also nicht zwangsläufig über die gesamte Breite des Bildschirms ausgedehnt werden. Nur die Position in den obersten drei Bildschirmzeilen ist unverrückbar.

Auch hier wollen wir zwischen einer Farb- und einer Monochromversion unterscheiden.

Die Menüzeile wird nun mit

    call setmenu

aufgerufen. Die Routine selbst finden Sie unten.

```
sub setmenu
        shared windowtype
        shared menutitle$
        shared menu$
        shared menuwidth
        shared menuframecolor$        'Colorversion
        shared menutitlecolor$        'Colorversion
        shared menucolor$             'Colorversion


        color val(left$(menuframecolor$,2)),_
              val(mid$(menuframecolor$,3,2))     'Colorversion
```

```
locate 1,1             'oberer Rahmen
if windowtype=1 then
      print chr$(218);string$(menuwidth,_
            chr$(196));chr$(191);
elseif windowtype=2 then
      print chr$(214);string$(menuwidth,_
            chr$(196));chr$(183);
elseif windowtype=3 then
      print chr$(213);string$(menuwidth,_
            chr$(205));chr$(184);
elseif windowtype=4 then
      print chr$(201);string$(menuwidth,_
            chr$(205));chr$(187);
end if

color val(left$(menutitlecolor$,2)),_
      val(mid$(menutitlecolor$,3,2))     'Colorversion

locate 1,int((menuwidth+2)/2-(len(menutitle$)/2))
print menutitle$;          'Menütitel

color val(left$(menuframecolor$,2)),_
      val(mid$(menuframecolor$,3,2))     'Colorversion

locate 2,1                 'linker Rand
if windowtype=1 or windowtype=3 then
      print chr$(179);
elseif windowtype=2 or windowtype=4 then
      print chr$(186);
end if

color val(left$(menucolor$,2)),_
      val(mid$(menucolor$,3,2))          'Colorversion

locate ,2                  'Menüpunkte
print menu$;string$(menuwidth-len(menu$)," ");

color val(left$(menuframecolor$,2)),_
      val(mid$(menuframecolor$,3,2))     'Colorversion
```

```
        locate ,menuwidth+2     'rechter Rand
        if windowtype=1 or windowtype=3 then
                print chr$(179);
        elseif windowtype=2 or windowtype=4 then
                print chr$(186);
        end if


        locate ,1                      'unterer Rand
        if windowtype=1 then
                print chr$(192);string$(menuwidth,_
                        chr$(196));chr$(217)
        elseif windowtype=2 then
                print chr$(211);string$(menuwidth,_
                        chr$(196));chr$(189)
        elseif windowtype=3 then
                print chr$(212);string$(menuwidth,_
                        chr$(205));chr$(190)
        elseif windowtype=4 then
                print chr$(200);string$(menuwidth,_
                        chr$(205));chr$(188)
        end if


    end sub
```

Zu einem ordentlichen Menü gehört auch ein invers oder ähnlich hervor-
gehobener Menübalken, der sich durch die Menüzeile bewegen läßt. Mit
der Routine Actualmenu wird dies ein Kinderspiel sein. Einige Vorarbei-
ten müssen wir aber auch hier leisten. So will Actualmenu wissen, welcher Menüpunkt an- bzw. ausgeschaltet werden soll. Der gewünschte
Menüpunkt wird aus der Menüzeile, die in menu$ steht, mittels der Spal-
tenposition und Länge näher bestimmt. Actualmenu ermittelt also den
hervorzuhebenden Menüpunkt wie Mid$ einen Teilstring.

    submenupos=Spaltenposition des Menüpunkts
    submenulength=Länge des Menüpunkts

Mit

    call actualmenu (1)

schalten wir den ausgewählten Menüpunkt an, mit

    call actualmenu (0)

widerfährt dem Menüpunkt das Gegenteil. In der Monochromversion
wird der Cursor in der gewählten Farbe invertiert, in der Colorversion

kann über die Variable

    actualmenucolor$

die Farbe des Cursorbalkens frei gewählt werden.

```
sub actualmenu (status)          'Monochrom-Version

        shared menu$
        shared submenupos,submenulength
        shared foregc,backgc

        if status=1 then
                color backgc,foregc
        end if
        locate 2,submenupos
        print mid$(menu$,submenupos-1,submenulength);
        color foregc,backgc

end sub


sub actualmenu (status)          'Colorversion

        shared menu$
        shared submenupos,submenulength
        shared actualmenucolor$
        shared menucolor$

        if status=1 then
                color val(left$(actualmenucolor$,2)),_
                      val(mid$(actualmenucolor$,3,2))
        else
                color val(left$(menucolor$,2)),_
                      val(mid$(menucolor$,3,2))
        end if
        locate 2,submenupos
        print mid$(menu$,submenupos-1,submenulength);


end sub
```

5.8 UNTERMENÜS

Nichts ist einfacher, als nun ein Untermenü aufklappen zu lassen. Wir tun einfach so, als sei das Untermenü ein Fenster. In fl schreiben wir die drei, damit das Untermenü direkt auf der untersten Zeile des Menübalkens liegt. fc erhält den Wert von submenupos plus eins, damit das Fenster direkt unter dem hervorgehobenen Menüpunkt liegt. In lines gehört die Anzahl der Untermenüpunkte und in columns die maximale Breite eines solchen Auswahlpunktes. Die Untermenüpunkte werden in wl\$(line,wn+1) erfaßt, windowtitle\$ wird mit einem Leerstring belegt – ein Submenü hat keinen Titel. Nun wird dieses Untermenü mit

        call windowopen

als ganz ordinäres Fenster geöffnet bzw. wieder mit

        call windowclose

geschlossen.

Auch in einem Untermenü kann der Auswahlbalken bewegt werden. Mit Setmenubar kein Problem:

```
sub setmenubar (scrmenu)          'Monochrom-Version

        shared fl(),ll(),fc(),lc()
        shared wl$()
        shared wn
        shared foregc,backgc

        for i=fl(wn) to ll(wn)
            locate i,fc(wn)
            if i+1-fl(wn)=scrmenu then
                color backgc,foregc
                print wl$(i+1-fl(wn),wn);_
                    string$(lc(wn)-pos(x)+1," ");
                color foregc,backgc
            elseif i+1-fl(wn)<>scrmenu then
                print wl$(i+1-fl(wn),wn);_
                string$(lc(wn)-pos(x)+1," ");
            end if
        next

    end sub
```

```
sub setmenubar (scrmenu)         'Colorversion

    shared fl(),ll(),fc(),lc()
    shared wl$()
    shared wn
    shared textcolor$
    shared barcolor$

    for i=fl(wn) to ll(wn)
        locate i,fc(wn)
        if i+1-fl(wn)=scrmenu then
            color val(left$(barcolor$,2)),_
                val(mid$(barcolor$,3,2))
            print wl$(i+1-fl(wn),wn);_
            string$(lc(wn)-pos(x)+1," ");
        elseif i+1-fl(wn)<>scrmenu then
            color val(left$(textcolor$,2)),_
                val(mid$(textcolor$,3,2))
            print wl$(i+1-fl(wn),wn);_
            string$(lc(wn)-pos(x)+1," ");
        end if
    next

end sub
```

Sie schreiben einfach

call setmenubar(Nummer der hervorzuhebenden Menüzeile)

und in Klammern, die Nummer der Zeile im Untermenü, die hervorgehoben werden soll. Sollen alle Hervorhebungen entfernt werden, so wird
dies mit

call setmenubar(0)

erledigt. In der Colorversion wird über

barcolor$

die Farbe des Cursorbalkens bestimmt.

5.9 EINE DEMONSTRATION

Sie haben nun eine ganze Reihe wertvoller Routinen zur Fenster- und
Menüprogrammierung zur Verfügung. Bleibt nur, Ihnen die Verwendung
der Routinen in einem Programm zu zeigen. Das Demonstrationspro-

gramm ist nicht mehr als der Name verspricht. Es zeigt lediglich die Verwendung aller Fenster- und Menüroutinen und veranstaltet ein eindrucksvolles Spektakel auf Ihrem Bildschirm. Da alles recht schnell vonstatten geht, sind nach jeder Veränderung Delay-Befehle eingefügt worden, damit Sie auch erkennen können, was geschieht. Entfernen Sie die Delays, bekommen Sie einen Eindruck von der wahren Geschwindigkeit der Fensterroutinen. Aktionen wie das Scrollen von Fenstern, deren Vergrößerung und Verkleinerung, aber auch das Verschieben von Fenstern sind kaum wahrzunehmen. Das Schließen und Öffnen von Fenstern schafft auch GEM nicht schneller. Aber urteilen Sie selbst.

Das Demoprogramm liegt in einer Farb- und einer Colorversion vor.

```
'DEMOPROGRAMM ZUR FENSTER- UND MENÜPROGRAMMIERUNG
by Martin Böhmer 1987                    'Monochrom-Version

'Initialisierungen
cls
foregc=2
backgc=0
color foregc,backgc

gosub windowvariables

'Bildschirm vollschreiben
for i=1 to 25
      print string$(80,"A");
next

'Menüzeile einrichten
windowtype=4
submenupos=9
submenulength=4
menuwidth=78
menu$=" Menü Menü Menü Menü Menü Menü Menü Menü"
menutitle$="TURBO windows"
call setmenu
call actualmenu (1)
```

```
'Untermenü aufklappen
fl=4
lines=3
fc=submenupos+1
columns=10
wl$(1,1)="Submenü"
wl$(2,1)="Submenü"
wl$(3,1)="Submenü"
windowtitle$=""


'Menübalken bewegen
call openwindow
call setmenubar (1)
delay 1
call setmenubar (2)
delay 1
call setmenubar (3)
delay 1
call setmenubar (0)
delay 1

'Untermenü wegklappen
call closewindow
call actualmenu (0)      'mehrere Fenster öffnen
for i=1 to win-1
      fl=5+i
      lines=1+i
      fc=20+i
      columns=10+i



      for ii=1 to lines
            wl$(ii,i)=string$(columns-5,chr$(100+i))+_
                  string$(50,"B")
      next

      for ii=lines+1 to 23*pages
            wl$(ii,i)=string$(78,"Z")
      next
      windowtitle$=string$(5,chr$(100+i))

      call openwindow
      delay 1
```

```
                'Fenster scrollen
                call windowscroll (2,4)
                delay 1


    next


    'Fenster fünf hervorkramen
    call getwindow (5)
    delay 1


    'Fenster schrittweise nach rechts verschieben
    for i=1 to 10
            call windowright (1)
            delay 1
    next


    'Fenster nach links
    delay 1
    call windowleft (25)
    delay 1


    'Fenster scrollen
    call windowscroll (0,0)
    delay 1


    'Fenster drei hervorholen
    call getwindow (3)
    delay 1


    'Fenstergrößen verändern
    call windowsize (3,-2)
    delay 1


    call windowsize (4,4)
    delay 1


    'Fenster nach rechts
    call windowright (20)
    delay 1


    'aktuelles Fenster wechseln
    call changewindow (wn-1)
    delay 1
```

```
'alle Fenster bis auf zwei schließen
for i=1 to wn-2
        call closewindow
next

end



DEMOPROGRAMM                              'Colorversion

cls
color 7,0

for i=1 to 25
print string$(80,"A");
next

gosub windowvariables

'Bestimmen der Menüfarben
menucolor$="0400"
menuframecolor$="0701"
menutitlecolor$="0409"
actualmenucolor$="0113"

windowtype=4
submenupos=9
submenulength=4
menulength=78
menu$=" Menü Menü Menü Menü Menü Menü Menü Menü"
menutitle$="TURBO windows"
call setmenu
call actualmenu (1)


fl=4
lines=3
fc=10
columns=10
wl$(1,1)="Submenü"
wl$(2,1)="Submenü"
wl$(3,1)="Submenü"
windowtitle$=""
```

```
'Bestimmen der Untermenüfarben
framecolor$="0200"
textcolor$="0400"
barcolor$="0004"
call openwindow
call setmenubar (1)
delay 1
call setmenubar (2)
delay 1
call setmenubar (3)
delay 1
call setmenubar (0)
delay 1
call closewindow
call actualmenu (0)

'Bestimmung der Fensterfarben
titlecolor$="0301"
framecolor$="0701"
textcolor$="1400"


'mehrere Fenster öffnen
for i=1 to win-1
     fl=5+i
     lines=1+i
     fc=20+i
     columns=10+i



     for ii=1 to lines
          wl$(ii,i)=string$(columns-5,chr$(100+i))+_
          string$(50,"B")
     next

     for ii=lines+1 to 23*pages
          wl$(ii,i)=string$(78,"Z")
     next
     windowtitle$=string$(5,chr$(100+i))
```

```
                    call openwindow
                    delay 1
                    'Fenster scrollen
                    call windowscroll (2,4)
                    delay 1

next

'Fenster fünf hervorkramen
call getwindow (5)
delay 1

'Fenster schrittweise nach rechts verschieben
for i=1 to 10
        call windowright (1)
        delay 1
next

'Fenster nach links
delay 1
call windowleft (25)
delay 1

'Fenster scrollen
call windowscroll (0,0)
delay 1

'Fenster drei hervorholen
call getwindow (3)
delay 1

'Fenstergrößen verändern
call windowsize (3,-2)
delay 1

call windowsize (4,4)
delay 1

'Fenster nach rechts
call windowright (20)
delay 1

'aktuelles Fenster wechseln
call changewindow (wn-1)
delay 1
```

```
'alle Fenster bis auf zwei schließen
for i=1 to wn-2
        call closewindow
next

end
```

6 Grafik

6.1 ZEICHNEN MIT TURBO BASIC

Die Unterschiede zwischen den Graphikbefehlen von GW-BASIC und
TURBO BASIC sind minimal und zudem gut im Handbuch des Compilers erläutert. Deshalb wollen wir uns hier mit zwei speziellen Anwendungen für Graphik beschäftigen: mit dem zwei- und dem dreidimensionalen Funktionenplot.

Zweidimensionaler Funktionenplot

Aus der Schulmathematik ist Ihnen sicherlich der Begriff der Funktion
bekannt. Durch einen mathematischen Ausdruck wie z.B. $x+1$ wird jedem
X-Wert ein bestimmtes Ergebnis zugewiesen, das man in der Variable y
erfaßt. Für x gleich eins ist y zwei, für x gleich zwei ist y gleich drei
usw. Also können wir allgemeiner schreiben

$$y(x) = x + 1$$

Eine solche Funktion läßt sich auch zeichnerisch in einem Koordinatensystem mit einer X- und einer Y-Achse darstellen:

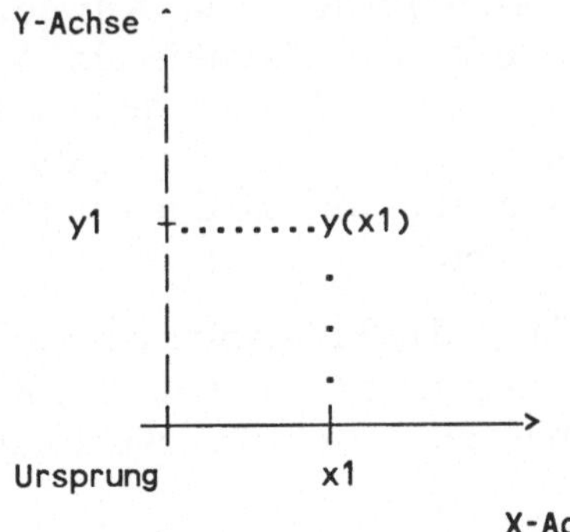

Wenn wir hier unsere Funktion $y(x)=x+1$ für alle X-Werte eintragen, erhalten wir eine Diagonale durch den Ursprung und $y(x1)$. Jedem X-Wert
ist also eindeutig ein Y-Wert zugeordnet.

Der kleinste und der größte Wert für x bilden die Grenzen des Wertebereichs, in dem unsere Funktion abgebildet werden soll. Entsprechend ergeben sich auch ein kleinster und ein größter Y-Wert, die den Funktionsbereich begrenzen. Ist der kleinste Wert für x gleich null und der größte gleich zehn, so ergeben sich das kleinste y mit eins und das größte y mit elf.

Damit eine Funktionszeichnung möglichst optimal dargestellt wird, ist es notwendig, X- und Y-Achse so zu wählen, daß sie dem Werte- bzw. dem Funktionsbereich entsprechen. Nur so wird der gesamte Bildschirm für den Funktionsplot genutzt.

Von der Idee zum Programm

Setzen wir nun unsere Erkenntnisse in ein Programm um. Zuerst initialisieren wir eine Fehlerroutine, für den Fall, daß unsere Funktion an irgendeiner Stelle den von TURBO BASIC verkrafteten Zahlenbereich verläßt.

```
on error goto fehlerroutine
```

Anschließend definieren wir die Funktion mit DEF FN. Zur Abwechslung diesmal nicht y(x)=x+1.

```
def fn y(x)=x^3
```

An dieser Stelle sei auf eine Schwierigkeit bei der Arbeit mit einem Compiler hingewiesen.

Sicherlich kennen Sie den alten BASIC-Trick, mit dem man anwenderdefinierte Funktionen verarbeiten kann: Man fordert den Anwender auf, seine Funktion einzugeben und liest diese in eine Variable ein. Vor diese Variable wird eine Zeilennummer und dahinter Return gesetzt und das Ganze in eine sequentielle Datei geschrieben. Diese Datei bindet man dann mittels Merge in das Programm ein und springt die neugewonnene Zeile an, um die Anwenderfunktion zu lesen.

Dies alles ging bei einem Interpreter, da ja das Programm als ASCII-Text verarbeitet wurde. Beim Compiler ist dies anders, hier muß ein compilierter Text vorliegen. Wie aber will man eine nachträgliche Eingabe des Anwenders noch compilieren?

Da dies schlicht unmöglich ist, muß man bei einem Compiler einen weit komplizierteren Weg zum selben Ziel gehen. Weil es hier primär ums Zeichnen einer Funktion geht, wollen wir uns diese Arbeit ersparen und schreiben die Funktion einfach fest in das Programm.

Wenn Sie aber an der Lösung des Problems der Funktionsanalyse innerhalb eines Programms interessiert sind, so sei Ihnen das intensive Studium der Include-Datei MC5.INC empfohlen. Diese Datei ist Teil des Tabellenkalkulationsprogramms Microcalc auf Ihren TURBO BASIC Disketten und übernimmt für dieses Programm die Aufgabe der Funktionsauswertung und -berechnung.

Zurück zu unserem Funktionenplot. Zusätzlich zur Funktion muß das Programm zur Optimierung der Zeichnung über den Werte- und Funktionsbereich aufgeklärt werden. Dazu bauen wir eine Eingabemaske auf

```
abfrage:

    screen 0
    cls

    locate 1,1
    print "Minimum für X: ";
    locate 1,40
    print "Maximum für X: ";
    locate 2,1
    print "X-Maßstab (min) : ";
    locate 2,40
    print "Y-Maßstab (min) : ";
    locate 3,1
    print "X-Maßstab (max) : ";
    locate 3,40
    print "Y-Maßstab (max) : ";
    locate 5,1
    print "Zeichendichte: ";
```

und fragen die gewünschten Werte ab.

```
    locate 1,20
    input "",xmin
    locate 1,60
    input "",xmax
    locate 2,20
    input "",xmasmin
    locate 2,60
    input "",ymasmin
    locate 3,20
    input "",xmasmax
    locate 3,60
    input "",ymasmax
    locate 5,20
    input "",zeichendichte
```

Mit zeichendichte kann der Anwender die Genauigkeit und damit auch die Geschwindigkeit der Zeichnung beeinflussen. Je kleiner die Zeichendichte, desto genauer der Funktionsplot. Kleiner als eins braucht dieser Wert allerdings nicht zu sein, da Ihr Monitor ohnehin keine halben Pixel bearbeiten kann.

Nun löschen wir den Bildschirm und beginnen mit der Zeichnung.

```
        cls


    zeichnen:
        screen 2,0
```

Hier wird der Bildschirm optimal eingestellt

```
        window (xmasmin,ymasmin)-(xmasmax,ymasmax)
```

und das Koordinatenkreuz gezeichnet.

```
        line (xmasmin,0)-(xmasmax,0)
        line (0,ymasmax)-(0,ymasmin)


        y=Fn y(xmin)
        yalt=y
        xalt=xmin


        for x=xmin+zeichendichte to xmax step zeichendichte
            y=Fn y(x)

            line (xalt,yalt)-(x,y)

            xalt=x
            yalt=y


        next
```

Der Funktionsplot entsteht, indem wir jeweils zwei X-Werte entsprechend der Funktion berechnen und die entstandenen Y-Werte mit Linien verbinden.

Das Programmende ist so gestaltet, daß Sie die Zeichnung mit anderen Werte- und Funktionsbereichen leicht wiederholen können.

```
    programmende:

        locate 21,20 r î           delay 3

        print "Zeichenvorgang beendet - _
              Neue Zeichnung ja/nein ? ";
        locate 21,20


        weiter$=""
        while weiter$=""
             weiter$=inkey$
        wend


        if weiter$="j" or weiter$="J" then
             goto abfrage
        else
             locate 22,20
             print "Programm beendet"
             end
        end if
```

Und schließlich eine primitive Fehlerroutine. Für unser Funktionenplot-
programm reicht sie aber vollauf.

```
    fehlerroutine:

        print "Es trat Fehlernummer ";err;" auf!"


        resume programmende
```

Dieses Programm ist sicherlich sehr einfach gehalten. Als Kernroutine eines mathematischen Graphikprogramms ist es aber brauchbar. Sie sollten
zuerst die X- und Y-Achse beschriften und mit Maßstäben versehen,
dann könnte noch die Funktionsdefinition auf dem Bildschirm erscheinen. Zusätzlich könnten eine ganze Reihe von Werten berechnet werden,
wie Hoch- und Tiefpunkt oder der Mittelwert. Diese dann auch einzu-
zeichnen, wäre der nächste Schritt. Sie sehen, es gibt noch viel zu tun.

In die dritte Dimension

Wir aber wollen uns nun dem dreidimensionalen Funktionenplot widmen.
Den Programmierer, der nur über einen zweidimensionalen Bildschirm
verfügt, stellt die Darstellung der dritten Dimension vor große Schwie-

rigkeiten. Er muß die Tiefe simulieren. Wir erreichen dies, indem wir
eine Diagonale durch den Ursprung ziehen und als Z-Achse definieren.

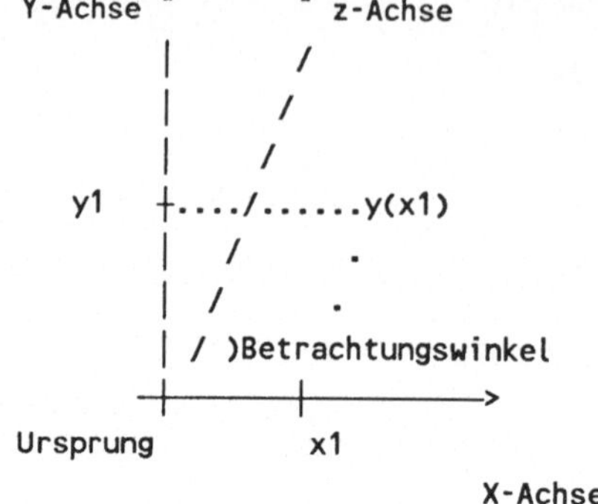

In welchem Winkelverhältnis die Z-Achse zur X- und Y-Achse steht,
wird durch den Betrachtungswinkel bestimmt. Je größer dieser Winkel,
desto steiler die Ansicht. Zusätzlich können wir das Bild auch noch in
der Tiefenachse verzerren, um ein perspektivisches Bild zu erhalten.

Dreidimensionale Netzgraphik

Aus diesen Vorreden ergibt sich schon der erste Teil unseres Programms.

Zunächst wieder die Initialisierung einer Fehlerroutine für den Fall der
Fälle und anschließend die Definition unserer Beispielfunktion.

```
on error goto fehlerroutine
```

```
def fn y(x,z)=1/sqr((x+1)^2+z^2)-1/sqr((x-1)^2+z^2)
```

Nun fragen wir mit der größtenteils bekannten Abfragemaske die Eck-
werte für unsere Zeichnung ab.

```
abfrage:

    screen 0
    cls

    locate 1,1
    print "Minimum für X: ";
    locate 1,40
    print "Maximum für X: ";
```

```
locate 2,1
print "Minimum für Y: ";
locate 2,40
print "Maximum für Y: ";
locate 3,1
print "Minimum für Z: ";
locate 3,40
print "Maximum für Z: ";
locate 5,1
print "Zeichendichte: ";
locate 6,1
print "Betrachtungswinkel: ";
locate 7,1
print "Verzerrung: ";


locate 1,20
input "",xmin
locate 1,60
input "",xmax
locate 2,20
input "",ymin
locate 2,60
input "",ymax
locate 3,20
input "",zmin
locate 3,60
input "",zmax
locate 5,20
input "",zeichendichte
locate 6,20
input "",betrachtungswinkel
locate 7,20
input "",verzerrung


cls
```

Für die vielen Berechnungen brauchen wir eine Reihe von Arrays. X und YO für die X- und Y-Werte, Y für die abgebildeten Y-Werte. Y und YO unterscheiden sich um die Verschiebung durch Einführung der Z-Achse. O steht für Original.

```
dim dynamic x(zeichendichte+1),y(zeichendichte+1),_
       yo(zeichendichte+1)
```

Es folgen die härteren Nüsse für die Zeichnung. Zunächst die Berechnung eines Projektionsfaktors.

```
berechnungen:
```

```
projzx=cos(betrachtungswinkel)*verzerrung
projzy=sin(betrachtungswinkel)*verzerrung
```

Hier wird der Wertebereich der Zeichnung ermittelt.

```
xwertebereich=xmax-xmin+1
ywertebereich=ymax-ymin+1
zwertebereich=zmax-zmin+1
```

Der Schrittfaktor für die Zeichnung in Abhängigkeit von der gewählten Zeichendichte und dem Wertebereich.

```
schrittz=zwertebereich/zeichendichte
schrittx=xwertebereich/zeichendichte
```

Aus Wertebereich, Projektionsfaktoren und Bildschirmkoordinaten wird die günstigste Ausnutzung des Bildschirms errechnet.

```
masstabx=640/(xwertebereich+z*projzx)
masstaby=200/(ywertebereich+zwertebereich*projzy)
```

Jetzt stellen wir den Bildschirm auf optimale Verhältnisse ein.

```
zeichnen:
    screen 2,0
    window (-100,-100)-(740,300)
```

Auf zum Zeichnen.

```
    ii=0
```

Zwei Schleifen für die beiden Funktionsvariablen x und z.

```
for z=zmin to zmax step schrittz
    i=0
    for x=xmin to xmax step schrittx
```

Aufruf der Funktion und Übergabe des Ergebnisses.

```
y=FN y(x,z)
yo=y


xb=(x-xmin-projzx*(z-zmax))*masstabx
yb=(y-ymin-projzy*(z-zmax))*masstaby


if ii*i=0 then
        goto punktespeichern
end if
```

Das Ergebnis auf dem Bildschirm.

```
line (x(i),y(i))-(xb,yb)
line (xb,yb)-(x(i+1),y(i+1))
line (x(i+1),y(i+1))-(xa,ya)
line (xa,ya)-(x(i),y(i))
```

Hier werden nur Punkte für die Zeichnung zwischengespeichert.

```
punktespeichern:
        incr i,1
        xa=x(i)
        ya=y(i)
        yo(i)=yo
        x(i)=xb
        y(i)=yb


    next x
    incr ii,1
next z
```

Zum Abschluß wieder das schon bekannte Programmende. Sie können es einfach vom zweidimensionalen Funktionenplot übernehmen.

```
programmende:

    locate 21,20
    delay 3

    print "Zeichenvorgang beendet - _
        Neue Zeichnung ja/nein ? ";
    locate 21,20
```

```
weiter$=""
while weiter$=""
        weiter$=inkey$
wend

if weiter$="j" or weiter$="J" then
        erase x,y,yo
        goto abfrage
else
        locate 22,20
        print "Programm beendet"
        end
end if
```

Auch die Fehlerroutine ist ein alter Bekannter.

```
fehlerroutine:

        print "Es trat Fehler Nummer ";err;" auf!"

        resume programmende
```

Anregungen

Damit Sie zum Ausprobieren unseres Funktionenplotters einige hübsche Funktionen haben, hier noch eine kleine Auswahl.

$$fn(x,z)=cos(x^2+z^2)/exp((x^2+z^2)/4)$$

$$fn(x,z)=cos(x^2+z^2)/(sqr(abs(x)+0.1))$$

$$fn(x,z)=(1+sin(x-pi/2))*(1+sin(y-pi/2))$$

Hier müssen Sie noch die Zahl Pi definieren mit

$$pi=3.141592$$

$$fn(x,z)=2*(sqr(x^2+z^2)*exp(-x^2-z^2))$$

$$fn(x,z)=cos(sqr(x^2+z^2))+cos(2*(x^2+z^2))+cos(5*(sqr(x^2+z^2)))$$

$$fn(x,z)=5-sqr(x^2+z^2)-2*cos(sqr(x^2+z^2))$$

$$fn(x,z)=exp((x^2+z^2)/-2)$$

Diese kleine Sammlung von Funktionen dürfte für's erste genügen. Probieren Sie die Beispiele unter Betrachtung verschiedener Blickwinkel und Verzerrungen, aber auch verschiedener Wertebereiche aus. Lassen Sie sich überraschen von der Schönheit manches Funktionsgraphen.

6.2 MASKEN NICHT FÜR DEN KARNEVAL

Programmidee

Allzu mühselig ist immer wieder das Erstellen von Bildschirmmasken, sei es für Hilfeseiten oder Hauptmenüs. Dutzende von Print-Anweisungen, gefolgt von Chr$, String$, Space$ und ähnlichen Funktionen füllen Zeile um Zeile des Programmeditors. Der Ausgang all dieses Bemühens ist zumeist ungewiß.

Programmplan

Der im Folgenden vorgestellte Maskeneditor zeigt, daß es nicht so kompliziert sein muß. Mit ihm können beliebige Bildschirmmasken unter Zuhilfenahme aller IBM-Graphikzeichen erstellt werden.

Diese Masken werden über Bsave gespeichert und können folglich in eigene Programme via Bload eingeladen werden. Zudem wird noch eine ASCII-Speicheroption geboten. Hier werden nur die Zeichen, nicht aber deren Attribut festgehalten. So kann der Maskeneditor auch benutzt werden, um z.B. Tabellen für eine Textverarbeitung einfach zu erstellen.

Im Kern des Maskeneditors finden sich Programmstrukturen, die wir bereits vom Texteditor kennen. In einer Hauptschleife werden die Eingaben analysiert. Graphikzeichen werden auf den Bildschirm ausgegeben, Befehle eigenen Unterroutinen zur Ausführung übergeben.

Der Maskeneditor arbeitet normalerweise mit den Graphikzeichen des IBM-Zeichensatzes und belegt hierfür die Tastatur um. Damit dennoch Text auf den Bildschirm geschrieben werden kann, gibt es im Programm einen besonderen Textmodus, in dem die Sondereinstellungen der Tastatur aufgehoben werden. Dieser Textmodus verfügt über eine eigene Verteilerschleife.

Ebenfalls über eine eigene Verteilerschleife verfügt der Blockmodus zur Bearbeitung ganzer Bildschirmbereiche.

So besteht das Programm wesentlich aus drei Schleifenstrukturen zur Befehlsanalyse und einigen Unterroutinen zur Befehlsdurchführung.

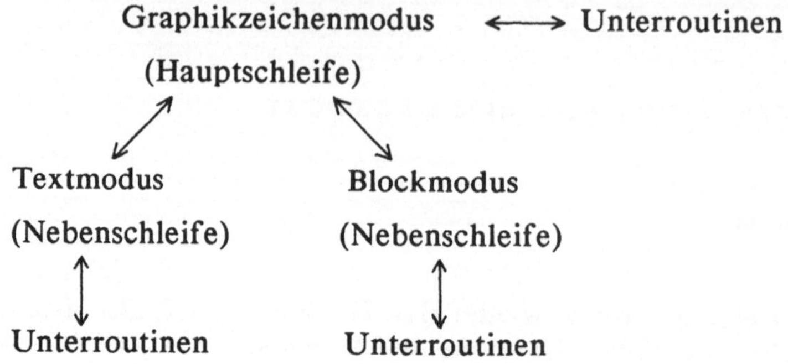

Programmstart

Die Initialisierung für unser Programm erledigen die folgenden Zeilen

```
cls
on error goto fehler
vfarbe=7                        'Vordergrundfarbe
hfarbe=0                        'Hintergrundfarbe
dim zeile$(24)                  'Array für die Bildschirmzeilen
bildschirmspeicher=&HB800       'bei Monochrom-Monitor &HB000
color vfarbe,hfarbe
locate 1,1,1,1,13
frame=1                         'Rahmenarten
status=1                        'Befehlsstatus
gosub status                    'Statusanzeige
```

Die Hauptschleife

Nun kommt die fast endlos erscheinende Hauptschleife des Programms, die im Wesentlichen Verteilerfunktionen übernimmt, hier und da aber auch kleine Aufgaben selbst löst.

```
do
    nextorder:
```

Der Maskeneditor bearbeitet aus zwei Gründen nur 24 Zeilen des Bildschirms. Erstens bleibt so eine Zeile immer für das Menü des Editors übrig. Zweitens kann man die Zeile 25 sowieso nicht bis zum Ende be-

schreiben, es sei denn, der Zeilenvorschub ist ausgeschaltet. Dies aber
setzt den ANSI-Treiber voraus. Da wir uns auf solche Unwägbarkeiten
nicht verlassen wollen, lassen wir lieber die letzte Bildschirmzeile aus.
Diese ist ja auch später noch vom Programm mit

```
locate 25,1
print "Weiter mit beliebiger Taste";
```

oder ähnlichem leicht und sinnvoll zu füllen. Unter Umständen ist die
letzte Zeile ja auch schon durch Ihre

```
Key list
```

belegt. Also erscheint die Beschränkung auf 24 Bildschirmzeilen halb so
schlimm.

Wegen der 24-Zeilen-Regel, darf der Cursor natürlich nie in der 25. Zeile hängen bleiben.

```
if csrlin=25 then
        locate 24,pos(x)
end if
```

Aufruf von Getkey, um den erlauchten Willen des Anwenders zu erfahren.

```
call getkey(ascii$,scancode)
```

Belegung der Funktionstasten

Über F1 gibt es eine kurze knappe Hilfestellung.

```
if scancode=59 then
        gosub help
        goto nextorder
```

Mit der F3-Taste kann die Rahmenart für Menükästen und ähnliches
gewechselt werden. Ebenso mit F4. Die Reihenfolge der Rahmen ist
(vergleiche auch Kapitel "Benutzerschnittstelle", Abschnitt "TURBO
Windows")

1. einfacher Rahmen
2. horizontal doppelter Rahmen
3. vertikal doppelter Rahmen
4. doppelter Rahmen

Mit F3 und F4 kann von der aktuellen Rahmenart aufwärts oder abwärts gesprungen werden. Die aktuelle Rahmenform wird in der untersten Zeile des Bildschirms, der Status/Menüzeile angezeigt.

```
elseif scancode=61 then
    incr frame,1
    if frame=5 then frame=1
    gosub status
    goto nextorder
elseif scancode=62 then
    decr frame,1
    if frame=0 then frame=4
    gosub status
    goto nextorder
```

Die Hauptmenüschleife enthält die Graphikfunktionen des Maskeneditors, wie z.B. das Zeichnen von Kästen und Rahmen. Daneben gibt es den Text- und den Blockmodus. Im Textmodus werden Texte wie Menütitel und Aufforderungen geschrieben. Im Blockmodus kann das Bild block-orientiert bearbeitet werden. In den Textmodus gelangt der Anwender mit F5. Dort gibt es eine eigene Verteilerschleife.

```
elseif scancode=63 then
    gosub textmode
    goto nextorder
```

Mit F2 hält der Maskeneditor seine stärkste Funktion bereit. Drücken Sie einmal auf F2, wird die linke obere Ecke eines Kastens mit einem Punkt markiert. Bewegen Sie dann den Cursor auf die rechte untere Ecke und drücken erneut F2, so wird im Nu ein Rechteck in der über F3/F4 ge-wählten Rahmenart angelegt.

```
elseif scancode=60 and uplefty=0 then
    uplefty=csrlin
    upleftx=pos(x)
    print ".";
    goto nextorder
elseif scancode=60 and uplefty<>0 then
    lowrighty=csrlin
    lowrightx=pos(x)
    if lowrighty=uplefty then
        gosub horizontalline
    elseif lowrightx=upleftx then
        gosub verticalline
    else
        gosub square
    end if
```

```
        uplefty=0
        goto nextorder
```

Mit F6 kann die gesamte Maske ausgedruckt werden.

```
    elseif scancode=64 then
        gosub printstructure
        gosub nextorder
```

F7 und F8 bilden wie F3/F4 wieder ein Paar, diesmal aber zum Speichern und Laden von Bildschirmmasken.

```
    elseif scancode=65 then
        gosub savestructure
        goto nextorder
    elseif scancode=66 then
        gosub loadstructure
        goto nextorder
```

Mit F9 gelangt man in den vorhin schon erwähnten Blockmodus zum Bearbeiten ausgewählter Objekte.

```
    elseif scancode=67 then
        gosub block
        goto nextorder
```

Die letzte freie Funktionstaste F10 erlaubt den Zugriff auf MS-DOS mit einer Shell-Funktion. Natürlich muß zuvor der Bildschirm gesichert und anschließend wiederhergestellt werden.

```
    elseif scancode=68 then
        gosub savescreen
        cls
        shell ""
        gosub restorescreen
        goto nextorder
```

Cursorsteuerung im Graphikzeichenmodus

Die folgenden Elseif-Abzweigungen dienen der Steuerung des Cursors in alle vier Himmelsrichtungen.

```
elseif scancode=75 then
        gosub left
        goto nextorder
elseif scancode=77 then
        gosub right
        goto nextorder
elseif scancode=72 then
        gosub up
        goto nextorder
elseif scancode=80 then
        gosub down
        goto nextorder
```

Zusätzlich erlauben PgUp, PgDn Sprünge nach ganz oben und unten, End
ans Zeilenende und Home an den Zeilenanfang.

```
elseif scancode=71 then
        locate ,1
        goto nextorder
elseif scancode=73 then
        locate 1
        goto nextorder
elseif scancode=79 then
        locate ,80
        goto nextorder
elseif scancode=81 then
        locate 24
        goto nextorder
```

Tastenbelegung für die Graphikzeichen

Die Graphikzeichen des IBM-PC stellt der Editor nicht nur mittels F2
zur Verfügung. Vielmehr kann jede beliebige Form in der aktuellen
Rahmenart auch von Hand kreiert werden. Dafür ist nach Ansicht des
Autors eine recht gut gelungene Tastenbelegung verantwortlich.

Jedem Rahmenstück ist eine Taste zugeordnet, die man sich über Esels-
brücken leicht merken kann. Zusätzlich aber wird die Belegung in der
Statuszeile angezeigt.

```
R          ⌐         Ecke RECHTS OBEN
r          ⌐         Ecke RECHTS UNTEN
L          ⌐         Ecke LINKS OBEN
l          ⌐         Ecke LINKS UNTEN


w oder W   —         WAAGERECHTer Strich
s oder S   |         SENKRECHTer Strich


k oder K   +         ein KREUZ


o oder O   ⊤         Abzweig von OBEN
u oder U   ⊥         Abzweig von UNTEN
v oder V   ⊦         Abzweig VON links
n oder N   ⊣         Abzweig NACH rechts
```

```
elseif ascii$="R" then
      gosub upright
      goto nextorder
elseif ascii$="r" then
      gosub lowright
      goto nextorder
elseif ascii$="L" then
      gosub upleft
      goto nextorder
elseif ascii$="l" then
      gosub lowleft
      goto nextorder
elseif ascii$="w" or ascii$="W" then
      gosub horizontal
      goto nextorder
elseif ascii$="s" or ascii$="S" then
      gosub vertical
      goto nextorder
elseif ascii$="k" or ascii$="K" then
      gosub cross
      goto nextorder
elseif ascii$="o" or ascii$="O" then
      gosub upcross
      goto nextorder
elseif ascii$="u" or ascii$="U" then
      gosub lowcross
      goto nextorder
```

```
elseif ascii$="v" or ascii$="V" then
        gosub frompoint
        goto nextorder
elseif ascii$="n" or ascii$="N" then
        gosub topoint
        goto nextorder
```

Die Statuszeile

Mit i oder I können Sie die Statuszeile ausschalten. So kann der Meister
sein Werk in aller Ruhe betrachten. Außerdem kann so über Shift+PrtSc
eine Hardcopy ohne die Menüzeile zuwege gebracht werden.

```
elseif ascii$="i" or ascii$="I" then
        if status=1 then
                gosub statoff
        else
                gosub staton
        end if
        goto nextorder
```

Die aktuelle Cursorposition kann mangels Platz nicht ständig angezeigt
werden. Über p oder P erhält der Anwender die Information trotzdem
kurzfristig. Diese Option ist wichtig für Bildschirmmasken, bei denen es
z.B. auf genaue Tabulierung ankommt.

```
elseif ascii$="p" or ascii$="P" then
        textposy=csrlin
        textposx=pos(x)
        locate 25,1
        print string$(79," ");
        locate 25,1
        print "X-Position: ";textposx;"  Y-Position: ";textposy;
        locate textposy,textposx
        delay 0.5
        gosub status
        goto nextorder
```

Bildschirmmasken löschen

Manchmal verwerfen Künstler auch ihr Werk. Der Computer fragt nach Eingabe von c oder C für Clear aber lieber noch mal nach, ob die Arbeit wirklich gelöscht werden soll.

```
elseif ascii$="c" or ascii$="C" then
        textposy=csrlin
        textposx=pos(x)
        locate 25,1
        print string$(79," ");
        locate 25,1
        print "Maske löschen ? [J/N]";
        do
                e$=inkey$
                e$=ucase$(e$)
        loop until e$="J" or e$="N"
        locate textposy,textposx
        if e$="J" then
                cls
        end if
        gosub status
```

Farbwechsel

Wer einen Farbmonitor besitzt, wird gerne von f und F Gebrauch machen. Das kleine f wechselt die Hintergrundfarbe, das große F die Vordergrundfarbe. Auch die aktuelle Farbe wird in der Statuszeile angezeigt.

```
elseif ascii$="F" then
        incr vfarbe,1
        if vfarbe>15 then vfarbe=0
        color vfarbe
        gosub status
        goto nextorder
elseif ascii$="f" then
        incr hfarbe,1
        if hfarbe>15 then hfarbe=0
        color ,hfarbe
        gosub status
        goto nextorder
```

Noch mehr Graphikzeichen

Im Graphikmodus sind auch die Zahlentasten noch sinnvoll belegt. Auf
ihnen liegen die vielen kleinen nützlichen Graphikzeichen, die nicht zu
den Rahmen gehören:

1

2

3

4

5

6

7

8

9

0

```
elseif ascii$="1" then
        print chr$(176);
        goto nextorder
elseif ascii$="2" then
        print chr$(177);
        goto nextorder
elseif ascii$="3" then
        print chr$(178);
        goto nextorder
elseif ascii$="4" then
        print chr$(219);
        goto nextorder
elseif ascii$="5" then
        print chr$(220);
        goto nextorder
elseif ascii$="6" then
        print chr$(221);
        goto nextorder
```

```
elseif ascii$="7" then
      print chr$(222);
      goto nextorder
elseif ascii$="8" then
      print chr$(223);
      goto nextorder
elseif ascii$="9" then
      print chr$(254);
      goto nextorder
elseif ascii$="0" then
      print chr$(124);
      goto nextorder
```

Bildschirmmasken editieren

Mit Delete, Return und Leertaste erreicht man auch im Graphikmodus
dieselben Programmreaktionen wie in einer Textverarbeitung. Nicht jeder
Strich muß ja auf Anhieb sitzen.

```
elseif ascii$=chr$(13) or ascii$=" " then
      print " ";
      goto nextorder
elseif ascii$=chr$(8) and pos(x)>1 then
      locate ,pos(x)-1
      print " ";
      locate ,pos(x)-1
      goto nextorder
elseif ascii$=chr$(8) and pos(x)=1 then
      print " ";
      locate ,pos(x)-1
      goto nextorder
```

Programmende

Ist keine der vorgenannten Tasten gedrückt worden, wird das eingebene
Zeichen schlicht auf dem Bildschirm ausgegeben.

```
elseif ascii$>=chr$(1) then
      print ascii$;
end if
```

Damit hätten wir endlich das Ende der Hauptmenüschleife erreicht. Doch
nur Mut, es geht gleich weiter.

```
loop until scancode=1  'Programmende mit ESC


cls
end
```

Der Textmodus

Der Textmodus verfügt über eine eigene Verteilerschleife. Die Unterroutinen, die hier aufgerufen werden, sind aber dieselben wie im Graphikmodus. Einziger Unterschied des Textmodus zum Graphikmodus ist
eigentlich, daß alle speziellen Tastenbelegungen wie für die Zifferntasten
oder die Rahmenarten entfallen. Außerdem steht keiner der Befehle z.B.
zum Speichern und Laden von Masken zur Verfügung.

Im Textmodus kann dafür der Cursor wie bekannt bewegt und beliebiger
Text geschrieben werden. Zurück in den Graphikmodus gelangt man
wieder mit F5.

```
textmode:
        gosub status
        do
                if csrlin=25 then  'bloß nicht in Zeile 25
                        locate 24,pos(x)
                end if

                call getkey(ascii$,scancode) 'Was darf's  sein?

                if scancode=75 then    'Cursortasten
                        gosub left
                elseif scancode=77 then
                        gosub right
                elseif scancode=72 then
                        gosub up
                elseif scancode=80 then
                        gosub down
                elseif scancode=71 then   'PgUp/Dn, Home, End
                        locate ,1
                elseif scancode=73 then
                        locate 1
                elseif scancode=79 then
                        locate ,80
```

```
                elseif scancode=81 then
                     locate 24
                elseif ascii$=chr$(8) and pos(x)>1 then
                     locate ,pos(x)-1        'DEL Löschen
                     print " ";
                     locate ,pos(x)-1
                elseif ascii$=chr$(8) and pos(x)=1 then
                     print " ";
                     locate ,pos(x)-1
                elseif ascii$=chr$(27) then     'Programmende
                     cls                        'mit ESC
                     end
                elseif scancode<>63 then        'Ausdruck eines
                     print ascii$;              'Zeichens
                end if
           loop until scancode=63 'zurück zum Graphikmodus mit  F5
           scancode=0

           gosub status


     return
```

Der Blockmodus

Ebenfalls über eine eigene Verteilerschleife verfügt der Blockmodus, der
vom Graphikmodus aus über F9 erreicht wird.

Der Blockmodus ist etwas für Fortgeschrittene in Sachen Maskenedition,
sozusagen das Desktop-Publishing-Element für die Maskenerstellung.

Im Blockmodus kann mit M - einmal links oben und einmal rechts unten
gedrückt - ein beliebiges rechteckiges Objekt oder rechteckiger Bereich
markiert werden.

Diesen Bereich kann man zunächst über S speichern. So kann der geübte
Anwender sich eine eigene Bibliothek von Standardformen zusammen-
stellen und später weiterverwenden, da diese gespeicherten Blöcke über L
wieder an beliebiger Stelle (wird durch die Cursorposition markiert) ein-
geblendet werden können.

Weiterhin kann ein markierter Block mit V an die aktuelle Position verschoben oder mit K dorthin kopiert werden. Unterschiede zwischen Verschieben und Kopieren dürften bekannt sein.

R steht für Radieren und radiert den markierten Block restlos aus. Mit N
kann die Blockmarkierung aufgehoben werden. In den Graphikmodus gelangt man mit F9 zurück.

```
block:
        gosub status
        do
                weiter:
                        call getkey(ascii$,scancode)
                        ascii$=ucase$(ascii$)
```

Zum wiederholten Male ein Verteiler zu den Cursorbewegungen.

```
                        if scancode=75 then
                                gosub left
                        elseif scancode=77 then
                                gosub right
                        elseif scancode=72 then
                                gosub up
                        elseif scancode=80 then
                                gosub down
                        elseif scancode=71 then
                                locate ,1
                        elseif scancode=73 then
                                locate 1
                        elseif scancode=79 then
                                locate ,80
                        elseif scancode=81 then
                                locate 24
```

Blöcke markieren

Hier die Blockmarkierung. Die Ecken werden durch einen Doppelpunkt
gekennzeichnet. Wegen dieser Kennzeichnung wird die ganze Angelegenheit aber erheblich schwieriger. Jetzt nämlich muß vor der Markierung
noch der ASCII-Code und das Attribut des durch die Markierung über-
schriebenen Zeichens zwischengelagert werden.

```
                        elseif ascii$="M" then
                                if uly=0 then
                                        uly=csrlin
                                        ulx=pos(x)
                                        eckzatt=screen(uly,ulx,1)
                                        eckzeich$=_
                                                chr$(screen(uly,ulx))
                                        print ":";
```

Beim zweiten Druck auf M werden die Koordinaten für die rechte untere Begrenzung festgehalten. Auch hier wird mit den entsprechenden Vorsichtsmaßnahmen markiert. Der markierte Block wird nun durch die Variablen

    uly (uplefty)
    ulx (uleftx)

für die linke obere Ecke und

    lry (lowrighty)
    lrx (lowrightx

für rechts unten beschrieben.

```
elseif uly<>0 and lry=0 then
        if csrlin>=uly and pos(x)>=ulx then
                lry=csrlin
                lrx=pos(x)
                ezatt=screen(lry,lrx,1)
                ezeich$=chr$(screen(lry,lrx))
                print ":";
        else
                exit if
        end if
end if
```

Blöcke verschieben und kopieren

Im ersten Arbeitsgang ähneln sich die Verschiebe- und Kopierfunktion, weshalb sie hier zusammengefaßt sind. Beide Funktionen können nur aufgerufen werden, wenn ein Block markiert ist und die Variablen uly, lry, ulx und lrx belegt sind. Die aktuelle Position ist die Zielposition und wird in

    zy

und

    zx

festgehalten.

```
elseif ascii$="V" or ascii$="K" then
        if uly<>0 and lry<>0 then
                if csrlin+lry-uly+1<=24 and_
                        pos(x)+lrx-ulx+1<=80 then
                        zy=csrlin
                        zx=pos(x)
```

```
                              else
                                  goto weiter
                              end if
                     elseif uly=0 then
                           goto weiter
                     end if
                     locate zy,zx
```

Hier wird gearbeitet.

```
            for i=uly to lry
                  for ii=ulx to lrx
                        call prat(chr$(screen(i,ii)),_
                              screen(i,ii,1))
                        locate ,pos(x)+1
                  next
                  locate csrlin+1,zx
            next
```

Zum Schluß die Wiederherstellung der durch die Blockmarkierung ver-
schandelten Eckpunkte.

```
            locate zy+lry-uly,zx+lrx-ulx
            call prat(ezeich$,ezatt)
            locate zy,zx
            call prat(eckzeich$,eckzatt)
```

Für das Verschieben muß der Block an der alten Position nun noch
gelöscht werden.

```
            if ascii$="V" then
                  gosub loeschen
            end if
```

Mit Radieren gehts ebenfalls zur Löschroutine.

```
            elseif ascii$="R" then
                  gosub loeschen
```

Blöcke laden

Ein Block wird geladen.

```
elseif ascii$="L" then
        textposy=csrlin
        textposx=pos(x)
        locate 25,1
        print string$(79," ");
        locate 25,1
        print "[Block laden] Dateinamen_
        eingeben: ";
        input ;"",datei$
```

Ein Leerstring als Dateinamenangabe verläßt die Funktion wieder.

```
if datei$="" then
        scancode=67
        gosub status
        scancode=0
        locate textposy,textposx
        goto weiter
end if
locate textposy,textposx
```

Der Block wird immer in folgendem Format gespeichert:

1. Byte Anzahl der Blockzeilen

2. Byte Anzahl der Blockspalten

3.-n. Byte Pärchen für Attribut und ASCII-Code der einzelnen
    Zeichen

```
open datei$ for input as #1
input #1 ,zeilen
input #1 ,spalten
```

Die Zeichen werden an der Cursorposition sogleich auf den Bildschirm
gebracht.

```
for i=1 to zeilen
        for ii=1 to spalten
                input #1, attribut
                input #1, zeichen$
                call prat(zeichen$,attribut)
                locate ,pos(x)+1
        next
        locate textposy+i,textposx
next
```

```
                    close 1
                    scancode=67
                    gosub status
                    scancode=0
```

Blöcke speichern

Die Speichern-Funktion leistet für das Block-Laden die Vorarbeit. Auch
hier führt ein Leerstring für den Blockdateinamen zum Abbruch der
Funktion.

```
        elseif ascii$="S" then
                textposy=csrlin
                textposx=pos(x)
                locate 25,1
                print string$(79," ");
                locate 25,1
                print "[Block speichern] Dateinamen_
                        eingeben:";
                input ;"",datei$
                if datei$="" then
                        scancode=67
                        gosub status
                        scancode=0
                        locate textposy,textposx
                        goto weiter
                end if
                locate textposy,textposx
```

Geschrieben wird natürlich in dem Format, daß die Laden-Funktion erwartet. Blöcke zu speichern, ohne einen solchen zu markieren, ist natürlich reichlich witzlos. Eine Überprüfung findet aber nicht statt, ein sinnvoller Blockinhalt wird ebenfalls nicht gespeichert.

```
                open datei$ for output as #1
                write #1 ,lry-uly+1
                write #1 ,lrx-ulx+1
```

Die Zeichen werden Zeile für Zeile von links nach rechts in die Datei
geschrieben. Mittels Screen und der Eckkoordinaten der Blockmarkierung
alles kein großes Problem.

```
                    for i=uly to lry
                        for ii=ulx to lrx
                            zeichen=screen(i,ii)
                            attribut=screen(i,ii,1)
                            if i=uly and ii=ulx then
                                    zeichen=asc(eckzeich$)
                                    attribut=eckzatt
                            elseif i=lry_
                                    and ii=lrx then
                                    zeichen=asc(ezeich$)
                                    attribut=ezatt
                            end if
                            write #1, attribut
                            write #1, chr$(zeichen)
                    next
                next
                close 1
                scancode=67
                gosub status
                scancode=0
```

Blockmarkierungen aufheben

Das Abmelden eines markierten Blockes über N, um einen neuen
markieren zu können, besteht aus dem Entfernen der Markierungs-Dop-
pelpunkte und dem Löschen der Eckpunktvariablen.

```
                elseif ascii$="N" then
                if uly>0 then
                        locate uly,ulx
                        call prat(eckzeich$,eckzatt)
                end if
                if lry>0 then
                        locate lry,lrx
                        call prat(ezeich$,ezatt)
                end if
                uly=0:lry=0:ulx=0:uly=0:zy=0:zx=0
```

Den Blockmodus verlassen

Auch hier beendet ESC das Programm abrupt.

```
elseif ascii$=chr$(27) then
        cls
        end
    end if
loop until scancode=67
```

Bevor über F9 in den Graphikmodus zurückgekehrt wird, werden ebenso wie beim N-Befehl alle Blockmarkierungen gelöscht.

```
scancode=0
if uly>0 then
        locate uly,ulx
        call prat(eckzeich$,eckzatt)
end if
if lry>0 then
        locate lry,lrx
        call prat(ezeich$,ezatt)
end if
uly=0:lry=0:ulx=0:uly=0:zy=0:zx=0
gosub status
return
```

Blöcke löschen

Die folgende Routine übernimmt für die Radier- und Kopierfunktion im Blockmodus die Löscharbeit. Mit den Eckpunktvariablen ist dies schnell erledigt.

```
loeschen:
        if uly=0 then return
        for i=uly to lry
                locate i,ulx
                print string$(lrx-ulx+1," ");
        next
        uly=0:lry=0:ulx=0:uly=0:zy=0:zx=0
return
```

Kästen und Linien zeichnen

Die Arbeit für das automatische Zeichnen von Linien über F2 im Graphikmodus übernehmen die Routinen verticalline für senkrechte Begrenzungen und horizontalline für waagerechte Linien. Denn variiert man z.B. die Höhe zwischen dem linken oberen und rechten unteren Eckpunkt nicht, so zeichnet F2 eine waagerechte Linie.

In den Variablen

       uplefty   y links oben

       upleftx   x links oben

und

       lowrighty   y rechts unten

       lowrightx   x rechts unten

sind die über F2 markierten Eckpunkte gespeichert.

```
verticalline:
        locate uplefty,upleftx
        for i=uplefty to lowrighty
                locate i,upleftx
                gosub vertical
        next
    return

horizontalline:
        locate uplefty,upleftx
        for i=upleftx to lowrightx
                locate uplefty,i
                gosub horizontal
        next
    return
```

Square hingegen zeichnet in den Fällen, wo sich die Eckpunkte sowohl in der Spalte als auch der Zeile unterscheiden, das Rechteck für F2

```
square:

        gosub lowright     'rechte Ecke unten

        locate uplefty,upleftx
        gosub upleft       'linke Ecke oben
```

```
            for i=upleftx+1 to lowrightx-1
                  locate uplefty,i
                  gosub horizontal   'Dach
            next

            gosub upright                    'rechte Ecke oben

            for i=uplefty+1 to lowrighty-1
                  locate i,upleftx    'linke Wand
                  gosub vertical
                  locate i,lowrightx 'rechte Wand
                  gosub vertical
            next

            locate lowrighty,upleftx      'linke Ecke unten
            gosub lowleft

            for i=upleftx+1 to lowrightx-1
                  locate lowrighty,i
                  gosub horizontal      'Boden
            next
      return
```

Informationen in der Statuszeile

Die ständige Aktualisierung der Statusanzeige übernimmt die Routine
Status. Damit der Cursor dadurch nicht verloren geht, wird seine Position
zwischengespeichert.

```
      status:
            textposx=pos(x)
            textposy=csrlin
            locate 25,1
            print string$(79," ");
            locate 25,1
```

Statusanzeige im Textmodus.

```
if scancode=63 then
        print string$(79," ");
        locate 25,1
        print "Alle Buchstabentasten F5_
        Graphik/Befehle";
        locate textposy,textposx
        return
```

Statusanzeige im Blockmodus.

```
elseif scancode=67 then
        print string$(79," ");
        locate 25,1
        print  "M:Mark N:Neu V/K:Versch/Kopier_
        L/S:Lade/Speich R:Radier F9-Graphik/Befehl";
        locate textposy,textposx
        return
end if
```

Statusanzeige im Graphikmodus.

Der größte Teil der Statusanzeige im Graphikmodus besteht aus der
Tastenbelegung. Diese wird in der Routine Framekeys visualisiert.

```
        gosub framekeys
        print " F1-Hilfe F2-Zeichnen F3/4-Rand";
        locate textposy,textposx
return


framekeys:
        if frame=1 then      'Tastenbelegung entsprechend der
                             'gewählten Rahmenart, die in der
                             'Variable frame steht
                print "L:";chr$(218);
                print " l:";chr$(192);
                print " R:";chr$(191);
                print " r:";chr$(217);
                print " o:";chr$(194);
                print " u:";chr$(193);
                print " k:";chr$(197);
                print " w:";chr$(196);
```

```
                        print " s:";chr$(179);
                        print " v:";chr$(195);
                        print " n:";chr$(180);
                elseif frame=2 then
                        print "L:";chr$(214);
                        print " l:";chr$(211);
                        print " R:";chr$(183);
                        print " r:";chr$(189);
                        print " o:";chr$(210);
                        print " u:";chr$(208);
                        print " k:";chr$(215);
                        print " w:";chr$(196);
                        print " s:";chr$(186);
                        print " v:";chr$(199);
                        print " n:";chr$(182);
                elseif frame=3 then
                        print "L:";chr$(213);
                        print " l:";chr$(212);
                        print " R:";chr$(184);
                        print " r:";chr$(190);
                        print " o:";chr$(209);
                        print " u:";chr$(207);
                        print " k:";chr$(216);
                        print " w:";chr$(205);
                        print " s:";chr$(179);
                        print " v:";chr$(198);
                        print " n:";chr$(181);
                elseif frame=4 then
                        print "L:";chr$(201);
                        print " l:";chr$(200);
                        print " R:";chr$(187);
                        print " r:";chr$(188);
                        print " o:";chr$(203);
                        print " u:";chr$(202);
                        print " k:";chr$(206);
                        print " w:";chr$(205);
                        print " s:";chr$(186);
                        print " v:";chr$(204);
                        print " n:";chr$(185);
                end if
        return
```

Die Hilfefunktion

Die kurze knappe Hilfefunktion, die Sie später mit einer ersten selbstent-
worfenen Bildschirmmaske aufwendiger gestalten können.

```
help:
        helpposx=pos(x)
        helpposy=csrlin
        locate 25,1
        print string$(79," ");
        locate 25,1
        print "F5-Textmodus  F6-Drucken  F7/8-Speichern/Laden_
                F9-Block F10-DOS ESC-Ende";
        delay 1
        locate 25,1
        print string$(79," ");
        locate 25,1
        print "1:  2:▒ 3:▓ 4:█ 5:▄ 6:▌ 7:▐ 8:■ 9:▪ 0:│ c:CLS_
                i:Info an/aus p:Pos";
        locate textposy,textposx
        delay 1
        gosub status
    return
```

Die Routinen Statoff und Staton erlauben dem I-Befehl im Graphikmodus die Status/Informationszeile vorübergehend verschwinden zu lassen.

```
statoff:
        status=0
        helpposx=pos(x)
        helpposy=csrlin
        locate 25,1
        print string$(79," ");
        locate helpposy,helpposy
    return

staton:
        status=1
        gosub status
    return
```

Ausgang zum DOS

Savescreen und Restorescreen werden für die DOS-Shell-Funktion gebraucht. Savescreen speichert den aktuellen Bildschirminhalt in einer
temporären Datei $$$$$$$$.$$$. Löschen Sie diese Datei während Ihres
DOS-Ausfluges nie, sonst ist auch Ihre Kreation dahin.

Restorescreen stellt nach Rückkehr zu unserem Maskeneditor den Bild-
schirm wieder her und löscht die temporäre Datei.

```
savescreen:
        def seg=bildschirmspeicher
        bsave "$$$$$$$$.$$$",0,4000
return


restorescreen:
        def seg=bildschirmspeicher
        bload "$$$$$$$$.$$$",0
        kill "$$$$$$$$.$$$"
return
```

Bildschirmmasken speichern

Bereits erwähnt war die Möglichkeit, Bildschirmmasken entweder mit
Attributen für die spätere Verwendung via Bload abzuspeichern, oder
nur die ASCII-Codes festzuhalten. Die Routine Savestructure nun hält
hierfür alle notwendigen Befehle parat. Die Speicherung kann durch ei-
nen Leerstring als Eingabe für den Dateinamen abgebrochen werden.

```
savestructure:
        textposx=pos(x)
        textposy=csrlin
        locate 25,1
        print string$(79," ");
        locate 25,1
        print "[Datei speichern] Dateiname eingeben:";
        input; "",datei$
        if datei$="" then
                locate textposy,textposx
                gosub status
                return
        end if
```

```
locate 25,1
print string$(79," ");
locate 25,1
```

Systemformat ist das Bsave/Bload-Format.

```
print "A-scii oder S-ystemformat ? ";
do
      e$=inkey$
      e$=ucase$(e$)
loop until e$="A" or e$="S"
print " Einen Moment bitte...";
locate textposy,textposx
```

Die ASCII-Speicherung, z.B. für Ihre Textverarbeitung.

```
if e$="A" then
      open datei$ for output as #1
      for i=1 to 24
           zeile$(i)=""
           for ii=1 to 80
                 zeile$(i)=zeile$(i)+chr$(screen(i,ii))
           next
           zeile$(i)="."+zeile$(i)
           print #1,zeile$(i)
      next
      close 1
elseif e$="S" then
      def seg=bildschirmspeicher
```

Bsave speichert Attribut und Zeichen immer in Pärchen ab. Da unser
Maskeneditor die letzte Zeile sowieso nicht bearbeitet, brauchen wir sie
auch nicht zu speichern. Also ziehen wir die Bytes für die letzte Zeile ab.
Dies sind

80 Zeichen * 2 Bytes (für Attribut und Zeichen) = 160

woraus sich, da der Gesamtbildschirm mit 4000 Bytes gesichert wird,
3860 Bytes für Bsave ergeben.

```
      bsave datei$,0,3840
end if
gosub status
return
```

Bildschirmmasken drucken

Ähnlich wie die Speicherung im ASCII-Format, läuft auch der Ausdruck
der Bildschirmmaske über F6. Nur wird hier eben nicht in eine Datei,
sondern auf den Drucker ausgegeben.

```
printstructure:
        textposx=pos(x)
        textposy=csrlin
        locate 25,1
        print string$(79," ");
        locate 25,1
        print " Einen Moment bitte...";
        locate textposy,textposx
        for i=1 to 24
                zeile$(i)=""
                for ii=1 to 80
                        zeile$(i)=zeile$(i)+chr$(screen(i,ii))
                next
                lprint zeile$(i);
        next
        gosub status
return
```

Bildschirmmasken laden

Die Laderoutine für unseren Editor hat mit dem Problem der zwei
Speichervarianten, ASCII- und Systemformat, zu kämpfen. Das ASCII-
Format wird, da die Attribute hier nicht gespeichert werden, immer klei-
nere Dateien als das Systemformat ergeben. Dieses Unterscheidungs-
merkmal (ASCII Datei kleiner 3000 Bytes, System-Datei größer 3000
Byte) wird benutzt, um den richtigen Lademechanismus zu finden.

```
loadstructure:
        textposx=pos(x)
        textposy=csrlin
        locate 25,1
        print string$(79," ");
        locate 25,1
        print "[Datei laden] Dateiname eingeben:";
        input; "",datei$
```

Ein Leerstring für den Dateinamen und die Ladeoperation wird abgebrochen.

```
if datei$="" then
        locate textposy,textposx
        gosub status
        return
end if
print " Einen Moment bitte...";
locate textposy,textposx
```

Öffnen der Datei zur Längenbestimmung über Lof.

```
open datei$ for input as #1
```

Laden einer ASCII-Datei.

```
if lof(1)<3000 then
        for i=1 to 24
                input #1,zeile$(i)
                locate i,1
                print mid$(zeile$(i),2);
                locate 1,1
        next
        close 1
elseif lof(1)>3000 then
        close 1
```

Laden einer System-Datei.

```
        def seg=bildschirmspeicher
        bload datei$,0
end if
locate 25,1
gosub status
return
```

Bewegung für den Cursor

Die nächsten vier Routinen setzen den Cursor entsprechend dem Willen des Anwenders. Nie jedoch erlauben Sie eine Bewegung außerhalb des Bildschirms. Unter Umständen sind diese Routinen auch für andere Programme nützlich.

```
left:
        if pos(x)>1 then
                locate ,pos(x)-1
        end if
return


right:
        if pos(x)<80 then
                locate ,pos(x)+1
        end if
return


up:
        if csrlin>1 then
                locate csrlin-1,pos(x)
        end if
return


down:
        if csrlin<24 then
                locate csrlin+1,pos(x)
        end if
return
```

Ausgabe der Graphikzeichen

Die Übersetzung der Tasten für die Anlage von Graphikfiguren in die
IBM-Graphikzeichen übernehmen elf kurze Routinen. Immer wird die
aktuelle Rahmenart im Auge behalten.

Rechte Ecke oben.

```
upright:
        if frame=1 then
                print chr$(191);
        elseif frame=2 then
                print chr$(183);
        elseif frame=3 then
                print chr$(184);
        elseif frame=4 then
                print chr$(187);
        end if
return
```

Rechte Ecke unten.

```
lowright:
        if frame=1 then
                print chr$(217);
        elseif fram=2 then
                print chr$(189);
        elseif frame=3 then
                print chr$(190);
        elseif frame=4 then
                print chr$(188);
        end if
return
```

Linke Ecke oben.

```
upleft:
        if frame=1 then
                print chr$(218);
        elseif frame=2 then
                print chr$(214);
        elseif frame=3 then
                print chr$(213);
        elseif frame=4 then
                print chr$(201);
        end if
return
```

Linke Ecke unten.

```
lowleft:
        if frame=1 then
                print chr$(192);
        elseif frame=2 then
                print chr$(211);
        elseif frame=3 then
                print chr$(212);
        elseif frame=4 then
                print chr$(200);
        end if
return
```

Waagerechter Strich.

```
horizontal:
        if frame=1 then
                print chr$(196);
        elseif frame=2 then
                print chr$(196);
        elseif frame=3 then
                print chr$(205);
        elseif frame=4 then
                print chr$(205);
        end if
return
```

Senkrechter Strich.

```
vertical:
        if frame=1 then
                print chr$(179);
        elseif frame=2 then
                print chr$(186);
        elseif frame=3 then
                print chr$(179);
        elseif frame=4 then
                print chr$(186);
        end if
return
```

Abzweig nach rechts.

```
frompoint:
        if frame=1 then
                print chr$(195);
        elseif frame=2 then
                print chr$(199);
        elseif frame=3 then
                print chr$(198);
        elseif frame=4 then
                print chr$(204);
        end if
return
```

Abzweig nach links.

```
topoint:
        if frame=1 then
                print chr$(180);
        elseif frame=2 then
                print chr$(182);
        elseif frame=3 then
                print chr$(181);
        elseif frame=4 then
                print chr$(185);
        end if
return
```

Das Mittelkreuz.

```
cross:
        if frame=1 then
                print chr$(197);
        elseif frame=2 then
                print chr$(215);
        elseif frame=3 then
                print chr$(216);
        elseif frame=4 then
                print chr$(206);
        end if
return
```

Abzweig von oben nach unten.

```
upcross:
        if frame=1 then
                print chr$(194);
        elseif frame=2 then
                print chr$(210);
        elseif frame=3 then
                print chr$(209);
        elseif frame=4 then
                print chr$(203);
        end if
    return
```

Abzweig von unten nach oben.

```
lowcross:
        if frame=1 then
                print chr$(193);
        elseif frame=2 then
                print chr$(208);
        elseif frame=3 then
                print chr$(207);
        elseif frame=4 then
                print chr$(202);
        end if
    return
```

Fehlerbehandlung

Da bei unserem Maskeneditor viel mit Disketten gearbeitet wird,
erscheint es ratsam, die Fehlerroutine etwas aufwendiger zu gestalten. In
Abwandlung werden wir diese Routine auch später wieder gebrauchen
können. Die Arbeit lohnt sich also.

```
fehler:
        textposy=csrlin
        textposx=pos(x)
        locate 25,1
        print string$(79," ");
        locate 25,1
```

```
                 if err=53 then
                         print "Datei nicht gefunden!";
                 elseif err=61 then
                         print "Laufwerk voll!";
                 elseif err=64 then
                         print "Unzulässiger Dateiname!";
                 elseif err=67 then
                         print "Verzeichnis voll!";
                 elseif err=70 then
                         print "Diskette schreibgeschützt!";
                 elseif err=71 then
                         print "Laufwerk nicht bereit!";
                 elseif err=72 then
                         print "Diskette defekt!";
                 elseif err=74 then
                         print "Die Umbenennen-Funktion kann nicht _
                                 kopieren!";
                 elseif err=75 then
                         print "Dateizugriff erfolglos!";
                 elseif err=76 then
                         print "Suchweg existiert nicht!";
                 else
                         print "Es trat ein unbekannter Fehler auf!";
                 end if
                 locate textposy,textposx
                 delay 1
                 gosub status
                 close 1
         resume nextorder
```

Ein- und Ausgaberoutinen

Zum Abschluß nun die auch beim Maskeneditor verwendeten Routinen
Getkey und Prat, die Sie bereits mehrfach beschnuppern durften. Wer Sie
dennoch aus dem Gedächtnis verloren hat, der sei hier an sie erinnert.

```
sub getkey(ascii$,scancode)

        local lowbyte
        local highbyte
        local adress
```

```
            do
                    reg 1,00
                    call interrupt &H16
                    adress=reg(1)
                    highbyte=int(adress/256)
                    lowbyte=adress-highbyte*256
            loop until chr$(lowbyte)<>""

                    ascii$=chr$(lowbyte)
            scancode=highbyte


    end sub



    sub prat(text$,attribute)

            local i
            local ah,al,ax
            local bh,bl,bx


            for i=1 to len(text$)

                    ah=09
                    al=asc(mid$(text$,i,1))
                    ax=int(al+(256*ah))
                    reg(1),ax

                    bh=0
                    bl=attribute
                    bx=int(bl+(256*bh))
                    reg(2),bx

                    reg(3),1

                    call interrupt &H10

            next

    end sub
```

Ausblick

Damit sind wir am Ende unserer Mammut-Arbeit angelangt. Dafür haben Sie aber auch einen Masken-Editor der Nobelklasse erhalten, mit dem Sie sich so mancher lästigen Arbeit entledigen können. Jetzt dürfen Ihre graphischen Überlegungen beim Maskenentwurf endlich ganz im Vordergrund stehen.

Zur Übung können Sie ja als erstes eine Maske für eine ganzseitige Hilfefunktion unseres Editors entwerfen. Sie werden sehen, wie schnell von nun an ansprechende Bildschirme Ihre Programme zieren werden.

6.3 HIGHRES-GRAPHIK AUF DEM SCHNEIDER PC 1512

Programmidee

Dieses Kapitel ist allen Schneider-PC-Besitzern gewidmet, weshalb es von anderen Lesern getrost überschlagen werden kann. Sind die Schneider-User unter sich? Gut, dann können wir loslegen.

Bekanntlich gibt es beim Schneider PC einen besonderen Graphikmodus, mit dem alle sechzehn Farben auf einmal nutzbar sind. Von dieser Fähigkeit macht z.B. Basic2 eifrigen Gebrauch.

Bei anderen IBM kompatiblen PCs - und darauf nimmt TURBO BASIC Rücksicht - kann man aber jeweils nur eine Farbpalette mit vier Farben im Graphikmodus auswählen. Entsprechend bleiben alle Bilder maximal vierfarbig, wenn sie von BASIC aus programmiert wurden. Nur bei Verwendung einer EGA-Karte erlaubt TURBO BASIC mehr Farbe auf dem Bildschirm.

Programmplan

Drum müssen wir mit einigen Tricks arbeiten, um auch unter TURBO BASIC unsere sechzehn Farben zu Gesicht zu bekommen. Dazu schreiben wir mehrere eigene Routinen. Was ist zu tun?

Der Schneider PC kodiert die Farben in vier Bits. Das erste Bit gibt die Intensität, hell oder dunkel, einer Farbe an. Die folgenden drei Bits geben die Vermischung von Rot, Grün und Blau, also den Grundfarben an.

So lassen sich durch verschiedene Bitstellungen sechzehn Farben definieren.

Außerdem muß der spezielle Graphikmodus des PC mit 16 Farben bei 640 mal 200 Bildpunkten gesetzt werden. Die meisten der folgenden Aktionen sind nur mittels Interrupts und anderen Tricks zu lösen. Für die eigenständige Verwendung der Interrupts sei auch hier auf das Kapitel Maschinensprache verwiesen.

Ausführung

In der Routine Highres werden einige Voreinstellungen für den Highres-Modus vorgenommen, die die Arbeit vor allem bei der Farbwahl erleichtern sollen. Highres muß vor Verwendung der Highres-Routinen einmal mit

    call highres

durchlaufen werden.

Die Routine Highres übernimmt die Einstellung des 16-Farben-Modus beim Schneider PC 1512.

```
    sub highres

        shared colourplanewrite
        shared colourplaneread

        screen 2

        reg1,reg(1) and &H00FF or &H0B00
        reg2,15

        call interrupt 16

        colourplanewrite=&H3DD
        colourplaneread=&H3DE


    end sub
```

Ihre Fehlerbehandlung muß nach Aufruf des Highres-Modus unbedingt eine Umschaltung auf den Standard-CGA-Modus enthalten.

```
on error goto highreserrorhandling

call highres

highreserrorhandling:
     screen 2
     print "Fehler gefunden!"
```

Die sechzehn Farben können Sie auch nach der Initialisierung des
Highres-Modus nicht über den BASIC-Befehl Color einstellen. Vielmehr
benutzen Sie die Routine Colour. Als Parameter wird die Nummer der
gewünschten Farbe angegeben.

```
sub colour(colour)

     shared colourplanewrite
     shared colourplaneread

     out colourplanewrite,colour

     if colour=0 or colour=8 then
          out colourplaneread,0
     elseif colour=1 or colour=9 then
          out colourplaneread,0
     elseif colour=2 or colour=10 then
          out colourplaneread,1
     elseif colour=3 or colour=11 then
          out colourplaneread,0
     elseif colour=4 or colour=12 then
          out colourplaneread,2
     elseif colour=5 or colour=13 then
          out colourplaneread,2
     elseif colour=6 or colour=14 then
          out colourplaneread,2
     elseif colour=7 or colour=15 then
          out colourplaneread,2
     end if


end sub
```

Außer dem Befehl Paint funktioniert mit dem vorgestellten Aufruf des
hochauflösenden Graphikmodus jeder Graphikbefehl von TURBO
BASIC.

Für Zweifler der Beweis in einem kleinen Demonstrationsprogramm:

```
call highres

for i=0 to 15
      call colour(i)
      line (50,100+i*5)-(600,100+i*5)
      print " ▒▓█ "
next

screen 1

end
```

7 MICROCALC - In Tabellen kalkulieren

Startdiskette für MICROCALC

Die Tabellenkalkulation stellt eine der Standardanwendungen für Personal Computer dar. Daß Heimsoeth & Borland ein solches Programm TURBO BASIC beigefügt haben, ist ein zusätzliches Bonbon im ohnehin sehr üppigen Lieferumfang.

MICROCALC heißt dieses Programm und befindet sich auf der zweiten TURBO BASIC Diskette. Am besten, Sie erstellen sich eine eigene MICROCALC Arbeitsdisk. Gehen Sie dazu wie folgt vor:

- TURBO BASIC starten

- TURBO BASIC (2) Diskette einlegen

- Programm MC.BAS in den Arbeitsspeicher laden

- MC.BAS (MICROCALC) als EXE-File compilieren. Achten Sie auf den dafür benötigten Speicherplatz auf der Diskette. Es werden circa 90 Kbyte freier Speicherplatz zur Erzeugung des EXE-Files benötigt. Eventuell müssen Sie einige Dateien deshalb zunächst löschen. Eine andere Diskette kann nämlich für das Compilieren nicht eingelegt werden, da MICROCALC mit Include-Files arbeitet, die sich als MC0.INC bis MC8.INC ebenfalls auf der TURBO BASIC zwei Diskette befinden. Diese Include-Files dürfen natürlich keinesfalls gelöscht werden.

- Verlassen von TURBO BASIC zu MS-DOS

- Die Dateien MC.EXE (MICROCALC), MC.HLP (Hilfefunktion des Programms) und MCDEMO (Demo-Tabelle) auf eine MICROCALC Arbeitsdiskette kopieren (die Include-Files werden hier nicht mehr benötigt)

- eventuell weitere DOS-Dienstprogramme auf die Arbeitsdisk kopieren, Platz ist genug. Außerdem kann aus MICROCALC heraus jede DOS-Funktion aufgerufen werden. Dies ist jedoch nur möglich, wenn COMMAND.COM vorhanden ist.

Da das Programm einen kleinen Fehler hat, müssen Sie nun noch die Hilfedatei MC.HLP in NC.HLP umbenennen. Dann kann es losgehen.

MICROCALC kann entweder durch mc [RETURN] oder durch mc gefolgt vom Namen einer Rechentabelle aufgerufen werden. Wir wollen von
der zweiten Version Gebrauch machen:

    mc mcdemo [RETURN]

Damit rufen wir zusätzlich zum Programm auch noch die Beispiel-
Rechentabelle in den Arbeitsspeicher und so bekommen Sie gleich einen
umfassenden Eindruck von den Möglichkeiten MICROCALCS. Und diese
sind alles andere als beschränkt, wie die Autoren bescheiden in ihrer
Hilfefunktion ankündigen. MULTIPLAN sollten Sie aber nun auch wieder nicht erwarten.

Das kleine Ein-Mal-Eins der Tabellenkalkulation

Die Rechentabelle besteht aus den Spalten A bis G, also 7 Spalten und
den Zeilen 1 bis 21, macht insgesamt 147 Felder oder Zellen. Jede dieser
Zellen kann drei Formen annehmen. Entweder kann eine Zahl, oder eine
Buchstabenfolge oder aber eine Rechenformel in ein Feld geschrieben
werden. Welcher Art ein Feld ist, entscheidet das Programm aufgrund
bestimmter Indikatoren selbst.

Fängt das Feld mit +, -, . oder einer Zahl von 0 bis 9 an, so behandelt
MICROCALC die Zelle als numerisches oder Zahlenfeld. Beginnt das
Feld mit einer offenen Klammer, so erwartet MICROCALC eine Formel.
Alle anderen Zeichen und Buchstaben leiten ein Textfeld ein.

Mit den vier Cursortasten oder, wenn vorhanden, mit der Maus kann der
Cursor (zu Beginn steht er auf dem Feld A1) in jedes beliebige Feld bewegt werden. Auch die WordStar-Codes zur Cursorsteuerung können zur
Anwendung kommen. Soll in ein bislang unberührtes Feld etwas eingetragen werden, so muß man den Cursor darauf bewegen und einfach mit
der Schreibarbeit beginnen. Wie bereits bekannt, erkennt das Programm
selbst, welcher Art das Feld ist.

Ist eine Zelle bereits mit Informationen gefüllt, dann kann der Feldinhalt
mit Druck auf F2 bearbeitet werden. Während der Bearbeitung einer Zelle stehen eine Reihe von textverarbeitungsähnlichen Funktionen zur Verfügung:

Control G oder Del	entfernt ein Zeichen
Control V oder Ins	wechselt zwischen Einfüge- und Überschreibmodus
Tab	bewegt den Cursor um eine Spalte
Control A	bewegt den Cursor an den Zellenanfang
Control F	bewegt den Cursor an das Zellenende

Die Eingabe wird mit Return abgeschlossen und dadurch werden auch die Korrekturen übernommen. Allerdings reagiert MICROCALC auf Typenänderung einer Zelle recht störrisch, weshalb schon mehrere Anläufe dafür vonnöten sein können. Soll die Änderung einer Zelle nicht übernommen werden, so kann man den Editierenmodus mit ESC verlassen. Welchen Typ ein Feld hat, wird in der linken unteren Ecke angegeben. Bei Formelfeldern wird zusätzlich die Formel selbst angezeigt. In der Formelzelle sieht man ja nur das Rechenergebnis.

Zahlen dürfen negativ sein und sollten nicht mehr als 6 Nachkommastellen aufweisen, schon der Rechengenauigkeit wegen. Auch die Exponentialdarstellung einer Zahl wie 8.9E-3 ist erlaubt.

Überschreiten Textzellen die normale Spaltenbreite, so wird ein Feld automatisch auf das angrenzende Feld ausgedehnt und als Einheit behandelt.

Am interessantesten für eine Tabellenkalkulation aber sind die Formelfelder. Hier zeigt sich MICROCALC besonders flexibel. Eine Formel wird mit (eingeleitet. Die in der Formel zu verrechnenden Felder werden mit ihrer Spalten/Zeilenposition, z.B. A1, B6, C19 ... G11 usw. aufgerufen.

An Rechenoperationen steht Ihnen eine ungeheure Fülle von Möglichkeiten zur Verfügung: Neben den Grundrechenarten +, -, * und / gibt es ^ (Potenz), ABS (Zahl ohne Vorzeichen), SQR (X zum Quadrat!!!), SQRT (Quadratwurzel), SIN, COS und ARCTAN sowie LN (Logarithmus), LOG (Dekadischer Logarithmus) und EXP (Exponent) zu Ihrer Auswahl. Mit INT kann in eine Integerzahl umgewandelt werden, durch SGN erhält man das Vorzeichen einer Zahl. Außerdem gibt es die Operation Fakultät. Fakultät von 5 z.B. ergibt sich aus 1*2*3*4*5.

Alle Rechnungen können durch Klammern beliebig geschachtelt und miteinander verknüpft werden. Die Länge einer Formel ist ohne Belang.

Damit sollten eigentlich alle Wünsche erfüllt werden. Für kaufmännische Anwendungen dürften aber die Grundrechenarten vollauf genügen. Für die Addition mehrerer Felder, die direkt aneinander grenzen - nebenbei

eine der häufigsten Aufgaben in Tabellenkalkulationen - gibt es noch
eine Abkürzung.

Sollen die Felder A1 bis A20 in A21 addiert werden, so brauchen Sie
nicht

    (A1+A2+A3+A4+A5 usw. bis A20)

zu tippen. Es reicht

    (A1>A20)

um dasselbe Ergebnis zu erreichen. Vergessen Sie aber nicht, daß hierbei
wirklich alle Felder von A1 bis A20 ohne Ausnahme addiert werden.
Wird dies nicht gewünscht, können Sie zum Beispiel schreiben:

    (A1>A9+A11>A20)

So wird A10 ausgelassen. Nun noch ein paar weitere Beispiele für
mögliche Formeln:

    (A1+(B2-C7))
    (A1*B7)
    (F5>G5)

oder

    (SIN(A1)*COS(A2)/((1.2*A8)+(C1>C5)))

Wenn Sie nun ein wenig mit dem Cursor in der Beispieltabelle
umherwandern, werden Sie schnell die Formelfelder finden und sich
noch mehr Beispiele für Formeln ansehen können. Danach wollen wir zu
den Feinheiten von MICROCALC kommen.

Die Befehle

Sicherlich haben Sie schon rechts unten im Menübalken AUTO CALC IS
ON gelesen. Was das bedeutet, erfahren Sie am besten, indem Sie den
Wert in einem beliebigen Zahlenfeld der Beispieltabelle ändern. Sofort
nach Abschluß der Eingabe mit RETURN erscheint blinkend der Hinweis "computing...", kurz danach ändern sich die Werte in den Formelfeldern entsprechend den neuen Gegebenheiten; kurz der Computer hat
fleißig gerechnet, um die Tabelle auf den neuesten Stand zu bringen,
ohne daß Sie etwas dazugetan haben. Eben dies ist AUTOCALC.

Wenn Sie aber beispielsweise jeden zweiten Wert in der Tabelle ändern
wollen, kann die ewige Rechnerei schon nervenaufreibend werden. Das

ging wohl auch den Programmierern von MICROCALC so, weshalb sie einen Ausweg aus der Misere geschaffen haben.

Tippen Sie / für die Eingabe eines Kommandos, wie es auch auf Englisch in der Menüzeile erklärt wird. Sogleich ändert sich das Bild auf unserem Monitor, eine prall gefüllte Menüzeile erfreut das Auge des Betrachters und ganz links finden wir AUTO; eine Abkürzung für Autocalc on/off. Ein kurzer Druck auf a und schon haben wir AUTOCALC abgeschaltet. Nochmaliger Druck auf a und AUTOCALC ist wieder on - Problem gelöst.

Ist AUTOCALC ausgeschaltet und soll dennoch die Tabelle neu berechnet werden, dann hilft r von RECALCULATE. Es erscheint das bekannte "computing..." und die Tabelle wird neu durch kalkuliert. Übrigens funktionieren all diese und die folgenden Befehle nur, wenn das Menü durch / aktiviert wurde (nach Ausführung eines jeden Befehls wird das Menü verlassen) Erkennen können Sie dies an der Menüanzeige. Nur wenn die Befehle angezeigt werden, kann man sie auch aufrufen.

An der Beispieltabelle haben Sie es schon gesehen, die Farbe eines Feldes kann beliebig variiert werden. Nach Tippen der Taste c werden Sie zuerst nach der Vorder- und dann nach der Hintergrundfarbe gefragt. Die Farbe wird mit einer Zahl eingegeben. Wenn Sie sich nicht im Klaren sind, welcher Zahl welche Farbe zugeordnet ist, so hilft eine Farbtabelle weiter. Sie erreichen diese Tabelle, indem Sie die RETURN Taste drücken, ohne vorher eine Zahl für die Farbe eingegeben zu haben. Danach dürfte alles klar sein.

Auch das Format einer Zelle kann geändert werden. Geben Sie f für FORMAT ein. Dann werden Sie gefragt, wieviel Anschläge die aktuelle Spalte haben soll. 11 Anschläge ist die Stan dardvorgabe. Danach können Sie entscheiden, auf wieviele Stellen genau nach dem Komma eine Dezimalzahl angezeigt werden soll. Geben Sie hier -1 ein, benutzt MICROCALC die wissenschaftliche Notation. Schließlich möchte das Programm noch erfahren, für welche Zeilen innerhalb der aktuellen Spalte die Formatangaben gelten sollen.

Die Menüzeile und die Achsen der Tabelle können auf Wunsch ausgeblendet werden. Ein Druck auf b genügt. Sind diese Informationen wieder vonnöten, so hilft erneut das b.

Mit d finden Sie einen Ausgang zum Disk Operating System (DOS), allerdings nur, wenn sich auch COMMAND.COM auf Ihrer MICROCALC Arbeitsdiskette befindet. Sie können dann jeden beliebigen internen Betriebssystembefehl ausführen lassen. Auch externe Befehle sind möglich, wenn auf die entsprechenden Dienstprogramme zugegriffen werden kann.

Wollen Sie unbedingt eine Kurzunterweisung in MICROCALC auf Englisch lesen, dann drücken Sie h. Der Rest erklärt sich selbst, in English of course.

Soll der Bildschirm vom aktuellen Inhalt befreit werden, so empfiehlt es sich, nicht ein Feld nach dem anderen zu löschen, sondern i zu tippen. Init(ialize) ist da besser als jeder Weißwäscher.

Der Befehl u (UPDATE) stellt den Bildschirm wieder her, das klingt großartig, heißt aber nicht mehr, als daß der Bildschirm gelöscht und anschließend neu aufgebaut wird. Man kann den Befehl also getrost vergessen.

Haben Sie MICROCALC nicht von vornherein mit einer bestimmten Tabelle geladen oder wollen Sie nach getaner Arbeit mit Ihrer Privathaushaltsrechnung nun eine Firmenkontobuchung durchführen, dann hilft Ihnen l für LOAD weiter. Sie werden nach dem Namen der zu ladenden Tabelle gefragt, und augenblicklich können Sie sich anderen Aufgaben widmen.

Wenn man Tabellen laden kann, so können sie selbstverständlich auch gespeichert werden. Dies geschieht mit s (SAVE). Sie werden nach einem Dateinamen gefragt, und nach einigem Rumpeln im Diskettenlaufwerk sind Ihre Daten auf Platte gebannt. Allerdings nur dann, wenn auch genügend Speicherplatz zur Verfügung stand. Immerhin verbrauchen die MICROCALC-Tabellen über 23 Kbyte Speicherplatz; unabhängig von der Anzahl der ausgefüllten Felder.

Mit p (PRINT) kann man sich seine Zahlenwerke schwarz auf weiß drucken lassen. Dabei werden Sie nach dem rechten Rand für den Ausdruck gefragt. Hier geht Probieren über Studieren.

Ist Ihnen die Steuerung des Cursors mit Maus, Cursortasten oder Control-Codes zu kompliziert, gibt es auch noch den Befehl g (GOTO). Nach Aufruf dieses Befehls geben Sie einfach den Namen der Zielzelle an, z.B. G7 und drücken RETURN und schon steht der Cursor an der gewünschten Stelle.

Das Ende naht, wenn Sie q (QUIT = Verlassen) drücken. Sie befinden sich dann wieder auf Betriebssystemebene. MICROCALC veranschaulicht sehr deutlich, was ein ambitionierter Programmierer mit TURBO BASIC alles anfangen kann. Wenn Sie was lernen wollen, dann lassen Sie sich einmal das Listing dieses Programms ausdrucken. Vergessen Sie dabei nicht die Include-Files MC0.INC bis MC8.INC. Sie sollten dafür aber 30 Blatt Endlospapier in Reserve haben.

Die Vorschläge der BORLAND-Leute zur Verbesserung von MICRO-CALC sind interessante Anregungen:

- Einbau der Möglichkeit, Inhalte von Feldern zu kopieren

und

- Programmierung von Befehlen zum Einfügen und Löschen ganzer Zeilen und Spalten.

Viel Spaß bei der Arbeit!

8 Fast unbemerkt

Der wohl bekannteste Hintergrundprozeß ist

    On Error Goto

zum Abfangen der allseits unbeliebten Fehler. TURBO BASIC kennt noch eine ganze Reihe weiterer Hintergrundprozesse. Nämlich

    On Key Gosub ...

für bestimmte Tasten,

    On Pen Gosub ...

für den Lightpen und

    On Strig Gosub ...

für Joysticks sowie last but not least

    On Timer Gosub ...

für zeitabhängige Unterroutinen.

Hier soll nicht zum wiederholten Male erklärt werden, wie diese Befehle syntaktisch richtig zu formulieren sind. Dies können Sie sehr gut im zweiten TURBO BASIC Handbuch selbst nachlesen. Vielmehr sollen Sie mit ein paar Vorschlägen versehen werden, was man Nützliches mit den On ... Gosub Befehlen anfangen kann.

8.1 ON KEY GOSUB

Beginnen wir mit On Key Gosub. Sinnvoll erscheint hier das Aufrufen einer Hilfsfunktion auf der Funktionstaste F1. Allerdings muß in der Hilfsroutine dann noch festgestellt werden, woher der Hilferuf kam, und da wird es schwierig. Wenn der Anwender wiederholt falsche Dateinamen eingibt und das Programm um Hilfe anfleht, ist ihm mit Hinweisen über die Programminstallation sicher nicht gedient.

Man kann sich aus der Affaire ziehen, indem man ähnlich TURBO BASIC eine Übersicht über alle vorhandenen Hilfstexte gibt, in der der Anwender sich dann das Gewünschte heraussuchen kann. Eine kontextsensitive Hilfefunktion ist dies aber nicht.

Als Lösung bieten sich zwei Wege an: Man kann z.B. an den einzelnen Programmstellen die Zieladresse für den Hilferuf ändern:

```
programmnamelesen:
      on key ... gosub hilfeprogrammnamelesen
programmausgeben:
      on key ... gosub hilfeprogrammausgeben
programmverlassen:
      on key ... gosub hilfeprogrammverlassen
```

Bei einem komplexen Programm schreibt man dann aber recht häufig den
Befehl On Key, weshalb von dieser Methode abgeraten werden soll. Besser ist die Verwendung einer Kennvariablen, z.B.

```
h%
```

für Hilfenummer. Sie schreiben nun in ihrem Programm

```
on key ... gosub hilfe

programmlesen:
      h%=1
programmausgeben:
      h%=2
      programmverlassen:
      h%=3


hilfe:
      if h%=1 then
            print "blablabla"
      elseif h%=2 then
            print "blubberdiblubb"
      elseif h%=3 then
            print "schluchz"
      else
            print "Ich hab auch keine Ahnung, wie das gehen soll."
      end if


return
```

Weiterhin sei Ihnen angeraten, bestimmte Standardoperationen wie z.B.
das Anzeigen des Directorys über On Key abzufangen. Der Anwender
möchte doch immer wissen, ob Ihr Programm schon seine Daten vernichtet hat, oder nicht.

Auch Utilities, wie Terminkalender, Uhren, Taschenrechner etc. holt sich
ein Anwender, wenn's geht, gerne zu jeder Tages- und Nachzeit auf den
Bildschirm. Ihr Programm sollte diesen Wünschen nicht feindlich gegenüberstehen.

Nicht zuletzt kann es auch sinnvoll sein, den Programmabruch über On Key zu aktivieren. So muß der Anwender nicht jedesmal warten, bis das Programm ihm gnädigerweise das Verlassen gestattet. Vielleicht hat der leidgeprüfte Benutzer Ihrer Software schon genug, bevor Sie überhaupt erst richtig losgelegt haben. Ihm sollte der Ausstieg genehmigt werden, bevor er sich entschließt, die Reset-Taste zu drücken.

8.2 WEITERE ON ... GOSUBS

Soweit zu On Key. On Pen wollen wir uns ersparen, da die Verbreitung des Lichtgriffels - ein fürchterliches deutsches Wort - doch nicht allzuweit vorangeschritten ist. Daß dies am Namen liegt, wagt der Autor nicht zu behaupten. Die Maus, ein On Mouse gibt es leider nicht, ist jedenfalls wesentlich erfolgreicher. Von ihr wird im Kapitel "Für Spezialisten" noch ausführlich die Rede sein.

Mit On Strig, also dem Joystick, sollten Sie nur in Spielen und nicht in Textverarbeitungen, Tabellenkalkulationen und Datenbanken arbeiten. Eventuell darf auch noch ein Graphikprogramm als Testobjekt für On Strig herangezogen werden. Doch denken Sie auch bei On Strig daran, daß sich der Joystick, zumindest auf Personal Computern (dies sind ernsthafte Computer, die ursprünglich zum Arbeiten und nicht zum Spielen gedacht sind!) ebenso wie der Lichtgriffel nicht allzu großer Beliebtheit erfreut.

Bei Spielen sind die Funktionen des Joystick schnell abgehakt. Die Steuerung des Auf und Ab eines Kampfflugzeuges sowie der Abschuß böswilliger außergalaktischer Raumschiffe sind die Aufgaben des Killstick. Bei Malprogrammen kommen mausähnliche Operationen hinzu, wie das Hin- und Herbewegungen von Pinseln, Sprühdosen, Farbeimern und ähnlichem mehr.

8.3 ÄRGER HINTER DER BÜHNE

Die Hintergrundprozesse sind unter TURBO BASIC leider nicht ohne Wermutstropfen. Die Hin- und Rücksprünge zwischen den einzelnen Programmteilen werden nicht immer hundertprozentig richtig durchgeführt. Wenn also Ihr Programm nach einem Sprung in eine On ... Gosub Routine nicht richtig funktioniert, so muß dies nicht an Ihren Programmierkünsten liegen. Im Zweifelsfall schalten Sie an kritischen Programmpunkten das On ... Gosub einfach kurzfristig ab. Hier geht Probieren über Studieren.

Ein weiterer Nachteil ist die Verlangsamung des gesamten Programms, da ständig die On Bedingung überprüft werden muß und ein Programm einen Großteil seiner Arbeitskraft auf diese oft unnötige Arbeit verschwendet. Dies ist besonders ärgerlich bei Programmodulen, die auf Höchstgeschwindigkeit getrimmt werden sollen, wie z.B. Fensterverwaltungen und Sortierroutinen.

Mit dem Compiler-Befehl

    $event on/off

können Sie diesem Problem aber mannhaft begegnen. Ein

    $event off

vor die Sortierroutine im Quelltext und ein

    $event on

dahinter, und Sie sind aller Sorgen entledigt. Der Compiler fügt in die Sortierroutine keine On ... Gosub Überprüfungen ein, der Code wird hier also ungemein schneller, allerdings funktioniert hier eben kein Hintergrundprozeß.

Letzter und geringster Nachteil ist, daß On ... Gosubs den Programmcode um einiges aufblähen. Sie sollten deshalb nicht bei jeder Gelegenheit die Hintergrundprozesse bemühen, wenn es auch anders geht. Nicht jede Verwendung von On ... Gosub ist sinnvoll und notwendig. Beherzigen Sie dies und Ihre Programme sind frei von unnötigem Ballast.

9 Wem die Stunde schlägt

9.1 UHRZEITANZEIGE

Widmen wir uns nun On Timer. Für zeitbewußte Anwender ist eine ständig aktualisierte Uhrzeitanzeige innerhalb eines Programms sicherlich eine feine Sache. Mit On Timer können Sie, je nachdem welche Genauigkeit Sie wünschen, in Sekunden- oder Minutenabstand eine Zeitansage aufrufen. Vom Sekundentakt sei Ihnen aber abgeraten, oder wollen Sie, daß Ihr Programm außer der Uhrzeitanzeige nichts Vernünftiges zuwege bringt?

9.2 HINTERGRUNDDRUCK

Was wäre eine Textverarbeitung ohne Hintergrunddruck? Wieso soll nicht auch Ihr Texteditor, erstellt in TURBO BASIC, den Hintergrunddruck beherrschen?

Mit On Timer Gosub ist dies zumindest theoretisch kein Problem, sogar, wenn Sie gleich eine Druckerwarteschlange mitprogrammieren.

Sie schreiben eine Prozedur, die aus einer Dateinamenliste eine Datei nach der anderen ausliest und druckt. Diese Routine lassen Sie z.B. alle halbe Minute anspringen. Das optimale Verhältnis zwischen Ansprung der Routine, Arbeitsdauer der Routine und Ausdruckmenge hängt von der Geschwindigkeit des verwendeten Druckers ab.

Damit die Routine auch beim nächsten Aufruf noch weiß, wo sie aufgehört hat, benutzen Sie für die zuletzt gedruckte Zeile und die geöffnete Datei static Variablen als Merker. Damit haben Sie wohl genügend Anregungen erhalten, um sich an das Programmieren Ihrer ganz persönlichen Drucker-Utility zu begeben.

9.3 DER BEFEHL MTIMER

Für ganz Eilige und pedantisch Genaue bietet TURBO BASIC noch einen neuen Zeitnehmer Befehl Mtimer.

    mtimer

setzt diesen Mikrosekundenzähler auf Null. Mit

    zeit=mtimer

können Sie sich dann zu jeder Zeit über die seit dem Mtimer-Befehl
vergangenen Mikrosekunden informieren. Normalerweise dürfte Timer
auch weiterhin ausreichen. Wenn Sie aber Programme auf Geschwindigkeit hin trimmen wollen, kann mtimer beim Auffinden der schnellsten
Version einer Unterroutine schon gute Dienste leisten.

9.4 DER BEFEHL DELAY

Ist alles aber weit weniger eilig, haben Sie vielmehr Zeit für eine Pause,
dann brauchen Sie nicht mehr wie früher eine umständliche Leerschleife

    for i=1 to 100
    next

für eine Pause zu programmieren. Eine einsekundenlange Pause erreichen
Sie mit

    delay 1

Solche Pausen sind z.B. für das Bewundern Ihrer Copyright-Meldung angesagt oder in einem Ihrer Spiele als Bestrafung allzu schlechter Spieler
geeignet.

10 Es ist noch kein Meister vom Himmel gefallen

Leider müssen wir uns, wenn auch kurz, mit dem Thema Fehlerbehandlung beschäftigen. Über die Syntaxfehler, die bereits beim Compilieren von TURBO BASIC gemeldet werden, haben wir uns schon am Anfang dieses Buches unterhalten. Hier soll es deshalb um die Laufzeitfehler und deren (hoffentlich immer möglichen) Beseitigung gehen.

Tritt während der Abarbeitung eines Programms ein Fehler auf, so springt TURBO BASIC ähnlich wie beim Abbruch des Compilierens zurück in den Editor. Der Cursor zeigt auf die Fehlerstelle. Allerdings muß diese Stelle nicht immer der tatsächlichen Fehlerquelle entsprechen. Dazu ein Beispiel:

        teiler=0

        print 50/teiler

Der Compiler würde hier keinen Fehler melden, denn syntaktisch ist in diesem Programm alles in bester Ordnung. Es gäbe aber einen Laufzeitfehler, da eine Division durch Null nicht erlaubt ist. Jedoch zeigt der Cursor anschließend im Editor auf die Print-Zeile, da hier der Fehler auftritt. Die Fehlerursache aber liegt in der Variablenzuteilung

        teiler=0

10.1 DAS DEBUG-MENÜ

Wenn das Programm nicht so klein wie das obige Beispiel ist, kann die Suche nach der tatsächlichen Fehlerquelle alles andere als leicht sein. Aber noch haben wir einen Trumpf im Ärmel, denn TURBO BASIC verfügt im Debug Menü noch über den Schalter

        trace on/off

Ist dieser Schalter auf On gestellt, wird ein compiliertes Programm im Einzelschrittmodus gefahren. Einzelschrittmodus heißt, daß das Programm Unterprogramm für Unterprogramm, Prozedur für Prozedur unterbrochen wird. Diese Unterbrechung kann einem zeigen, inwieweit das Programm noch einwandfrei funktioniert. Der zuletzt ausgeführte Programmteil wird im Trace-Fenster protokolliert. Sind keine Zeilennummern vorhanden, wird das zuletzt durchlaufene Label angezeigt. Zum nächsten Programmschritt gelangt man mit Alt F9. Wenn auch dies nicht weiterhilft, sollten Sie sich überlegen, ob Sie in Zukunft nicht mit mehr Plan an die Arbeit gehen und strukturierter programmieren sollten.

Trace funktioniert übrigens auch bei EXE-Dateien. Natürlich nur wenn Sie unter Zuhilfenahme dieses Schalters compiliert wurden.

10.2 FEHLER IN EXE-FILES

Bei einem EXE-File können Sie allerdings schwerlich in den Editor zurückversetzt werden. Dieses EXE-File ist ja stand alone, wurde also nicht von TURBO BASIC aus gestartet, folglich auch nicht in dessen Editor geladen. Über eventuelle Fehler werden Sie aber dennoch informiert mit der Zeile

        Fehler xy , pgm-ctr xyz

Die Fehlernummer können Sie in der Fehlerübersicht nachschlagen. Die Ziffer hinter pgm-ctr kann Ihnen bei der Suche nach der Fehlerstelle weiterhelfen. Sie müssen dazu zunächst diese Nummer notieren, dann den Quellcode des EXE-Programms in den Editor von TURBO BASIC laden und schließlich im Debug Menü unter Run Time Error die eben notierte Zahl eintragen. Die Zahl entspricht dem Programmzählerstand zum Zeitpunkt des Fehlers. Anhand dieser Zahl wird das Programm nach der Fehlerstelle durchsucht - dabei auch erneut compiliert -, und der Cursor wie bei einer Nicht-EXE-Datei auf die vermutliche Fehlerstelle gesetzt.

10.3 FEHLERADRESSEN

Jedes bessere Programm aber, das wissen Sie selbst, verfügt über eine eigene Fehlerbehandlung, die über On Error Goto aufgerufen wird. Daß man über Err und Erl die Fehler näher analysieren kann, bevor sie einer Behandlung zugeführt werden, ist Ihnen ebenfalls bekannt. Da gibt es nicht viel Neues zu berichten, abgesehen von Eradr.

Eradr liefert einen zu Erl äquivalenten Wert. Eradr liefert nicht die Fehlerzeile, sondern den Programmzählerstand zum Zeitpunkt, da der Fehler auftrat. Eradr kann also auch in Programmen ohne Zeilennumerierung verwendet werden, Erl hingegen nicht.

Sollte Ihr Programm derart umfangreich werden, daß Sie die Fehlermeldungen am liebsten streichen möchten, so sei Ihnen der Ausweg auf eine Random-Datei empfohlen. Entsprechend den Fehlernummern bilden Sie dort Datensätze, die die Fehlermeldungen enthalten und bei Bedarf gelesen werden.

Hoffen wir gemeinsam, daß nie eine Fehler-Nuß so hart sein wird, daß Sie sie nicht knacken können.

11 Kommunikation mit dem System

11.1 UNTER DER SCHALE - DER BEFEHL SHELL

Viele Programmieraufgaben wie z.B. das Auflisten eines Inhaltsverzeichnisses sind nicht gerade neu. Umso seltsamer mutet es an, wenn immer wieder nach Lösungen für diese Klassiker gesucht wird, sind sie doch schon längst von professionellen Programmierern hin- und her gedreht worden.

Das Betriebssystem MS-DOS erlaubt zudem den direkten Zugriff auf seine Problemlösungen mittels Interrupts oder von BASIC aus noch einfacher über den Shell-Befehl. Lange hat es trotzdem gedauert, bis man in schlauen Büchern - wie dem Vorliegenden - lesen konnte, daß alle großartigen Sortierroutinen unnötig sind, weil es in MS-DOS schon den Filter Sort gibt.

Jede Datei kann mit

        type dateiname|sort

bestens sortiert werden. Das auch Sort die Umlaute nicht richtig einordnet, ist kein Manko, denn die meisten vorgestellten Sortierroutinen versagen bei dieser Aufgabe ebenfalls den Dienst. Sort kann man von BASIC aus durch folgende Zeile nutzen:

        shell "type "+dateiname$+"|sort"

Vergleichen Sie diesen Programmieraufwand mal mit den Dateien RECQUICK.BAS bzw. QUIKSORT.BAS auf Ihren TURBO BASIC Disketten. Diese stellen den Quicksort-Algorithmus zum Sortieren von Daten zur Verfügung, einmal rekursiv und einmal herkömmlich programmiert. Da diese Algorithmen kaum schneller sind als Sort (es müßte ja erst noch eine Datei komplett gelesen werden, bevor sie von Quicksort sortiert werden kann) fragt man sich, wozu die Arbeit ?

Programmidee

Was liegt also näher, als den Shell Befehl weitlich auszunutzen, z.B. für ein menügesteuertes MS-DOS. Das folgende Programm EASY DOS verwirklicht eine großzügige Auswahl von Shell-Anwendungen.

Programmplan

Hauptarbeitsgebiete für das DOS sind die Dateien und Verzeichnisse, die
Speicherinhalte, sowie die Datenträger, also die Speichermedien. Ent-
sprechend dieser Arbeitsgebiete werden über das Hauptmenü und einige
Untermenüs die DOS-Befehle in Gruppen gegliedert. Am Ende des
Menübaums steht jeweils ein direkt ausführbarer DOS-Befehl, der über
die Shell-Anweisung von EASY DOS angesprochen wird.

Dieses Programmskelett wird umrahmt von Menübildschirmen, Hilfstex-
ten und Sicherheitsabfragen, um die Arbeit für den Anwender leicht und
angenehm zu gestalten, gleichzeitig aber immer höchste Sicherheit für die
Daten und Datenträger zu gewährleisten.

EASY DOS - MSDOS menügesteuert

Damit Sie sich bei der Anwendung dieses Programms auch immer an
seinen Autor erinnern, beginnen wir mit einem Begrüßungsbildschirm.

```
on error goto fehler

cls
print string$(31,"=");" Easy DOS - 1.0 ";string$(31,"=");
print
print
print " Written by Martin Böhmer in 1987"
print
print "     Welcome!"
print
print
print string$(80,"=");
delay 2
```


Setup-Dateien für EASY DOS

Um das Programm einigermaßen flexibel auf verschiedene Hardwarekon-
figurationen und Softwareinstallationen reagieren zu lassen, erstellen wir
z.B. mit RPED eine Datei "easy.dat", die sich im selben Verzeichnis wie
EASY DOS befinden muß. Diese Datei soll enthalten:

- die Bildschirmfarbe für EASY DOS kodiert als Zahl zwischen 0 und 15 (siehe TURBO BASIC Handbuch bei Color)

- das Startlaufwerk (a: b: c:)

- das Startverzeichnis (\ oder \easydos\)

- das Hilfsverzeichnis (hier befinden sich alle benötigten MS-DOS-Dienstprogramme wie find und sort)

Diese Datei könnte z.B. wie folgt aussehen:

```
3
a:
\
\dos
```

Damit bei einem Computer ohne Festplatte nicht immer eine EASY DOS Diskette mit den benötigten MS-DOS-Dienstprogrammen vorhanden sein muß, erwartet das Programm diese Dateien in der RAM-Disk (Laufwerksbezeichnung C:). Der Hilfsverzeichnisname ist bei dieser Konfiguration C:\ . Das Kopieren aller Dateien auf die RAM-Disk übergeben wir an einen Batch-Job, der nach getaner Arbeit auch gleich noch unser Menüprogramm startet. EASY DOS muß hier also immer über die unten abgedruckte Batch-Datei gestartet werden. Festplattenbesitzer haben damit nichts zutun, sie brauchen weder Batch-Job noch indirekten Programmaufruf.

```
copy a:diskcopy.exe c:
copy a:find.exe  c:
copy a:format.exe c:
copy a:more.com c:
copy a:sort.exe c:
copy a:tree.exe c:
copy a:xcopy.exe c:
copy a:command.com c:
set comspec=c:\command.com
easydos
```

Um nun dem Programm auch etwas vom Inhalt von "easy.dat" mitzuteilen, öffnen wir diese Datei mit

```
open "easy.dat" for input as #1
      input #1, farbe
      input #1, startlaufwerk$
      input #1, startverzeichnis$
      input #1, hilfsverzeichnis$
close 1
```

und lesen sie aus. Anschließend begeben wir uns mit den ersten beiden Shell-Anweisungen in das Startlaufwerk und wechseln ins Startver- zeichnis. Außerdem wird die gewünschte Farbe eingestellt.

```
shell startlaufwerk$
shell "cd "+startverzeichnis$
lwerk$=startlaufwerk$
verznam$=startverzeichnis$
color farbe,0
```

Das Hauptmenü

Das folgende Hauptmenü gibt uns gleich einen Überblick über die von EASY DOS beherrschten Funktionen. Viel wird nicht ausgelassen.

```
hauptmenue:
cls
PRINT string$(31,"=");" Easy DOS - 1.0 ";string$(31,"=");
print "1 Laufwerkswechsel"
print "2 Verzeichniswechsel"
print
print "3 Inhaltsverzeichnis"
print "4 Verzeichnisse auflisten"
print
print "5 Uhr und Datum"
print
print "6 Programme"
print "7 Dateien"
print "8 Verzeichnisse"
print "9 Disketten"
print
print "ESC Ende"
print string$(15,"=");" Laufwerk ist ";lwerk$;_
      " Verzeichnis ist ";verznam$
print " Bitte wählen Sie."
```

Nun wählen Sie mal schön. Der Verteiler sorgt dafür, daß auch die ge- wünschte Funktion aufgerufen wird.

```
10 wahl$=inkey$:if wahl$="" then 10
if wahl$=chr$(27) then
      goto ende:
elseif wahl$="9" then
      gosub disk:
elseif wahl$="8" then
      gosub verze:
elseif wahl$="7" then
      gosub datei:
elseif wahl$="6" then
      gosub prog:
elseif wahl$="5" then
      gosub datum:
elseif wahl$="4" then
      gosub verz:
elseif wahl$="3" then
      gosub inhalt:
elseif wahl$="2" then
      gosub verzwe:
elseif wahl$="1" then
      gosub lwerk:
end if
goto hauptmenue:
```

Inhaltsverzeichnisse auflisten

Die Unterfunktion Inhalt kann die Dateien im aktuellen Verzeichnis nach
Namen, Typen, Größe oder Datum sortieren, oder aber bestimmte Da-
teien heraussuchen. Dabei machen wir ausgiebigen Gebrauch von Dir,
Sort und More.

Bei der Sortierung nach den verschiedenen Kriterien ist die Tatsache
behilflich, daß MS-DOS das Inhaltsverzeichnis in immer gleicher tabella-
rischer Form aufbaut. An erster Stelle steht der Dateiname, an Tab 9 der
Dateityp, an Tab 13 die Dateigröße und an Tab 24 das Erstellungs-/Än-
derungsdatum.

Für die Ausführung der Befehle wird immer ins Hilfsverzeichnis, wo
sich die MS-DOS-Dienstprogramme befinden sollten, gewechselt. Dir
wird deshalb mit dem Verzeichnisnamen und *.* aufgerufen. Nach Been-
digung eines Befehls kehrt das Programm wieder ins aktuelle Verzeichnis
zurück.

```
inhalt:
    cls
    PRINT string$(31,"=");" Easy DOS - 1.0 ";string$(31,"=");
    print "1 Sortiert nach Namen "
    print "2 Typen "
    print "3 Größe"
    print "4 Datum"
    print
    print "5 Bestimmte Dateien"
    print
    print "ESC Hauptmenü"
    print string$(15,"=");" Laufwerk ist ";lwerk$;_
        " Verzeichnis ist ";verznam$
    print "Bitte wählen Sie."

    20 wahl$=inkey$:if wahl$="" then 20
    cls
    print "Einen Moment bitte ..."
```

Und der Verteiler inclusive Befehlsausführung.

```
    if wahl$=chr$(27) then
        return
    elseif wahl$="5" then
        input "Suchmaske: ",maske$
        shell "C:"
        shell "cd "+hilfsverzeichnis$
        shell "dir "+verznam$+maske$+"|sort|more"
    elseif wahl$="4" then
        shell "C:"
        shell "cd "+hilfsverzeichnis$
        shell "dir "+verznam$+"*.*|sort /+24|more"
    elseif wahl$="3" then
        shell "C:"
        shell "cd "+hilfsverzeichnis$
        shell "dir "+verznam$+"*.*|sort /+13|more"
    elseif wahl$="2" then
        shell "C:"
        shell "cd "+hilfsverzeichnis$
        shell "dir "+verznam$+"*.*|sort /+9|more"
    elseif wahl$="1" then
        shell "C:"
        shell "cd "+hilfsverzeichnis$
        shell "dir "+verznam$+"*.*|sort|more"
    end if
```

```
shell lwerk$
if verznam$<>"\" then
        shell "cd "+left$(verznam$,len(verznam$)-1)
else
        shell "cd "+verznam$
end if
gosub weiter
goto inhalt:
```

Programmende

Ganz einfach ist das Ende von EASY DOS programmiert.

```
ende:
    cls
    end
```

Laufwerkswechsel

Das Unterprogramm Lwerk übernimmt den Wechsel auf andere Lauf-
werke. Sicherheitshalber wird dabei immer auch in das Hauptverzeichnis
des neuen Laufwerks gewechselt.

```
lwerk:
    cls
    PRINT string$(31,"=");" Easy DOS - 1.0 ";string$(31,"=");
    print "1 Laufwerk A:"
    print "2 Laufwerk B:"
    print "3 Laufwerk C:"
    print "4 Laufwerk D:"
    print
    print "ESC Hauptmenü"
    print  string$(15,"=");" Laufwerk ist ";lwerk$;_
        " Verzeichnis ist ";verznam$
    print "Bitte wählen Sie"

30 wahl$=inkey$:if wahl$="" then goto 30

    if wahl$=chr$(27) then
        return
```

```
        elseif wahl$="4" then
                verznam$="D:\"
                lwerk$="D:"
                shell "d:"
                shell "cd "+verznam$
                print "Laufwerk ist D:"
        elseif wahl$="3" then
                verznam$="C:\"
                lwerk$="C:"
                shell "c:"
                shell "cd "+verznam$
                print "Laufwerk ist C:"
        elseif wahl$="2" then
                verznam$="B:\"
                lwerk$="B:"
                shell "b:"
                shell "cd "+verznam$
                print "Laufwerk ist B:"
        elseif wahl$="1" then
                verznam$="A:\"
                lwerk$="A:"
                shell "a:"
                shell "cd "+verznam$
                print "Laufwerk ist A:"
        end if
        gosub weiter
        goto lwerk:
```

Untermenü Verzeichnisse

Verzeichnisse können eingerichtet und gelöscht sowie in verschiedene
Richtungen kopiert werden. Dabei sind nicht alle möglichen, sondern nur
die sinnvollen Anwendungen des Befehls Xcopy berücksichtigt. Vor den
Lösch- und Kopiervorgängen erfolgen Sicherheitsabfragen, die wir weiter
unten programmieren wollen, da sie auch für andere Funktionen benötigt
werden.

```
    verze:
        cls
        PRINT string$(31,"=");" Easy DOS - 1.0 ";string$(31,"=");
        print "1 Einrichten"
        print "2 Löschen "
        print
```

```
        print "3 Kopieren von A: nach B:"
        print "4 Kopieren von C: nach A:"
        print "5 Kopieren von A: nach C:"
        print
        print "ESC Hauptmenü"
        print  string$(15,"=");" Laufwerk ist ";lwerk$;_
               " Verzeichnis ist ";verznam$
        print "Bitte wählen Sie"

40 wahl$=inkey$:if wahl$="" then goto 40

        if wahl$=chr$(27) then return

        input "Verzeichnisname: ",verz$

        if wahl$="1" then
                shell "md "+verz$
                print "Verzeichnis ";verz$;" eingerichtet"
                gosub weiter
        elseif wahl$="2" then
                gosub warnen2
        elseif wahl$="3" then
                input "Zielverzeichnis: ",zielverz$
                gosub warnen
        elseif wahl$="4" then
                input "Zielverzeichnis: ",zielverz$
                gosub warnen
        elseif wahl$="5" then
                input "Zielverzeichnis: ",zielverz$
                gosub warnen
        end if

        if wahl$="2" and wahl1$="j" then
                shell "rd "+verz$
                print "Verzeichnis ";verz$;" gelöscht"
                gosub weiter
        elseif wahl$="3" and wahl1$="j" then
                shell "C:"
                shell "cd "+hilfsverzeichnis$
                shell "xcopy a:"+verz$+" b:"+zielverz$+" /e /s"
        elseif wahl$="4" and wahl1$="j" then
                shell "C:"
                shell "cd "+hilfsverzeichnis$
                shell "xcopy c:"+verz$+" a:"+zielverz$+" /e /s"
```

```
      elseif wahl$="5" and wahl1$="j" then
            shell "C:"
            shell "cd "+hilfsverzeichnis$
            shell "xcopy a:"+verz$+" c:"+zielverz$+" /e /s"
end if
shell lwerk$
shell "cd "+verznam$
goto verze:
```

Das Datei-Untermenü

Interessante Möglichkeiten bietet auch das Dateimenü. Zunächst muß
eine bestimmte Datei oder eine Gruppe von Dateien ausgewählt werden.
Nicht alle Funktionen arbeiten mit mehreren Dateien, z.B. Type. Nach
der Auswahl einer Datei/Dateigruppe kann man sich diese ansehen (type)
oder ausdrucken (type >prn). Die Datei kann umbenannt, gelöscht oder
kopiert werden. Ein Bonbon ist der Punkt Suchen. Man gibt einen Suchbegriff ein, und die ausgewählte Datei wird daraufhin durchsucht. Als
Ergebnis werden alle Fundstellen des Suchbegriffs und die Anzahl der
Fundstellen angezeigt.

```
      datei:
            cls
            PRINT string$(31,"=");" Easy DOS - 1.0 ";string$(31,"=");
            print "1 Datei anwählen"
            print
            print "2 Ansehen"
            print "3 Drucken"
            print "4 Umbenennen"
            print "5 Löschen"
            print "6 Suchen"
            print "7 Kopieren"
            print
            print "ESC Hauptmenü"
            print string$(15,"=");" Laufwerk ist ";lwerk$;_
                  "  Verzeichnis ist ";verznam$
            print "Ausgewählte Datei ist: ";datnam$
            print "Bitte wählen Sie."
            dateinam$=""2
            dateinam$=verznam$+datnam$

50 wahl$=inkey$:if wahl$="" then goto 50
```

```
    if wahl$=chr$(27) then
        return
elseif wahl$="7" then
        input "Zieldatei: ",ziel$
        shell "copy "+dateinam$+" "+ziel$
elseif wahl$="6" then
        input "Suchwort: ",such$
        cls
        shell "C:"
        shell "cd "+hilfsverzeichnis$
        print "Einen Moment bitte ..."
        print "Durchsuchte Datei: ";datnam$;_
            " Suchbegriff: ";such$
        shell "type "+verznam$+datnam$+"|find "+_
            string$(1,chr$(34))+such$+_
            string$(1,chr$(34))+"|more"
        locate 25,1
        print
        print "Anzahl Fundstellen:"
        shell "type "+verznam$+datnam$+" | find /c"+_
            string$(1,chr$(34))+such$+string$(1,chr$(34))
        gosub weiter
elseif wahl$="5" then
        gosub warnen2
        if wahl1$="j" then
            kill dateinam$
        end if
elseif wahl$="4" then
        input "Neuer Name: ",neunam$
        name datnam$ as neunam$
        datnam$=neunam$
elseif wahl$="3" then
        cls
        print "Einen Moment bitte..."
        shell "type "+datnam$+" >prn"
elseif wahl$="2" then
        cls
        print "Einen Moment bitte..."
        shell "C:"
        shell "cd "+hilfsverzeichnis$
        print "Ausgegebene Datei: ";datnam$
        shell "type "+verznam$+datnam$+" | more"
        gosub weiter
```

```
        elseif wahl$="1" then
                input "Dateiname: ",datnam$
        end if
        shell lwerk$
        shell "cd "+verznam$
        goto datei:
```

Das Untermenü Programme

Vielseitige Anwendungsmöglichkeiten bietet die Routine Prog(ramme).
Jedes beliebige EXE- oder COM-File kann von hieraus gestartet werden.
Nach Ausführung des Programms kehrt MS-DOS wieder zu EASY DOS
zurück. Man bleibt also vor und nach der Ausführung von Anwenderprogrammen innerhalb der Eigenbau-Benutzeroberfläche.

Natürlich lassen sich über diese Schnittstelle auch andere nicht in EASY
DOS erfaßte MS-DOS Dienstprogramme aufrufen, als Beispiel sei nur
Debug genannt.

```
    prog:
        cls
        input "Welches Programm soll gestartet werden ? ",prog$
        shell prog$
        gosub weiter
    return
```

Uhrzeit und Datum

Für Zeitbewußte ist das Unterprogramm Uhrzeit und Datum gedacht.
Neben dem Ändern beider Daten ist natürlich auch die Datums- und
Uhrzeitanzeige vorgesehen.

```
    datum:
        cls
        print string$(31,"=");" Easy DOS - 1.0 ";string$(31,"=");
        print "1 Uhrzeit stellen"
        print "2 Datum einstellen"
        print
        print "3 Uhrzeit und Datum anzeigen"
        print
```

```
            print "ESC Hauptmenü"
            print string$(15,"=");" Laufwerk ist ";lwerk$;_
                    "  Verzeichnis ist ";verznam$
            print "Bitte wählen Sie"

        70 wahl$=inkey$:if wahl$="" then 70

            if wahl$="1" then
                    shell "time"
            elseif wahl$="2" then
                    shell "date"
            elseif wahl$="3" then
                    gosub zeit
            elseif wahl$=chr$(27) then
                    return
            end if
            goto datum:


    zeit:
            zeile=csrlin:spalte=pos(x)
            locate 24,1
            print "Es ist ";time$;" Uhr - Datum: ";date$;
            locate zeile,spalte
            gosub weiter
    return
```

Verzeichnisse auflisten

Eine Übersicht über die Verzeichnisstruktur einer Diskette oder einer
Festplatte gibt das Unterprogramm Verz(eichnis). Der besseren Übersicht
halber wird der Filter More verwendet, der die Ausgabe bei Erreichen
des Seitenendes anhält. Mit einem Tastendruck geht es weiter.

```
verz:
      cls
      print "Einen Moment bitte..."
      shell "c:"
      shell "cd "+hilfsverzeichnis$
      shell "tree "+lwerk$+"|more"
      shell lwerk$
      shell "cd "+verznam$
      gosub weiter
return:
```

Verzeichnisse wechseln

Der Verzeichniswechsel könnte auch ohne Shell-Aufruf direkt in
TURBO BASIC programmiert werden, wir benutzen hier dennoch Shell,
um beim Thema des Kapitels zu bleiben.

```
verzwe:
      cls
      print "Name des alten Verzeichnisses: ";verznam$
      input "Name des neuen Verzeichnisses: ",verznam$
      shell "cd "+verznam$
      print "Neues Verzeichnis ist ";verznam$
      if verznam$<>"\" then verznam$="\"+verznam$
      if right$(verznam$,1)<>"\" then verznam$=verznam$+"\"
      gosub weiter
return
```

Diskettenoperationen

Mit dem Unterprogramm Disk(ette) werden die Diskettenarbeiten wie
Formatieren und Kopieren erledigt. Ebenso wie bei Xcopy für Verzeichnisse sind auch bei Diskcopy nur die sinnvollen Kopierrichtungen stan-
dardmäßig erfaßt. Selbstverständlich wird vor einem Formatier- bzw.
Kopiervorgang eine Sicherheitsabfrage eingeführt.

```
disk:
        cls
        PRINT string$(31,"=");" Easy DOS - 1.0 ";string$(31,"=");
        print "1 Formatieren in A:"
        print "2 Formatieren in B:"
        print
        print "3 Kopieren von A: nach B:"
        print "4 Kopieren von C: nach A:"
        print "5 Kopieren von A: nach C:"
        print
        print "ESC Hauptmenü"
        print  string$(15,"=");" Laufwerk ist ";lwerk$;_
               " Verzeichnis    ist ";verznam$
        print "Bitte wählen Sie"


80 wahl$=inkey$:if wahl$="" then 80


        if wahl$=chr$(27) then return
        if asc(wahl$)<54 then gosub warnen
        if wahl1$="n" or wahl1$="N" then goto disk
        if wahl$="5" then
               input "Zu sichernde Dateien:",datnam$
               shell "c:"
               shell "cd "+hilfsverzeichnis$
               shell "c:backup c:"+datnam$+" a:"
        elseif wahl$="4" then
               input "Zu sichernde Dateien:",datnam$
               shell "c:"
               shell "cd "+hilfsverzeichnis$
               shell "c:restore a:"+datnam$
        elseif wahl$="3" then
               shell "c:"
               shell "cd "+hilfsverzeichnis$
               shell "c:diskcopy a: b:"
        elseif wahl$="2" then
               shell "c:"
               shell "cd "+hilfsverzeichnis$
               shell "c:format b:"
        elseif wahl$="1" then
               shell "c:"
               shell "cd "+hilfsverzeichnis$
               shell "c:format a:"
        end if
```

```
        shell lwerk$
        shell "cd "+verznam$
        goto disk:
```

Die Sicherheitsabfragen

Hier seien nun die gesammelten Sicherheitsabfragen von EASY DOS vor
allem für die Kopier-, Lösch- und Formatiervorgänge nachgereicht.

```
warnen:
        if wahl$="5" then
                print "Von A: nach C: kopieren ? J-a N-ein"
        elseif wahl$="4" then
                print "Von C: nach A: kopieren ? J-a N-ein"
        elseif wahl$="3" then
                print "Von A: nach B: kopieren ? J-a N-ein"
        elseif wahl$="2" then
                print "Formatieren in B: ? J-a N-ein"
        elseif wahl$="1" then
                print "Formatieren in A: ? J-a N-ein"
        print "Bitte wählen Sie"

        90 wahl1$=inkey$:if wahl1$="" then 90

return


warnen2:

        if wahl$="2" then
                print "Verzeichnis ";verz$;" löschen?  J-a  N-ein"
        elseif wahl$="5" then
                print "Datei ";datnam$;" löschen?  J-a  N-ein"

        100 wahl1$=inkey$:if wahl1$="" then 100
return
```

Fehlerbehandlung

Die Fehlerroutine ist für EASY DOS etwas umfangreicher geraten und
kann in dieser Form gut in beliebige andere Programme eingebaut werden, da sie die häufigsten Run-Time-Errors erfaßt.

```
fehler:
        if err=53 then
                print "Datei nicht gefunden !"
        elseif err=61 then
                print "Laufwerk voll !"
        elseif err=64 then
                print "Unzulässiger Dateiname !"
        elseif err=67 then
                print "Verzeichnis voll !"
        elseif err=70 then
                print "Diskette schreibgeschützt !"
        elseif err=71 then
                print "Laufwerk nicht bereit !"
        elseif err=72 then
                print "Diskette defekt !"
        elseif err=74 then
                print "Die Umbenennen-Funktion kann nicht Kopieren !"
        elseif err=75 then
                print "Dateizugriff erfolglos !"
        elseif err=76 then
                print "Suchweg existiert nicht !"
        else
                print "Es trat ein unbekannter Fehler auf!"
        end if
        gosub weiter
    resume hauptmenue
```

Immer weiter

"Weiter mit beliebiger Taste" steht bei EASY DOS häufiger auf dem
Bildschirm zu lesen. Die Routine Weiter macht's möglich.

```
weiter:
        locate 25,1
        print "Weiter mit beliebiger Taste";
        e$=""
        do
                e$=inkey$
        loop until e$<>""
        locate 25,1
        print string$(30," ");
    return
```

Resümee

Damit wären wir auch schon am Ende unseres Ausflugs unter die Schale
von MS-DOS angekommen. Sicherlich sind noch viele Anwendungen des
facettenreichen Befehls Shell unerwähnt geblieben, doch verfügen Sie
nun mit EASY DOS über ein hilfreiches, leicht zu bedienendes MS-DOS-
Menüsystem. Und das ist vielleicht schon den Preis dieses Buches wert.

11.2 DAS "WHO IS WHO" DES COMPUTERS

Disketteninhaltsverzeichnis in Array einlesen

Jeder begehrt zu wissen, was seine Disketten enthalten. Mit dem BASIC-
Befehl Files ist es kein Problem, diesem Begehren nachzukommen. Den-
noch bleibt die Lösung unbefriedigend, weil die Rückmeldung von Files
nicht kanalisiert werden kann. Weder ist es möglich, die Struktur der
Ausgabe zu ändern, noch werden die Dateigrößen übermittelt. Außerdem
können die Dateinamen nicht in Variablen eingelesen werden, weshalb
eine programminterne Weiterverarbeitung der von Files ermittelten
Fakten unmöglich ist. Man kann also mit Files keine Dateiauswahl mittels
Cursortasten und Return programmieren, wie man sie von TURBO
BASIC beim Laden eines Programms kennt.

Diesen gravierenden Nachteil sahen wohl auch die Programmierer von
TURBO BASIC bei Borland und schrieben in Maschinensprache und
BASIC ein circa 32 Kbyte langes Programm namens WHEREIS.BAS, das
abgesehen von den Dateigrößen alle oben genannten Anforderungen erfüllt. Doch wer möchte schon 32 Kbyte Speicher dafür verwenden, den
Inhalt seiner Disketten in vernünftiger Form vom Programm verarbeiten
zu lassen? Als Beispielprogramm für die Einbindung von Maschinen-
spracheroutinen ist WHEREIS.BAS allerdings gut zu gebrauchen.

Programmplan

Wenn man sich des BASIC-Befehls Shell erinnert und die MS-DOS-Ver-
sion 3.0 oder eine jüngere verwendet (Shell arbeitet nämlich nur mit
neueren DOS-Versionen zusammen), kann man eine WHEREIS.BAS ähnliche Lösung finden, die nur ein halbes Kilobyte verbraucht.

Über die in den Shell-Befehl übernommene DOS-Befehlszeile

        dir Suchmaske >c:dir.$$$

soll das Inhaltsverzeichnis in eine temporäre Datei auf Laufwerk C:
(RAM-Disk) geschrieben werden. Diese Datei wird dann geöffnet, um
die Dateinamen und -größen herauszulesen und in entsprechende Arrays
zu übernehmen. Somit stehen die Dateinamen und -größen auch in
TURBO BASIC Programmen zur Verfügung und können z.B. für ein Dateiauswahlmenü benutzt werden.

Ausführung

Die Routine soll Dir wie der DOS-Befehl heißen. Einziger Aufrufparameter ist searchmask$, also die von Files bekannte Suchmaske.

```
sub dir(searchmask$)
```

Benutzte Variablen sind file$ indiziert mit filenumber zur Aufnahme der
Dateinamen und filesize ebenfalls mit filenumber indiziert, um die
Dateigrößen festzuhalten.

```
shared file$()
shared filesize()
shared filenumber
local datei$
filenumber=0
```

Mit Shell und Dir wird nun das Inhaltsverzeichnis des aktuellen Laufwerks in eine temporäre Datei auf der RAM-Disk kopiert. Ist keine

RAM-Disk vorhanden, so muß diese Datei noch auf der bearbeiteten Diskette Platz finden.

```
shell "dir "+searchmask$+" >c:dir.$$$"
```

Anschließend wird diese Datei zum sequentiellen Lesen geöffnet.

```
open "c:dir.$$$" for input as #1
```

Da MS-DOS die Informationen immer in gleicher Form schreibt, ist es ein Leichtes, aus der Datei nun alle Dateinamen und Dateigrößen herauszufiltern. Schwieriger war nur, zu erkennen, welche Zeile keinen Dateinamen beherbergt. Es sind dies alle Zeilen, die an neunter Stelle kein Leerzeichen haben.

```
while not(eof(1))
        input #1,file$
        if mid$(file$,9,1)=" " then
                incr filenumber,1
                file$(filenumber)=left$(file$,12)
                filesize(filenumber)=_
                        val(mid$(file$,13,9))
        end if
wend
```

Die temporäre Datei wird nur geschlossen und nicht gelöscht. So kann unter Umständen einige Schreib-/Lesearbeit vermieden werden, denn die Datei existiert bis zum nächsten Diskettenwechsel.

```
close 1
```

```
end sub
```

Nun steht die Anzahl der gefundenen Dateien in filenumber, alle Dateinamen in file$ und alle Dateigrößen in filesize. Ein Dateiauswahlsystem mit individueller Erscheinung auf dem Bildschirm ist also kein Problem mehr.

Freier Diskettenspeicherplatz

Bei der Arbeit mit Disketten ist auch der freie Diskettenspeicherplatz von großer Bedeutung. Wir könnten ihn auch aus unserer temporären Inhaltsdatei herauslesen, eine eigene Routine hierfür ist aber schneller und flexibler anwendbar.

Ohne Verwendung von Dir führt nun kein Weg an den Interrupts vorbei. Diesmal muß 21h, Unterfunktion 36h herhalten. Wie es genau gemacht wird, erfahren Sie im Kapitel "Für Spezialisten". Diese Funktion liefert in etwas umständlich verschlüsselter, aber berechenbarer Form den freien Diskettenspeicherplatz zurück.

```
def fnfreespace(diskdrive)

        reg 4,diskdrive
        reg 1,&H3600

        call interrupt &H21

        fnfreespace=csng(reg(2))*reg(3)*reg(1)

    end def
```

Diese Funktion liefert den freien Speicherplatz des in der Variablen diskdrive angegebenen Laufwerks ab. Diskdrive kodiert das Laufwerk als Zahl. Dabei gilt

Laufwerksbezeichnung Zahl

Laufwerksbezeichnung	Zahl
a:	0
b:	1
c:	2
etc.	

Demonstration

Wie nun beide neuen Prozeduren verwendet werden können, demonstriert folgendes kleines Beispielprogramm. Denken Sie bei Verwendung der Routinen in eigenen Programmen unbedingt an die Dimensionierung der Variablen file$ und filesize.

```
cls

dim file$(1:64)
dim filesize(1:64)

input "Suchmaske: ",searchmask$
call dir(searchmask$)

for i=1 to filenumber
     print file$(i);" ";filesize(i);tab(28) "Kbyte"
next
```

```
print
print fnfreespace (0);" Kbytes frei"

end
```

Ausstattung des Computers

Oft benötigt der Programmierer nicht nur Informationen über die Diskettenlaufwerke. Die Frage nach dem verwendeten Bildschirmadapter (monochrom oder color) ist manchmal ebenso drängend wie die nach dem Vorhandensein von diversen Schnittstellen. Gerade für umfangreichere Programme ist es ratsam, sich gleich zu Beginn über die Konfiguration des Personal Computers klar zu werden. Zum einen vermeidet man so eventuelle Programmabstürze durch falsche Systemhandhabung, andererseits erspart man dem Anwender umfangreiche Installationsabfragen. Wie aber setzen wir diesen guten Vorsatz in die Tat um? Die folgende Routine hilft weiter.

Programmplan

Mit dem Interrupt 11h kann man die meisten Fragen, die die Ausstattung eines PCs betreffen, beantworten. 11h liefert eine Zahl zurück, die in einen Binärzahlenstring umgewandelt, Auskunft über Diskettenlaufwerke, Bildschirmdarstellung, Schnittstellen und aktuelles Laufwerk gibt. Einige Zusatzfragen beantworten wir uns mit Def Fnfreespace und anderen kleinen Zutaten. Zumeist gibt es bei den Interrupts entsprechende Aufrufe.

An die Arbeit

Die Routine heißt Equipment und wird ohne Parameter aufgerufen. Die Ergebnisse der Leibesvisitation am Computer können aber jederzeit nach Aufruf von Equipment aus den Shared-Variablen drives, harddisk usw. herausgelesen werden.

```
    sub equipment


            local i
            local equipment$         'Binärstring für Interrupt
            shared drives            'Anzahl Disklaufwerke
            shared harddisk          'Harddisk ja/nein
            shared drivecapacity()   'freie Speicherkapazitäten
```

```
        shared monitor$            'Monitorart (mono,color)
        shared mode$               'Monitorbetriebsart  (40/80*25)
        shared rs232               'Anzahl serielle Schnitt-
                                    stellen
        shared gameports           'Anzahl Spieleadapter
        shared centronics          'Anzahl parallele Schnitt-
                                    stellen
        shared memory              'Hauptspeichergröße
        shared actualdrive$        'aktuelles Laufwerk
```

Der Interrupt–Aufruf und die Umwandlung des Ergebnisses in einen
Binärstring.

```
        call interrupt &H11


        equipment$=bin$(reg(1))
```

Machen wir uns an die Auswertung des Binärstring von Interrupt 11h.
Die ersten aussageträchtigen Bits geben uns Auskunft über den einge-
stellten Bildschirmmodus.

```
        if mid$(equipment$,6,2)="00" then
             mode$="kein Bildschirmmodus eingestellt"
        elseif mid$(equipment$,6,2)="01" then
             mode$="Color 40*25)
        elseif mid$(equipment$,6,2)="10" then
             mode$="Color 80*25"
        elseif mid$(equipment$,6,2)="11" then
             mode$="Monochrom 80*25"
        end if
```

Über die folgende Abfrage kann die Art des Monitors ermittelt werden.
Der Binärstring von Interrupt 11h gibt uns hierzu leider keine Informationen. An einer Speicherstelle im Hauptspeicher finden wir dennoch die
gewünschte Auskunft.

```
        def seg=0
        if (peek(&H410) and &H30)=&H30 then
             monitor$="Monochrom-Monitor"
        else
             monitor$="Color-Monitor"
        end if
```

Es folgt die Anzahl der Diskettenlaufwerke.

```
        if mid$(equipment$,7,2)="00" then
             drives=1
        elseif mid$(equipment$,7,2)="01" then
             drives=2
```

```
elseif mid$(equipment$,7,2)="10" then
      drives=3
elseif mid$(equipment$,7,2)="11" then
      drives=4
end if
```

Für die ermittelten Diskdrives lassen wir auch gleich noch deren freie
Kapazität ermitteln. Fnfreespace hilft uns dabei.

```
dim dynamic drivecapacity(1:4)


for i=1 to drives
      drivecapacity(i)=fnfreespace(i)
next
```

Interrupt 11h ermittelt leider nicht, ob sich eine Festplatte im Bauch des
PCs befindet. Mit einem Trick können wir dies trotzdem mit einiger
Gewißheit sagen. Wir wechseln einfach in Laufwerk C:. Bei PCs ohne
Harddisk wird dies in 90 von 100 Fällen eine Ramdisk sein. Ermitteln
wir deren Kapazität, liegt diese fast zwangsläufig unter 640 Kbyte. Bei
Harddisk-PCs ist C: jedoch die Festplatte. Da eine Harddisk fast immer
mehr als 640 freie Kbyte zur Verfügung stellen dürfte, schließen wir aus
einer freien Kapazität von über 640 Kbyte, daß eine Harddisk vorhanden
ist. So einfach ist das.

```
if drivecapacity(3)=0 then
      shell "C:"
      drivecapacity(3)=fnfreespace(0)
end if


if drivecapacity(3)>640 then
      harddisk=1
end if
```

Die folgenden Bits von equipment$ liefern uns die Anzahl aller RS232-
Schnittstellen. Anschließend kommen nach dem gleichen Verfahren die
Gameports und Centronics-Schnittstellen an die Reihe.

```
if mid$(equipment$,9,2)="00" then
      rs232=0
elseif mid$(equipment$,9,2)="01" then
      rs232=1
elseif mid$(equipment$,9,2)="10" then
      rs232=2
elseif mid$(equipment$,9,2)="11" then
      rs232=3
end if


if mid$(equipment$,12,1)="00" then
      gameports=0
elseif mid$(equipment$,12,1)="1" then
      gameports=1
end if


if mid$(equipment$,14,2)="00" then
      centronics=0
elseif mid$(equipment$,14,2)="01" then
      centronics=1
elseif mid$(equipment$,14,2)="10" then
      centronics=2
elseif mid$(equipment$,14,2)="11" then
      centronics=3
end if
```

Die Kapazität des Hauptspeichers wird über Interrupt 12h ermittelt.

```
call interrupt &H12


memory=reg(1)+1
```

Über den Interrupt 21h, Unterfunktion 19h, schließlich ermitteln wir das
aktuelle Laufwerk.

```
reg(1),int(0+(256*&H19))


call interrupt &H21


call lowhigh(lowbyte,highbyte,reg(1))


if lowbyte=0 then
      actualdrive$="A:"
elseif lowbyte=1 then
      actualdrive$="B:"
```

```
        elseif lowbyte=2 then
                actualdrive$="C:"
        elseif lowbyte=3 then
                actualdrive$="D:"
        end if


    end sub
```

Lowhigh ist nur eine Hilfsprozedur, die im Kapitel "Maschinensprache"
noch erklärt wird. Hier ist sie nur abgedruckt, da sie unverzichtbarer
Teil unserer Equipment-Prozedur ist.

```
    sub lowhigh(lowbyte,highbyte,adress)


        highbyte=int(adress/256)
        lowbyte=adress-highbyte*256


    end sub
```

Anwendung

Die folgenden Programmzeilen demonstrieren die Anwendung der Prozedur Equipment. Vielleicht erfahren Sie bei dieser Auswertung Dinge, die
Sie noch gar nicht von Ihrem Computer wußten; wir wollen es aber nicht
hoffen.

```
    cls
    call equipment

    print "Ihre System-Konfiguration:"
    print "Laufwerke: ";tab(30) drives
    for i=1 to drives
        print "Laufwerkskapazität ";chr$(64+i);":";tab(30)_
            drivecapacity(i)
    next
    print "Harddisk: ";tab(30) harddisk
    if harddisk=1 then
        print "Harddiskkapazität C:";tab(30) drivecapacity(3)
    end if
```

```
print "Monitor:";tab(31);monitor$
print "Bildschirmmodus: ";tab(31) mode$
print "RS232-Schnittstellen: ";tab(30) rs232
print "Gameports: ";tab(30) gameports
print "Centronics-Schnittstellen: ";tab(30) centronics
print "Kbyte Hauptspeicher: ";tab(30) memory
print "Aktuelles Laufwerk: ";tab(31) actualdrive$
end
```

12 Dateien

12.1 DATEIEN VERWALTEN

Unzählige Bücher befassen sich beim Thema Dateiverwaltung mit der Adreßverwaltung. Mit dieser Gewohnheit soll hier und jetzt gebrochen werden. Vielmehr wollen wir unter Zuhilfenahme sequentieller und Random-Dateien einen Spellchecker, ein Rechtschreibkorrekturprogramm entwickeln.

Programmplan

Das Programmkonzept in Stichworten: Der Spellchecker soll mit drei Dateien arbeiten. Aus einer Datei liest das Programm den zu überprüfenden Text, der im ASCII-Format vorliegen muß. Der Wortschatz des Programms steht in einer Wörterbuch-Datei. Die korrigierte Fassung des Textes wird in eine Korrektur-Datei geschrieben.

Die Rechtschreibüberprüfung läuft in mehreren Phasen ab. In der ersten Phase wird eine Zeile aus der zu überprüfenden Textdatei gelesen und diese in der Routine Zeilenanalyse auf ihre Wortbestandteile hin analysiert. Am Ende dieser Phase steht in jeweils einem Element des Arrays wort$() ein Wort aus der gelesenen Zeile.

Der weitaus größte Teil eines Textes besteht aus Artikeln, Hilfsverben, Präpositionen und anderen kleinen Wörtchen. Würde man diese Wörter jeweils im Wörterbuch auf der Diskette nachschlagen, so ginge viel Zeit verloren. Sehr viel schneller lassen sich die kleinen Wörter überprüfen, wenn man direkt in den Programmtext einen Stammwortschatz schreibt, der alle "der die das" usw. enthält. In der zweiten Phase wird also festgestellt, ob das durch die Zeilenanalyse ermittelt Wort zum Stammwortschatz gehört. Wenn ja, kann schon das nächste Wort überprüft werden. Andernfalls dringt das Wort zur dritten Phase durch.

Gehörte das Wort nicht zum Stammwortschatz, so muß nun das Wörterbuch auf der Diskette aufgeschlagen werden. Damit die Überprüfung schneller vonstatten geht, wird das Wörterbuch auf je eine Datei pro Anfangsbuchstaben aufgeteilt. So kann für das Wort "Anfang" sofort Band A (Wörterbuchdatei wort.aaa) des Wörterbuchs aufgeschlagen werden. Alle anderen Bände werden ignoriert, ein unheimlicher Zeitgewinn.

Findet das Programm das Wort im Wörterbuch, so wird direkt zum nächsten Wort gegangen. Die Analyse in der Routine Wortvergleich erfaßt auch die Großschreibung am Satzanfang sowie die durchgängige Großschreibung eines Wortes. So wird sowohl "DER", "der" und "Der" über den Wörterbucheintrag "der" gefunden und für richtig geschrieben gehalten.

Wurde trotz aller Mühen das Wort nicht gefunden, so geht es zur Routine Nichtgefunden. Hier haben Sie die Möglichkeit, entweder das Wort zu korrigieren oder es in das Wörterbuch aufzunehmen.

Zum Aufbau der Wörterbucheinträge finden Sie etwas später noch einige Anmerkungen. Es wurde darauf geachtet, mit möglichst wenig Einträgen, möglichst viele Wörter abzudecken, damit auch auf kleinen Speichermedien wie 360KB Disketten arbeitsfähige Wörterbücher angelegt werden können.

Eines sollte Ihnen aber bei diesem Programm klar sein. Bis das Programm wirklich nur noch "echte" Fehler findet, wird viel Zeit vergehen. Nur eine Menge Tipparbeit bringt ein leistungsfähiges Wörterbuch auf die Beine.

Doch genug der Vorrede, ran an die Programmierarbeit.

Ausführung

Die Initialisierung fällt etwas spärlich aus. Die Variable Pause wird später verwendet und erklärt. Das Array wort$() nimmt die Wortbestandteile einer Zeile auf. Der Rest ist Kosmetik.

```
initialisierung:

    pause=500
    dim wort$(0:100)
    cls
    locate 1,1,1,1,13
    color 2,0
```

Es ist wie oben schon erwähnt aus Zeitgründen nicht sinnvoll, alle Wörter in einem Wörterbuch auf Diskette oder Festplatte zu halten. Dies gilt insbesondere für die kleinen Wörter wie Artikel, Konjunktionen und die Hilfsverben. Deshalb schreiben wir einen Stammwortschatz direkt ins Programm.

```
stammwortschatz:
        teil0$=" ein eine eines einer einem einen der die das dies diese"+_
            " dieser diesem dieses daß so nicht nichts "
        teil1$=" sein seins seines seiner seinem seinen dein deins deines"+_
            " deiner deinem deinen dafür dagegen "
        teil2$=" mein meins meines meiner meinem meinen so also weil darum"+_
            " und für sich während aus des schwer "
        teil3$=" es dem ich du er sie es wir ihr sie aber oder mit damit"+_
            " deshalb den zu zudem leicht meistens "
        teil4$=" bin bist ist sind seid habe hast habt haben weder noch"+_
            " durch bei hinzu doch wohl zur beim wird "
        teil5$=" war warst waren ward hatte hattest hier dort dann wer was"+_
            " wie nun nein auch "
        teil6$=" hatten hattet gewesen gehabt kann kannst will willst"+_
            "wollen wollt ja danke bitte "
        teil7$=" können könnt konnte konntest konnten wollte wolltest"+_
            " wollten wolltet anders "
        teil8$=" konntet gekonnt alle alles aller allen als keine keins"+_
            " keines keinen geht schon allem "
        teil9$=" ganz oben unten an auf in über von nach ihn wenn mehr"+_
            " sehr kein keiner ohne "
vergleich$=teil0$+teil1$+teil2$+teil3$+teil4$+teil5$+teil6$+_
        teil7$+teil8$+teil9$
```

Alsdann wird der Anwender gebeten, den Namen der Textdatei, der korrigierten Fassung und des Wörterbuchs einzugeben. Beim Wörterbuch ist nur eine Gruppe von Dateien anzugeben, denn jeder Anfangsbuchstabe wird aus Zeitgründen in einer eigenen Datei gespeichert. So steht "Haus" in

WORT.HHH

"Milch" in

WORT.MMM

und "1" in

WORT.111

Das Wörterbuch ist in allen drei Fällen WORT. Die Dateitypen vergibt der Spellchecker selbständig. Gleich anschließend werden Text- und Korrekturdatei geöffnet.

```
arbeitsdateien:
        input "Zu überprüfende Datei: ",text$
        input "Korrigierte Datei: ",korrektur$
        input "Wörterbuchdatei: ",worte$
```

```
rechtschreibkorrektur:
        open text$ for input as #2
        open korrektur$ for output as #3
```

Nun beginnt die eigentliche Arbeit. Zunächst wird eine Schreibzeile aus
der Textdatei gelesen und auf dem Bildschirm ausgegeben, um gleich anschließend im Programmteil Zeilenanalyse auf seine Wortbestandteile untersucht zu werden. Die Routine Zeilenanalyse finden Sie weiter unten.

```
while not(eof(2))
        line input #2,zeile$
        print zeile$
        gosub zeilenanalyse
```

In der Variable satz$ werden Satzanfänge festgehalten. Wörter, die am
Satzanfang stehen, werden bekanntlich groß geschrieben. In unserem
Wörterbuch steht aber z.B. "der" nur kleingeschrieben. Am Anfang eines
Satzes wird für das Wörtchen "der" dennoch Großschreibung erwartet.
Damit nun nicht beide Versionen im Wörterbuch stehen müssen und miteinander in Konflikt geraten, wird über die Kennung in satz$ der Satz-
anfang auf Großschreibung gesetzt. Neuzs (Neue Zeile Satzbeginn) rettet
die Satzanfang-Kennung in die nächste Zeile hinüber, wenn das Satzende
auf der vorangegangenen Zeile steht und der neue Satz erst in der nächsten Zeile begonnen wird (z.B. Absatzende).

```
if instr(satz$,"0")>0 then neuzs=1
```

Im Folgenden werden die Worte eines Satzes ausgegeben und mit dem
Wörterbuch verglichen.

```
for i=ii to 1 step -1
        print wort$(i)
```

Bei einer Leerzeile wird zumindest ein inhaltsleeres Wort von der Zeilenanalyse ermittelt. Dieses steht natürlich nicht im Wörterbuch, weshalb es
gleich mit der nächsten Zeile weitergeht.

```
if wort$(i)="" then weiter
```

War das Wort kein Leerstring, wird überprüft, ob es sich nicht im
Stammwortschatz befindet. Wenn satz$ oder neusz einen Satzbeginn mar-
kiert, ist Großschreibung angesagt. Wird das Wort im Stammwortschatz
gefunden, kann es getrost mit dem nächsten Satzteil weitergehen.

```
test$=" "+(wort$(i))+" "
'normaler Vergleich
if instr(vergleich$,test$)>0 then
        goto weiter
```

```
                    'Großschreibung Satzbeginn
            elseif instr(vergleich$,_
                    lcase$(test$))>0 and_
                    instr(satz$,str$(i))>0 then
                    goto weiter
            'Großschreibung Satzbeginn in neuer Zeile
            elseif instr(vergleich$,lcase$(test$))>0 and neusz=1_
                    and i=ii then
                    goto weiter
            end if
```

Das Wörterbuch

Ansonsten wird nun in Abhängigkeit vom Anfangsbuchstaben des zu
überprüfenden Wortes der entsprechende Teil des Wörterbuchs aufgeschlagen und dort weitergesucht. In der Routine Wortvergleich findet die
eigentliche Rechtschreibüberprüfung statt.

Hier gleich ein paar Worte zur Struktur des Wörterbuchs. Absicht des
Dateiaufbaus ist es, mit möglichst wenigen Daten, sprich Speicherplatz,
möglichst viele verschiedene Wörter zu erfassen.

Deshalb gliedert sich der Datensatz in ein Feld für den Wortstamm, vier
Felder für kurze Endungen und ein Feld für Formen eines Wortes, die
auch den Stamm verändern. Ein Beispiel macht dies klarer.

Das Verb gehen würde im Wörterbuch sinnvollerweise wie folgt
gespeichert:

Wortstamm	geh
1. Endung	e
2. Endung	st
3. Endung	t
4. Endung	en
Veränderung	gegangen

So haben wir mit einem Eintrag die Wörter geh, gehe, gehst, geht, gehen
und gegangen erfaßt. Noch ein Beispiel:

Wortstamm	Haus
1. Endung	ecke
2. Endung	bau
3. Endung	frau
4. Endung	mann
Veränderung	Häuser

Auch hier ist die Platzersparnis unübersehbar. Mit einem Eintrag erfassen
wir Haus, Hausecke, Hausbau, Hausfrau, Hausmann und Häuser. Neben

der Platzersparnis ist auch die Tipparbeit für den Anwender wesentlich geringer.

Hier wird das Wörterbuch geöffnet und zum Wortvergleich gesprungen.

```
woerter$=worte$+"."+string$(3,lcase$(left$(wort$(i),1)))
open woerter$ for random as #1 len=70
field 1,25 as stamm$,5 as endung$(1),5 as endung$(2),_
        5 as endung$(3),5 as endung$(4),25 as endung$(5)


gosub wortvergleich


close 1
weiter:
next
```

Ist eine Zeile nach dem Wortvergleich für richtig befunden, wird sie in die Korrekturdatei geschrieben und dem Anwender die Möglichkeit gegeben, das Programm abzubrechen. Die Chance wird durch die Variable pause zeitlich befristet. Wenn man also keine Taste drückt, läuft der Spellchecker nach kurzer Zeit von alleine weiter. Diese Abbruchmöglichkeit können Sie beseitigen, indem Sie die Variable pause in der Initialisierung auf Null setzen.

```
print #3,zeile$
if zeile$<>"" then
        print "Arbeit beenden ? [j/n]"
        for e=1 to pause
                e$=inkey$
                e$=ucase$(e$)
                if e$="J" or e$="N" then exit for
        next
        if e$="J" then
                close 1,2,3
                cls
                print "Programm beendet"
                end
        end if
end if
neuzs=0
wend
```

Das Programmende; alle Dateien werden geschlossen, dem Anwender
wird das Ende signalisiert.

```
close 1,2,3
cls
print "Programm beendet"
end
```

Kommen wir nun zum langerwarteten Kern der Rechtschreibüberprüfung, der Routine Wortvergleich. Die richtige Seite des Wörterbuchs ist
bereits aufgeschlagen; bleibt zu überprüfen, ob sich das im Text befindliche Wort auch im Wörterbuch finden läßt.

```
wortvergleich:


gefunden=0
satznummer=1
```

Die Datensätze werden aus der Wörterbuch-Random-Datei ausgelesen
und die hinderlichen Leerzeichen aus dem Satzpuffer abgeschüttelt.

```
do
        get 1,satznummer
        if instr(stamm$," ")>0 then
                st$=left$(stamm$,instr(stamm$," ")-1)
        else
                st$=stamm$
        end if
        if instr(endung$(5)," ")>0 then
                ende$(5)=left$(endung$(5),_
                        instr(endung$(5)," ")-1)
        else
                ende$(5)=endung$(5)
        end if
```

Ist das Wort länger als der Wortstamm oder so lang wie dieser, stehen die
Chancen gut, daß das Wort gefunden wurde. Eine Abzweigung geht zur
Routine Gefunden, die weitere Detailprüfungen vornimmt.

```
        if  len(wort$(i))=>len(st$)  or_
                len(wort$(i))=>len(ende$(5)) then
                if left$(wort$(i),len(st$))=st$ or_
                        left$(wort$(i),len(st$))=ucase$(st$) then
                        gosub gefunden
                        goto naechster
```

Gut sind die Chancen ebenfalls, wenn das Wort ebenso lang wie oder
länger als das Veränderungsfeld im Wörterbuch ist.

```
elseif left$(wort$(i),len(ende$(5)))=ende$(5) or_
       left$(wort$(i),len(ende$(5)))=_
       ucase$(ende$(5)) then
       gosub gefunden
       goto naechster
```

Ist ein Satzbeginn markiert, darf das Wort auch groß geschrieben werden.
In der Variable neusz wird der Inhalt von satz$ auch über das Zeilenende
hinübergerettet.

```
elseif instr(satz$,str$(i))>0 and_
       ucase$(left$(wort$(i),len(st$)))=ucase$(st$) then
       satzanfang=1
       gosub gefunden
       satzanfang=0
       goto naechster
elseif neusz=1 and i=ii and_
       ucase$(left$(wort$(i),len(st$)))=ucase$(st$) then
       satzanfang=1
       gosub gefunden
       satzanfang=0
       goto naechster
elseif instr(satz$,str$(i))>0 and_
       ucase$(left$(wort$(i),len(ende$(5))))=_
       ucase$(ende$(5)) then
       satzanfang=1
       gosub gefunden
       satzanfang=0
       goto naechster
elseif neusz=1 and i=ii and_
       ucase$(left$(wort$(i),len(ende$(5))))=_
       ucase$(ende$(5)) then
       satzanfang=1
       gosub gefunden
       satzanfang=0
       goto naechster
    end if
end if
```

Hat sich das Wort im Vergleich mit einem Wörterbucheintrag als nicht passend erwiesen, muß der nächste Eintrag aus dem Wörterbuch zu Rate gezogen werden.

```
        naechster:
            incr satznummer,1
    loop until eof(1) or gefunden=1
```

Wurde bei all dem Aufwand kein passender Wörterbucheintrag gesichtet, wird in die Routine Nichtgefunden verzweigt. Dort kann über Aufnahme ins Wörterbuch oder manuelle Korrektur entschieden werden.

```
        if gefunden=0 then
                gosub nichtgefunden
        end if
    return
```

Hat ein Wort den ersten Überprüfungen in der Routine Wortvergleich standgehalten, findet in der Routine Gefunden eine Detailprüfung statt. Die Aufteilung des Vergleichs Wort/Wörterbuch auf mehrere Unterroutinen geschieht aus Zeitgründen. Völlig unpassende Worte werden bereits im Programmteil Wortvergleich abgelehnt, der nächste Kandidat herangeholt.

Erst hier werden auch die vier Endungen von ihren unnützen Leerzeichen aus dem Satzpuffer befreit. Das spart wiederum unter Umständen unnötige Arbeit.

```
    gefunden:

        for e=1 to 4
            if instr(endung$(e)," ")>0 then
                ende$(e)=left$(endung$(e),_
                instr(endung$(e)," ")-1)
            else
                ende$(e)=endung$(e)
            end if
        next
```

Nur wenn das Wort entweder so lang wie der Wortstamm allein, so lang wie der Wortstamm plus einer der Endungen oder so lang wie das Veränderungsfeld ist, hat es überhaupt Aussichten, die folgenden Überprüfungen zu überstehen.

```
if len(wort$(i))=len(st$)_
        or len(wort$(i))=len(st$+ende$(1))_
        or len(wort$(i))=len(st$+ende$(2))_
        or len(wort$(i))=len(st$+ende$(3))_
        or len(wort$(i))=len(st$+ende$(4))_
        or len(wort$(i))=len(ende$(5)) then
```

Entspricht das Wort einem Eintrag im Wörterbuch, ist es nicht nur gefunden, sondern auch richtig geschrieben.

```
if wort$(i)=st$_
        or wort$(i)=st$+ende$(1)_
        or wort$(i)=st$+ende$(2)_
        or wort$(i)=st$+ende$(3)_
        or wort$(i)=st$+ende$(4)_
        or wort$(i)=ende$(5) then
        gefunden=1
        return
```

Das Wort ist ebenfalls richtig geschrieben, wenn es komplett in Großschreibung vorliegt und ein Gegenüber im Wörterbuch findet.

```
elseif wort$(i)=ucase$(st$)_
        or wort$(i)=ucase$(st$+ende$(1))_
        or wort$(i)=ucase$(st$+ende$(2))_
        or wort$(i)=ucase$(st$+ende$(3))_
        or wort$(i)=ucase$(st$+ende$(4))_
        or wort$(i)=ucase$(ende$(5)) then
        gefunden=1
        return
```

Am Satzanfang sollte der erste Buchstabe großgeschrieben sein. Ist dies der Fall und ist das Wort auch noch im Wörterbuch zu finden, so kann der Spellchecker einen vollen Erfolg melden.

```
elseif satzanfang=1 then
        if ucase$(wort$(i))=ucase$(st$)_
                or ucase$(wort$(i))=ucase$(st$+ende$(1))_
                or ucase$(wort$(i))=ucase$(st$+ende$(2))_
                or ucase$(wort$(i))=ucase$(st$+ende$(3))_
                or ucase$(wort$(i))=ucase$(st$+ende$(4))_
                or ucase$(wort$(i))=ucase$(ende$(5)) then
                gefunden=1
                return
        end if
    else
```

Ist der Erfolg bis hierhin nicht eingetreten, dann kommt er auch nicht
mehr.

```
                gefunden=0
                return
        end if
    else
        gefunden=0
        return
    end if
    gefunden=0
return
```

Wurde ein Begriff nicht gefunden, wird er ausgegeben und der Anwender gefragt, ob er in das Wörterbuch aufgenommen werden soll.

```
nichtgefunden:
    letztesatznummer=int(lof(1)/100+1)
    eingabe:
    cls
    locate 24,1
    print "Nicht gefundenes Wort: ";wort$(i)
    print zeile$;
    locate 1,1
    print "Wort erfassen ? [j/n]"
    do
        e$=inkey$
        e$=ucase$(e$)
    loop until e$="J" or e$="N"
```

Soll das Wörterbuch erweitert werden, kann man sich für eine der vier
Eingabemasken entscheiden. Die Eingabemasken sind nicht mehr als eine
Hilfe bei der sinnvollen Anwendung der Datensatzfelder. Ihr Aufbau
wurde bereits weiter oben erläutert.

```
    if e$="J" then
        print "Verb, Nomen, Adjektiv/"
        print "-Adverb oder Sonstige?"
        print " [v,n,a,s]"
        do
            e$=inkey$
            e$=ucase$(e$)
        loop until e$="V" or e$="S" or e$="A" or e$="N"
```

```
        cls
        locate 1,1
        if e$="A" then
                print "Wortstamm: "
                print "Männliche Endung: "
                print "Weibliche Endung: "
                print "Neutrale Endung:"
                print "Plural Endung :"
                print "frei :"
        elseif e$="V" then
                print "Wortstamm: "
                print "1. Pers. Singular:"
                print "2. Pers. Singular:"
                print "3. Pers. Singular:"
                print "1. Pers. Plural :"
                print "Sonstige :"
        elseif e$="N" then
                print "Wortstamm: "
                print "Singular Endung:"
                print "Plural Endung:"
                print "sonstige Endung:"
                print "frei:"
                print "frei:"
        elseif e$="S" then
                print "Wortstamm: "
                print "frei:"
                print "frei:"
                print "frei:"
                print "frei:"
                print "frei:"
        end if
        locate 1,65
        print "<"
        locate 2,45
        print "<"
        locate 3,45
        print "<"
        locate 4,45
        print "<"
        locate 5,45
        print "<"
        locate 6,65
        print "<"
```

Über Getinput werden maximal so viele Zeichen vom Anwender angenommen, wie das entsprechende Datensatzfeld fassen kann.

```
locate 1,40
call getinput(25,eingabestring$)
st$=eingabestring$
locate 2,40
call getinput(5,eingabestring$)
e$(1)=eingabestring$
locate 3,40
call getinput(5,eingabestring$)
e$(2)=eingabestring$
locate 4,40
call getinput(5,eingabestring$)
e$(3)=eingabestring$
locate 5,40
call getinput(5,eingabestring$)
e$(4)=eingabestring$
locate 6,40
call getinput(25,eingabestring$)
e$(5)=eingabestring$
print
print "Alle Eingaben in Ordnung ? [j/n]"
do
        e$=inkey$
        e$=ucase$(e$)
loop until e$="J" or e$="N"
if e$="N" then goto eingabe
lset stamm$=st$
for e=1 to 5
        lset endung$(e)=e$(e)
next
lset trenn$=tr$
put 1,letztesatznummer
end if
```

Nach der Aufnahme ins Wörterbuch, kann noch darüber entschieden
werden, ob das Wort im Text korrigiert werden soll oder nicht.

```
print "Wort korrigieren ? [j/n]"
do
        e$=inkey$
        e$=ucase$(e$)
loop until e$="J" or e$="N"
```

```
        if e$="J" then
                gosub korrigieren
                cls
                return
        end if
        cls
    return
```

In der Routine Korrigieren wird dem Anwender Gelegenheit gegeben,
ein nicht im Wörterbuch gefundenes Wort zu korrigieren.

```
    korrigieren:
            print "Wortkorrektur:"
            print wort$(i)
            call getinput(80,eingabestring$)
            wort$=eingabestring$
            zeile$=left$(zeile$,instr(zeile$,wort$(i))-1)+wort$+_
            mid$(zeile$,(instr(zeile$,wort$(i))+len(wort$(i))))
            print
    return
```

Eine recht schwierige Aufgabe übernimmt die Routine Zeilenanalyse.
Hier müssen aus einer Textzeile alle Worte herausgesucht werden. Einziges Erkennungszeichen sind ein oder mehrere Leerzeichen als Wort-
trenner. Bei der Entwicklung dieser Routine stellte sich heraus, daß es
weit einfacher ist, die Zeile von hinten her aufzurollen. Da geht es nämlich immer zunächst mit einem Wort los, am Zeilenanfang können auch
ein Tab und viele Leerzeichen stehen.

Ist die gelesene Zeile eine Leerzeile, können wir uns getrost alle weitere
Arbeit sparen. Eine Überprüfung ist nicht notwendig.

```
    zeilenanalyse:
            if zeile$="" then
                    ii=1
                    wort$(ii)=""
                    neusz=1
                    return
            end if
```

Endete die vorangegangene Zeile mit einem Punkt, so muß der Beginn
der nächsten Zeile großgeschrieben werden. Das Programm sorgt selbst
dafür.

```
            if neusz=1 then
                    zeile$=ucase$(left$(zeile$,1))+mid$(zeile$,2)
            end if
```

Nun werden die Worte einer Zeile ermittelt und in der Variablen
wort$(ii) gespeichert.

```
ii=1
wort$(ii)=""
satz$=""
for i=len(zeile$) to 1 step -1
```

Das nächste Zeichen der Zeile wird gelesen.

```
zeichen$=mid$(zeile$,i,1)
```

Ist das Zeichen weder ein Leerzeichen, noch ein Komma, Punkt, Semi-
kolon, Doppelpunkt oder eine Klammer, so wird das Wort um das aktuelle Zeichen ergänzt.

```
if zeichen$<>" " then
        if instr(",.;:()",zeichen$)=0 then
                wort$(ii)=zeichen$+wort$(ii)
        end if
```

Wurde ein Punkt oder Doppelpunkt gefunden, wird dieses Satzende in
der Variable satz$ festgehalten.

```
if instr(".:",zeichen$)>0 then
        wort$(ii-1)=ucase$(left$_
        (wort$(ii-1),1))+mid$(wort$(ii-1),2)
        satz$=satz$+str$(ii-1)+" "
end if
```

Ist das Zeichen ein Leerzeichen, dann wird mit dem Erfassen und Zu-
sammenstellen des nächsten Wortes begonnen.

```
elseif zeichen$=" " then
        if i<>1 then
                if mid$(zeile$,i-1,1)<>" " then
                        incr ii,1
                        wort$(ii)=""
                end if
        end if
end if
next
return
```

Zum Abschluß noch zwei Hilfsroutinen. Getinput arbeitet wie der
BASIC-Befehl Input. Bei Getinput kann aber über die Variable Zeichen-
anzahl die maximal erlaubte Anzahl von Eingabezeichen festgelegt werden.

```
    sub getinput(zeichenanzahl,eingabestring$)

        eingabestring$=""
        do
            call getkey(ascii$,scancode)
            if ascii$=>chr$(32) and ascii$<chr$(168) and_
                len(eingabestring$)<zeichenanzahl then
                eingabestring$=eingabestring$+ascii$
                print ascii$;
            elseif scancode=14 and len(eingabestring$)>=1 then
                eingabestring$=left$(eingabestring$,_
                    len(eingabestring$)-1)
                locate ,pos(x)-1
                print " ";
                locate ,pos(x)-1
            end if
        loop until ascii$=chr$(13)

    end sub
```

Getkey ist ein alter Bekannter und wird als Unterroutine von Getinput
gebraucht.

```
    sub getkey(ascii$,scancode)

        local lowbyte
        local highbyte
        local adress

        do
            reg 1,00
            call interrupt &H16
            adress=reg(1)
            highbyte=int(adress/256)
            lowbyte=adress-highbyte*256
        loop until chr$(lowbyte)<>""

        ascii$=chr$(lowbyte)
        scancode=highbyte

    end sub
```

Das nächste Jahr können Sie nun damit verbringen, ein einigermaßen
arbeitsfähiges Wörterbuch zusammenzustellen. Am besten, Sie wandeln all
die Erzeugnisse Ihrer Textverarbeitung in ASCII-Dateien um und lassen
sie durch den Spellchecker laufen. In ferner Zukunft kommt dann der

Zeitpunkt, da der Spellchecker außer falsch geschriebenen Wörtern nichts Neues mehr findet. Bis dahin alles Gute!

12.2 TURBO DEBUGGER - BINÄR-DATEIEN

TURBO BASIC bietet als Neuheit eine bisher für BASIC unbekannte Art der Dateieröffnung, die sich Binary nennt. Mit dem Binary-Modus ist es möglich, auch Programmdateien vom Typ COM und EXE von BASIC aus zu lesen und zu manipulieren. Dies geht vor allem deshalb, weil im Binary-Modus ein Dateiendezeichen (chr$(26)) nicht unbedingt zum Abbruch des Lesevorgangs führt. Vielmehr wird nur beim tatsächlichen Dateiende das Lesen beendet, in der Datei vorkommende chr$(26) werden wie andere Zeichen auch behandelt.

Programmidee

Grund genug, um mit dem Binary-Modus einen eigenen Debugger zu schreiben. Allerdings wird dieser Debugger nicht wie Debug von MS-DOS als Assembler und Disassembler dienen können. Lediglich die Veränderung einzelner Bytes, seien es Buchstaben oder Maschinenbefehle, ist möglich. Demgegenüber bietet der TURBO Debugger eine Reihe nicht zu verachtender Vorteile für Nicht-Fachleute in Sachen Maschinensprache.

Bedienung von TURBO DEBUGGER

Da wäre als erstes die Adressierung einzelner Bytes zu nennen. Statt die Bytes über Segment und Offset anzusprechen, reicht die Nummer des Zielbytes in dezimaler Schreibweise. Mit Return gelangt man zur nächsten Achtergruppe, mit v geht es acht Bytes weiter vor, mit z um dieselbe Anzahl Bytes zurück. Über g kann zu einem bestimmten Byte innerhalb der aktuellen Datei gegangen werden, mit a gelangt man zum Dateianfang.

Mit m können Sie sich ein Byte merken. Geben Sie dann bei g auf die Frage nach dem Zielbyte den Buchstaben m an, so wird zu der Merker-position gesprungen.

TURBO Debugger zeigt jeweils acht Bytes an. Zuerst lesen Sie die Nummer des ersten angezeigten Bytes, dann folgen alle Bytes als ASCII-Zeichen. Zeichen unter ASCII-Code 32 werden als Stern angezeigt. Da-

neben steht die Zeile noch einmal, nun aber sind alle Zeichen mit einem
ASCII-Code größer 32 als Gleichheitszeichen markiert und die Control-
codes mit ihrer Nummer angegeben.

Ein e führt zum Programmende, über w läßt sich die aktuelle Datei
wechseln. H ist die Hilfsfunktion und zeigt auf der untersten Bildschirmzeile alle Befehle, die unter TURBO Debugger zur Verfügung stehen.

Mit einem k gelangt man in den Korrekturmodus. Die aktuelle Zeile aus
acht Bytes wird zum Ändern freigegeben und sofort in der neuen Form
in die Datei geschrieben. Sie müssen sich also weder die Anzahl der zu
schreibenden Bytes, noch sonst irgendetwas wie bei Debug merken, um
die Datei zu patchen.

Mit TURBO Debugger können Sie beispielsweise in die von TURBO
BASIC erzeugten EXE-Files ihre eigene Copyright-Meldung einbauen.
Diese steht bei Byte 32 folgende.

In anderen Programmdateien könnten Sie die Menütexte und ähnliches
verändern. Für diese Aufgaben ist TURBO DEBUGGER eine echte,
leicht zu bedienende Alternative zu Debug.

Programmaufbau

Das Programm ist denkbar einfach aufgebaut. Drei Hauptbestandteile lassen sich finden. Zum einen die Ausgaberoutinen, um die Dateiinhalte in
der zuvor beschriebenen Form auf den Bildschirm zu bringen. Zweitens
eine Eingabeschleife, die darauf wartet, einen Befehl von Ihnen entge-
genzunehmen und an die Arbeitsroutinen weiterzuleiten. Dritter und
wichtigster Bestandteil des Programms sind dann die Arbeitsroutinen, die
zumeist entweder Sprung- oder Korrekturbefehle in die Tat umsetzen.

Durchführung

Die Initialisierung bringt vor allem Bildschirmgestaltung. Neben dem
Programmnamen wird das aktuelle Inhaltsverzeichnis gezeigt, aus dem
man sich eine Datei zum Bearbeiten mit TURBO DEBUGGER aussuchen
kann.

```
cls
locate 1,1,1,1,13
on error goto fehler
print "TURBO debugger - Version 1.0"

datei:
files "*.*"
print
input "Dateiname: ",datnam$
```

Die Dateieröffnung im Binary-Modus.

```
open datnam$ for binary as #1



        do
```

Loc liefert die aktuelle Position des Zeigers in der Binary-Datei.

```
print loc(1);
locate ,10
```

Get$ liest eine beliebige Anzahl von Bytes aus einer Datei, auch chr$(26), das Dateiendezeichen. Der Zeiger wird hinter das zuletzt gelesene Zeichen gesetzt.

```
get$ 1,8,zeile$
ii=1
do
        zeichen$=mid$(zeile$,ii,1)
        'Ausgaberoutinen
        if asc(zeichen$)<32 then
                textpos=pos(x)
                print "* ";
                locate ,(ii+1)*4+20
                print asc(zeichen$);
                locate ,textpos+2
        else
                textpos=pos(x)
                print zeichen$;" ";
                locate ,(ii+1)*4+21
                print "=";
                locate ,textpos+2
        end if
        incr ii,1
loop until ii>8
```

```
        locate ,60
        'Befehlsschleife
        do
                befehl$=inkey$
                befehl$=ucase$(befehl$)
        loop until befehl$<>""
        gosub befehl
        print
```

Eof meldet das tatsächliche Dateiende, fällt also nicht auf innerhalb der Datei befindliche Dateiendezeichen herein.

```
        loop until eof(1)


dateiende:
        cls
        print "Dateiende erreicht"
        close 1
        print "Neue Datei: J-a/N-ein"
        do
                befehl$=inkey$
                befehl$=ucase$(befehl$)
        loop until befehl$="J" or befehl$="N"


        if befehl$="J" then goto datei:


        print "TURBO debugger - Version 1.0"
        print "Arbeit beendet"
        end
```

Die Routine Befehl ermittelt, welcher Befehl gewählt wurde und führt kleinere Aufgabe auch selber aus, hier z.B. das Programmende.

```
        befehl:
                if befehl$="E" then
                        cls
                        print "TURBO debugger - Version 1.0"
                        print "Arbeit beendet"
                        close 1
                        end
```

Seek setzt den Zeiger auf ein bestimmtes Byte innerhalb der unter Binary eröffneten Datei, hier auf den Dateianfang.

```
                elseif befehl$="A" then
                        seek 1,0
```

Acht Bytes voran, aber keinesfalls über das Dateiende hinaus. Lof liefert die Länge der Datei und damit auch die Nummer des letzten Bytes.

```
elseif befehl$="V" then
        if loc(1)+8<lof(1) then
                seek 1,loc(1)+8
        else
                seek 1,lof(1)
        end if
```

Der Sprung zum Wunschbyte.

```
elseif befehl$="G" then
        print "Dateiende: ";lof(1)
        locate ,60
        input ;"Zielbyte: ",zielbyte$
        if zielbyte$="m" or zielbyte$="M" then
                zielbyte=merker
        else
                zielbyte=val(zielbyte$)
        end if
        if zielbyte<0 then zielbyte=0
        if zielbyte>lof(1) then zielbyte=lof(1)
        seek 1,zielbyte
```

Ein Schritt zurück, aber auch hier nicht über das Dateiende hinaus.

```
elseif befehl$="Z" then
        if loc(1)-16>1 then
                seek 1,loc(1)-16
        else
                seek 1,0
        end if
elseif befehl$="M" then
        merker=loc(1)-8
```

Abgang zur Korrektur.

```
elseif befehl$="K" then
        print
        print zeile$
        print "=======>"
        call getinput(8,zeile$)
        zeile$=zeile$+string$(8," ")
```

Für die Korrektur wird zunächst der Zeiger auf das erste zu schreibende Byte gesetzt. Mit Put$ kann ab Zeigerposition eine beliebige Menge Bytes

geschrieben werden. Der Zeiger steht anschließend hinter dem letzten geschriebenen Byte.

```
seek 1,loc(1)-8
put$ 1,left$(zeile$,8)
```

Die bescheidene Hilfefunktion.

```
elseif befehl$="H" then
      textposy=csrlin
      locate 25,1
      print "E=Ende A=Anfang V=Vor G=Gehe Z=Zu";
      print "rück M=Merker K=Korrigieren  W=Wechsel";
      delay 1
      locate 25,1
      print string$(79," ");
      locate textposy,1
```

Wechsel der Datei.

```
elseif befehl$="W" then
      close 1
      cls
      goto datei:
end if
return
```

Getinput in einer leicht veränderten Form, damit auch die Control-Codes
(ASCII-Zeichen unter 32) eingegeben werden können.

```
sub getinput(zeichenanzahl,eingabestring$)

      eingabestring$=""
      do
            call getkey(ascii$,scancode)
            if ascii$=>chr$(32) and_
                  len(eingabestring$)<zeichenanzahl then
                  eingabestring$=eingabestring$+ascii$
                  print ascii$;
            elseif ascii$=chr$(0) and_
                  len(eingabestring$)<zeichenanzahl then
                  eingabestring$=eingabestring$+ascii$
                  print " ";
            elseif ascii$<chr$(32) and scancode<>14 and_
                  len(eingabestring$)<zeichenanzahl then
                  eingabestring$=eingabestring$+ascii$
                  print ascii$;
```

```
                    elseif scancode=14 and len(eingabestring$)>=1 then
                        eingabestring$=left$(eingabestring$,_
                        len(eingabestring$)-1)
                        locate ,pos(x)-1
                        print " ";
                        locate ,pos(x)-1
                    end if
            loop until ascii$=chr$(13)


    end sub
```

Getkey muß schon wieder herhalten.

```
    sub getkey(ascii$,scancode)


            local lowbyte
            local highbyte
            local adress


            do
                    reg 1,00
                    call interrupt &H16
                    adress=reg(1)
                    highbyte=int(adress/256)
                    lowbyte=adress-highbyte*256
            loop until chr$(lowbyte)<>""


            ascii$=chr$(lowbyte)
            scancode=highbyte


    end sub
```

Mit Dateien können immer eine Reihe von Fehlern auftreten. Die häufigsten sind in dieser Fehlerroutine zusammengefaßt, die sie bereits in ähnlicher Form von EASY DOS kennen.

```
    fehler:


        if err=53 then
            print "Datei nicht gefunden !";
        elseif err=61 then
            print "Laufwerk voll !";
        elseif err=64 then
            print "Unzulässiger Dateiname !";
        elseif err=67 then
            print "Verzeichnis voll !";
```

```
      elseif err=70 then
            print "Diskette schreibgeschützt !";
      elseif err=71 then
            print "Laufwerk nicht bereit !";
      elseif err=72 then
            print "Diskette defekt !";
      elseif err=74 then
            print "Die Umbenennen-Funktion kann nicht Kopieren  !";
      elseif err=75 then
            print "Dateizugriff erfolglos !";
      elseif err=76 then
            print "Suchweg existiert nicht !";
      else
            print "Es trat ein unbekannter Fehler auf!";
      end if

      close 1
      resume dateiende
```

12.3 INDIZIERTE DATEIVERWALTUNG

Leider bietet TURBO BASIC keine Befehle zur indizierten Dateiverwaltung, die den professionellen Aufbau von Datenbanken ermöglichen.
Mit ein wenig Phantasie lassen sich aber auch durch eine Kombination
von Random-Dateien indizierte Datenbanken realisieren. Hierzu einige
Anregungen:

Eine indizierte Dateiverwaltung besteht aus der eigentlichen Datendatei
und zumindest *einer* Index-Datei.

Ein Datensatz wird nun geschrieben, indem in die Datendatei alle Felder
des neuen Datensatzes eingetragen werden. Die Indexdatei nimmt den Index auf. Dieser könnte z.B. die ersten zehn Buchstaben von Feld 1 des
Datensatzes umfassen. Zusätzlich zu diesem Index muß noch ein Verweis
auf die Datendatei gespeichert werden, damit in der Indexdatei nach einem Eintrag der Datendatei gesucht werden kann. Deshalb wird in die
Indexdatei die Satznummer des neuen Datensatzes geschrieben.

Wir finden nun einen bestimmten Datensatz in der Datendatei, indem wir
über einen Suchbegriff in der Indexdatei die Nummer des gesuchten
Datensatzes erfragen und diesen aus der Datendatei lesen.

Für die Zugriffsgeschwindigkeit von großer Bedeutung ist die Reihenfolge der Index-Speicherung. Schnellste Zugriffe werden durch alphabetisch sortierte Indizes ermöglicht. Das heißt aber, daß bei jedem Schreibvorgang der komplette Index neu geschrieben werden muß, was recht zeitaufwendig ist. Deshalb hält man am besten während der Arbeit den gesamten Index im Speicher.

Dort kann er schnell durch den Quicksort-Algorithmus sortiert werden. Erst bei Abschluß der Arbeit mit der Datenbank wird der Index wieder auf Diskette zurückgeschrieben. Gefahr hierbei ist, daß durch Stromausfall oder Systemabsturz der gesamte Index verloren geht und somit die Datei zerstört wird.

Bei der Arbeit mit mehreren Indizes greift aber der Vorteil alphabetischer Sortierung des Index nicht mehr. Wenn nämlich nach zwei Suchkriterien gleichzeitig gesucht wird und die Fundstellen aus beiden Indizes in einer Liste erscheinen sollen, muß ohnehin im Speicher neu sortiert werden.

Es ist daher ratsam, auch wegen der Datensicherheit, die Indizes sofort und unsortiert zu schreiben. Sortiert werden nur die Fundstellen nach dem Suchlauf.

Damit dennoch nicht die Suchzeiten in einem unsortierten Index unangenehm lang werden, ist eine Aufteilung einer Indexreihe auf mehrere Indexdateien empfehlenswert. Wenn man z.B. eine Indexdatei für alle Zahlenfelder und eine für alle Buchstabenfelder einführt, kann die Hälfte der Sucharbeit im Index eingespart werden, wenn Zahlen- und Buchstabenindizes in etwa gleich vertreten sind. Eine andere Möglichkeit ist, die Indizes auf eine Datei für die Anfangsbuchstaben A bis M und eine zweite für N bis Z zu verteilen.

Aufgrund der vorangegangenen Überlegungen ergibt sich folgende bei-
spielhafte Struktur für eine indizierte Datei.

DATENDATEI

Datensatz 1
Feld 1   Maier
Feld 2   Hans
Feld 3   Hardenbergring 12
Feld 4   089/3241
Feld 5   8000
Feld 6   München 100

Datensatz 2
Feld 1   Stenz
Feld 2   Friedrich
Feld 3   Pücklerallee 142a
Feld 4   0228/3104834
Feld 5   5300
Feld 6   Bonn 2

INDEXDATEIEN

Index 1   Teil 1: A-M
                       Maier,1
               Teil 2: N-Z
                       Stenz,2

Index 2   Teil 1: A-M
                       Hans,1
                       Friedrich,2
               Teil 2: N-Z

Index 3   Teil 1: 0-4
                       0228/3104834,2
               Teil 2: 5-9
                       089/3241,1

Wie Sie leicht erkennen können, kann bei diesem Dateiaufbau ein Datensatz schon über das erste Zeichen des Suchbegriffs recht schnell gefunden
werden. Sucht man Herrn Maier, braucht nur Teil 1 von Index 1 geöffnet und gelesen zu werden. Der Suchlauf wäre im statistischen Mittel
nur halb so lang, wie bei einem in einer Datei zusammengefaßten Index.

Allerdings sollte das Aufteilen der Indizes nicht zu weit getrieben werden, denn bei einem Suchkriterium wie "alle Nachnamen von L bis O" sind allzu viele Indexdateien eher störend als hilfreich.

Noch gereicht diesem Dateiaufbau zwar das nach dem Suchen notwendige Sortieren der Fundstellen zum Nachteil. Doch wenn man als zweites Suchkriterium noch alle Münchner Telefonnummern angeben und dieses Kriterium mit dem ersten durch eine Und-Verknüpfung verbinden würde, so müßte auch bei alphabetisch aufgebauten Indizes nochmals sortiert werden.

Es zeigt sich also, daß der vorgeschlagene Dateiaufbau für das Suchen nach verschiedenen Kriterien gleichzeitig die schnellsten Suchläufe verspricht. Zudem wird das Schreiben von neuen Datensätzen erheblich beschleunigt, da die neuen Indizes einfach hinten an die Indexdateien angehängt werden. Ein Sortieren und Neuschreiben des gesamten Index entfällt. Außerdem wird durch die ständige Aktualisierung des Index höchste Datensicherheit gewährleistet.

Ein weiterer Vorteil dieses Dateiaufbaus ist Ihnen noch verschwiegen worden. Der Sortiervorgang, egal in welcher Form, läuft über den Quicksort-Algorithmus am schnellsten. Dieser kann aber nur Array-Elemente sortieren, die zusammengenommen bei TURBO BASIC maximal 64 Kbyte groß sein dürfen.

Quicksort kann also höchstens 64 Kbyte Daten sortieren. Das aber heißt, daß ein Index bei alphabetisiertem Indexaufbau höchstens 64 Kbyte groß sein darf. Bei einer Indexlänge von z.B. zehn Zeichen plus vier Stellen für den Verweis auf den Datensatz ergibt dies eine Beschränkung der Satzanzahl auf 4626 Datensätze ((64 Kbyte * 1012 Bytes) : (10 Zeichen Index + 4 Zeichen Satznummer) = 4626). Ein recht mageres Ergebnis, wo doch TURBO BASIC theoretisch 16.777.215 Datensätze verarbeiten kann.

Bei unsortierten Indizes gilt die 64 Kbyte Begrenzung hingegen nur für die Anzahl der Fundstellen. Will heißen, daß hier höchstens 4626 Fundstellen auf ein Suchkriterium passen dürfen, um sortiert werden zu können. Die Gesamtgröße der Datei ist dadurch aber keineswegs beschränkt.

Bei den Fundstellen kann man das Problem zudem noch auf zweierlei Weise umgehen. Zum einen kann der Anwender im Falle eines Falles aufgefordert werden, die Suchbedingung enger zu formulieren, so daß weniger Fundstellen bei der Suche herauskommen. Oder der Anwender kann gefragt werden, ob er bereit ist, auf eine Sortierung zu verzichten.

Mit diesen Anregungen sollte es Ihnen nicht mehr schwer fallen, mit Hilfe von TURBO BASIC Ihre eigene Datenbank einzurichten.

Routinen zur indizierten Dateiverwaltung

Ganz allein sollen Sie aber mit dieser Programmieraufgabe nicht gelassen werden. Vielmehr seien hier ein paar nützliche Routinen zur Datenbankprogrammierung vorgestellt. Zum Abschluß finden Sie dann noch ein kleines Demo-Programmm, das die Datenbankroutinen verwendet.

Alle Routinen erwarten eine Initialisierung der wichtigsten Systemvariablen:

```
cls

initialise:
      true = 0=0
      false = not true

      datafile=1                'Nummer der Datendatei
      indexfile=2               'Nummer der Indexdatei
      indexlength=20            'Gesamtlänge des Index
      dataindexlength=15        'Indexlänge
      recordindexlength=4       'Länge des Satznummerverweises
      datafileindexlength=1     'Länge des Dateinummerverweises
      totaldatalength=1000      'Länge eines Datensatzes
      lastfield=9               'letzte Feldnummer
    maxrecords=int(64768/dataindexlength)    'maximale Zahl von
                                             'Datensätzen
    dim found$(maxrecords) 'Array für die Fundstellen
    dim Stack1(maxrecords) 'Hilfsarray für Quicksort

    for i=0 to 9
          datalength(i)=100      'Feldlänge
    next

    for i=1 to 3               'Namen der Daten- und Indexdateien
          indexfile$(i)="index."+string$(3,i+48)
          datafile$(i)="daten."+string$(3,i+48)
    next
```

Die folgenden Routinen bilden die Benutzeroberfläche der Datenbankroutinen, mit denen der Programmierer am häufigsten zu tun haben wird.

Savedata sichert den Satzpuffer in der Datei openfile$.

```
sub savedata(openfile$)


        call opendata(openfile$)
        call putdata


end sub
```

Der entsprechende Index wird in indexfile$ mit Saveindex gespeichert. Index$ gibt den zu sichernden Index an.

```
sub saveindex(indexfile$,index$)


        call openindex(indexfile$)
        call putindex(index$)


end sub
```

Die beiden geöffneten Daten- und Indexdateien werden mit Closefiles geschlossen.

```
sub closefiles


        call closedata
        call closeindex


end sub
```

Nach einem Datensatz gesucht wird mit Searchdata. In searchmask$ wird die Suchmaske übergeben. Die Suchmaske ist bereits ein sehr fortentwickeltes Instrument, das auch umfangreiches Jokersuchen zuläßt. Einige Beispiele:

Suchmaske	Ergebnis
Meier	der Eintrag "Meier"
*	alle Einträge
M*	alle Einträge beginnend mit "M"
M??er	alle "Meier", "Maier", "Meyer" usw.
???	alle dreibuchstabigen Indizes
ein	alle Indizes mit der Silbe "ein" an beliebiger Stelle.

Die Joker * und ? sind also analog zu den MS-DOS Jokern zu verwenden und gestatten so ein komfortables Durchsuchen der Datenbank.

Mit dem Parameter lowup kann zusätzlich über die Ignorierung von Groß- und Kleinschreibung entschieden werden. Ist lowup gleich Eins, wird die Groß- und Kleinschreibung ignoriert, andernfalls nicht.

```
sub searchdata(searchmask$,lowup)


     shared foundnumber
     local left


     foundnumber=1


     call compareindex(searchmask$,lowup)
     left=foundnumber
     call quicksort(1,left)


  end sub
```

Die folgenden Unterroutinen sind die eigentlichen Arbeitstiere der Datenbankroutinen. Der Programmierer hat nach dem ersten Abtippen der Listings nur noch selten etwas mit Ihnen zu tun.

Eine Indexdatei wird mit Openindex eröffnet. In indexfile$ wird der gewünschte Name der Indexdatei angegeben.

```
sub openindex(indexfile$)


     shared indexlength
     shared dataindexlength,dataindex$
     shared recordindexlength,recordnumber$
     shared datafileindexlength,datafilenumber$
     shared indexfile


     open indexfile$ for random as #indexfile len=indexlength


     field #indexfile, dataindexlength as dataindex$,_
     recordindexlength as recordnumber$,_
     datafileindexlength as datafilenumber$


  end sub
```

Eine Datendatei wird mit Opendata geöffnet. Der Name der Datei steht in openfile$

```
    sub opendata(openfile$)


        shared totaldatalength
        shared datalength(),datafield$()
        shared lastfield
        shared datafile,datafile$

        datafile$=openfile$

        open openfile$ for random as #datafile len=totaldatalength

        field #datafile,datalength(0) as datafield$(0)_
             ,datalength(1) as datafield$(1)_
             ,datalength(2) as datafield$(2)_
             ,datalength(3) as datafield$(3)_
             ,datalength(4) as datafield$(4)_
             ,datalength(5) as datafield$(5)_
             ,datalength(6) as datafield$(6)_
             ,datalength(7) as datafield$(7)_
             ,datalength(8) as datafield$(8)_   'hier können noch weitere
                                                'Datenfelder angefügt wer-
                                                'den
             ,datalength(lastfield) as datafield$(lastfield)

    end sub
```

Daten- und Indexdatei werden mit Closedata bzw. Closeindex geschlossen.

```
    sub closeindex

        shared indexfile

        close indexfile

    end sub
```

```
sub closedata


     shared datafile
     close datafile


end sub
```

Nachdem über Searchdata ein Datensatz nach bestimmten Kriterien in
der Indexdatei gesucht wurde, muß er auch aus der Datendatei geholt
werden. Getdata übernimmt diese Aufgabe. Die Datendatei muß vorher
geöffnet worden sein.

```
sub getdata(foundrecord)


     shared datafile


     get #datafile,foundrecord


end sub
```

Einen Index lesen Sie mit Getindex aus der Indexdatei aus.

```
sub getindex(indexnumber)


     shared indexfile


     get #indexfile,indexnumber


end sub
```

Vor das Lesen von Daten hat der Herr jedoch das Schreiben derselben
gesetzt, welches wir mit Putdata erledigen. Die Daten müssen in der Ar-
rayvariablen dataf$() stehen.

```
sub putdata


     shared dataf$(),datafield$()
     shared lastfield
     shared totaldatalength,datalength()
     shared datafile
     local i
```

```
        for i=0 to lastfield
             lset datafield$(i)=left$(dataf$(i),datalength(i))
        next

        put datafile,lof(datafile)/totaldatalength+1


    end sub
```

Der entsprechende Index wird mit Putindex geschrieben. Was als Index vom Datensatz genommen wird, ist frei wählbar. Sowohl bei Putdata als auch bei Putindex müssen die entsprechenden Dateien bereits geöffnet sein.

```
    sub putindex(index$)


        shared indexfile$,indexfile
        shared dataindexlength,dataindex$
        shared recordindexlength,recordnumber$
        shared datafileindexlength,datafilenumber$
        shared indexlength
        shared datafile,datafile$,totaldatalength


        lset dataindex$=left$(index$,dataindexlength)
        lset recordnumber$=mid$(str$(lof(datafile)/_
             totaldatalength),2,4)
        lset datafilenumber$=right$(datafile$,1)


        put indexfile,lof(indexfile)/indexlength+1


    end sub
```

Wichtigste Bestandteile des Suchvorgangs sind Compareindex und Equal. In Equal findet der Vergleich zwischen Suchmaske und Index statt. Dafür wird von links der Index immer weiter verkürzt und jeweils das linke Zeichen auf Übereinstimmung geprüft. Der Vergleich endet mit einem equal gleich false oder true, je nachdem.

Compareindex liefert den nächsten Index und nimmt mit der Suchmaske übereinstimmende Indizes in das Fundstellen-Array found$() auf.

```
    sub compareindex(searchmask$,lowup)


        shared true,false
        shared equal
        shared indexfile
        shared found$(),foundrecord(),foundfile()
        shared dataindexlength,dataindex$,dindex$
```

```
                shared recordindexlength,recordnumber$
                shared datafileindexlength,datafilenumber$
                shared foundnumber
                local number


                number=1


                call umlaute(searchmask$)


                do
                        call getindex(number)
                        dindex$=dataindex$
                        call umlaute(dindex$)

                        call equal(searchmask$,dindex$,lowup)
                        if equal=true then
                                found$(foundnumber)=ucase$(dindex$)+_
                                recordnumber$+datafilenumber$

                                incr foundnumber,1
                        end if
                        incr number,1
                loop until eof(indexfile)
        decr foundnumber,1


end sub


sub equal(searchmask$,dindex$,lowup)

                shared true,false
                shared equal
                shared dataindexlength
                local i
                local smask$

                equal=false
                smask$=searchmask$

                i=1
```

```
        do
                if smask$="*" then
                        equal=true
                        exit loop
                elseif smask$=dindex$ then
                        equal=true
                        exit loop
                elseif left$(smask$,1)="*" and right$_
                        (smask$,1)="*" then
                        if lowup=1 and instr(ucase$(dindex$),_
                                ucase$(left$(mid$(smask$,2),_
                                len(smask$)-2))) then
                                equal=true
                                exit loop
                        elseif instr(dindex$,left$(mid$(smask$,2),_
                                len(smask$)-2)) then
                                equal=true
                                exit loop
                        end if
                elseif lowup=1 and ucase$(smask$)=ucase$(dindex$) then
                        equal=true
                        exit loop
                elseif left$(smask$,1)="*" or_
                        left$(smask$,1)="?" or_
                        left$(smask$,1)=mid$(dindex$,i,1) then
                        equal=true
                elseif lowup=1 and_
                        ucase$(left$(smask$,1))=ucase$(mid$(dindex$,i,1)) then
                        equal=true
                else
                        equal=false
                        exit loop
                end if

                incr i,1
                smask$=mid$(smask$,2)

        loop until i>len(dindex$) or smask$=""


    end sub
```

Für Vergleich und Sortierung sind uns die Umlaute bei TURBO BASIC
besonders hinderlich. Bei der Ignorierung von Groß- und Kleinschreibung während des Indexvergleichs müßte eigentlich Ucase$ bzw.
Lcase$ auf Suchmaske und Index angewandt werden. Die Umlaute wer-

den jedoch von den beiden TURBO BASIC Befehlen als Graphikzeichen aufgefaßt und nicht verändert. Ein Vergleich

    ucase$("Böhmer")=ucase$("BÖHMER")

fällt also negativ aus, da ucase$("Böhmer") zu "BöHMER" wird und nicht zu "BÖHMER".

Einen Ausweg aus dieser Misere und aus der falschen Sortierung der Umlaute weist die Routine Umlaute. Sie untersucht den übergebenen String auf das Vorhandensein von Umlauten und ß. Ist kein solcher Buchstabe vorhanden, bleibt die Routine tatenlos, andernfalls ersetzt sie die Umlaute durch eine Kombination von Vokal und e bzw. ß durch ss.

So wird aus

ä	ae
Ä	AE
ö	oe
Ö	OE
ü	ue
Ü	UE

Durch dieses Bäumchen-Wechsel-Dich gelingt nun der Vergleich von zwei Strings über Ucase$ ebenso wie die richtige Sortierung von Umlauten.

```
sub umlaute(textstring$)

    shared dataindexlength
    local tstring$
    local i

    if instr(textstring$,"ä")>0 or instr(textstring$,"Ä")>0 or_
        instr(textstring$,"ö")>0 or instr(textstring$,"Ö")>0 or_
        instr(textstring$,"ü")>0 or instr(textstring$,"Ü")>0 or_
        instr(textstring$,"ß")>0 then
        tstring$=""
        i=1
        do
            if instr("äÄüÜöÖß",mid$(textstring$,i,1))>0 then
                if mid$(textstring$,i,1)="ä" then
                    tstring$=tstring$+"ae"
                elseif mid$(textstring$,i,1)="Ä" then
                    tstring$=tstring$+"AE"
```

```
                            elseif mid$(textstring$,i,1)="ü" then
                                    tstring$=tstring$+"ue"
                            elseif mid$(textstring$,i,1)="Ü" then
                                    tstring$=tstring$+"UE"
                            elseif mid$(textstring$,i,1)="ö" then
                                    tstring$=tstring$+"oe"
                            elseif mid$(textstring$,i,1)="Ö" then
                                    tstring$=tstring$+"OE"
                            elseif mid$(textstring$,i,1)="ß" then
                                    tstring$=tstring$+"ss"
                            end if
                    else
                            tstring$=tstring$+mid$(textstring$,i,1)
                    end if
                    incr i,1
            loop until i>dataindexlength
            textstring$=left$(tstring$,dataindexlength)
      else
            exit if
      end if

   end sub
```

Immer wieder hieß es hier, der Quicksort-Algorithmus solle zum Sortieren herhalten. Bisher hatten wir aber nur den rekursiv programmierten Quicksort so verwandelt, daß er auch Strings sortieren konnte. Kritische Leser werden sich deshalb schon gefragt haben, ob wir für die Datenbank beim rekursiven Quicksort bleiben. Denn dieser verbraucht eine Unmenge Speicher und den brauchen wir ja für die zu sortierenden Indizes. Außerdem ist er recht langsam im Vergleich zu seinem herkömmlich programmierten Bruder, was ihm ebenfalls nicht gerade als Empfehlung gereicht.

Machen Sie sich aber keine Sorgen, daß Sie selbst den normalen Quicksort auf String-Bedürfnisse umschustern müssen. Dies hat der Autor im Schweiße seines Angesichts bereits für Sie erledigt. Der zu sortierende Stringarray steht übrigens in der Variable found$().

```
      SUB QuickSort(Links,Rechts)

           LOCAL I.Index,Temp1
           SHARED TRUE,FALSE,found$(),stack1()

           CALL Stackloeschen
           Fertig = FALSE
```

```
                    DO
                        IF Links <= Rechts THEN
                            I.Index = FNTeil(Links,Rechts)
                            IF (I.Index - Links) > (Rechts - I.Index) THEN
                                Call Push(Links)
                                Temp1 = I.Index-1
                                Call Push(Temp1)
                                Links = I.Index + 1
                            ELSE
                                Temp1 = I.Index+1
                                Call Push(Temp1)
                                Call Push(Rechts)
                                Rechts = I.Index - 1
                            END IF
                        ELSE
                            IF NOT FNStackLeer THEN
                                Call Pop(Rechts)
                                Call Pop(Links)
                            ELSE
                                Fertig = TRUE
                            END IF
                        END IF
                    LOOP UNTIL Fertig
                END SUB


                DEF FNTeil(Links,Rechts)

                    LOCAL I.Index,J.Index,value$,temp$
                    shared  found$(),dataindexlength

                    value$ = found$(Rechts)
                    I.Index = Links-1
                    J.Index = Rechts
                    DO
                        DO
                            I.Index = I.Index + 1
                            if I.Index>Rechts then exit loop
                        LOOP UNTIL ucase$(left$(found$(I.Index),_
                        dataindexlength))>= ucase$(left$(value$,_
                            dataindexlength))
                        DO
                            J.Index = J.Index - 1
                            if J.Index<1 then exit loop
                        LOOP UNTIL ucase$(left$(found$(J.Index),_
```

```
                        dataindexlength))<= ucase$(left$(value$,_
                            dataindexlength))
                    temp$ = found$(I.Index)
                    found$(I.Index) = found$(J.Index)
                    found$(J.Index) = temp$
            LOOP UNTIL J.Index <= I.Index

            found$(J.Index) = found$(I.Index)
            found$(I.Index) = found$(Rechts)
            found$(Rechts) = temp$
            FNTeil = I.Index
    END DEF


DEF FNStackLeer
        IF Stack1Index = 0 THEN
                FNStackLeer = TRUE
        ELSE
                FNStackLeer = FALSE
        END IF
END DEF

SUB Stackloeschen

        SHARED Stack1Index

        Stack1Index = 0

END SUB

SUB Push(element)

        SHARED Stack1Index,stack1()

        Stack1Index = Stack1Index + 1
        stack1(Stack1Index) = element

END SUB
```

```
SUB Pop(element)
      SHARED Stack1Index,stack1()


      element = stack1(Stack1Index)
      Stack1Index = Stack1Index - 1


   END SUB
```

Zum Abschluß nun ein kleines Programm, daß die Verwendung der Datenbankroutinen demonstriert. Das Prögrämmchen erhebt nicht im Mindesten den Anspruch der Vollständigkeit, gibt aber dennoch genügend Einblicke in die Datenbankprogrammierung und lädt geradezu zum Weiterentwickeln ein.

Zwei Optionen stellt das Programm zur Verfügung: Dateneingabe und Datensuche, also die wichtigsten Grundfunktionen einer Datenbank. Das Eingeben ist recht primitiv, die Daten werden in eine Daten- und eine Indexdatei geschrieben. Machen Sie mehr daraus.

Das Suchen geschieht mittels einer Suchmaske wie oben besprochen und ist schon recht weit gediehen. Auch die Such- und Sortierzeiten können sich sehen lassen. Sie werden angezeigt.

Gänzlich fehlen Möglichkeiten zur Korrektur und Druckausgabe von Daten. Die großzügige Verwendung von Systemvariablen in den Datenbankroutinen erlaubt auch flexible Datenbanksysteme mit veränderbaren Feldlängen etc. Sie sehen, es gibt noch viel zu tun.

```
   mainprogram:


         do
                print "Daten e-ingeben oder s-uchen oder b-eenden?"
                do
                      e$=inkey$
                      e$=ucase$(e$)
                loop until e$="E" or e$="S" or e$="B"


                if e$="S" then
                      gosub search
                elseif e$="E" then
                      gosub inputdata
                else
                      end
                end if
         loop
         end
```

```
search:

        call opendata(datafile$(1))
        call openindex(indexfile$(1))
        input "Suchbegriff: ",searchmask$
        times=timer
        lowup=1
        call searchdata(searchmask$,lowup)
        searchtime=timer-times

        for i=1 to foundnumber
                recordnumber=val(mid$(found$(i),dataindexlength+1,4))
                if recordnumber>0 and recordnumber<=maxrecords then
                        call getdata(recordnumber)
                        print datafield$(0)
                end if
        next

        call closefiles

        print "Such- und Sortierzeit: ";searchtime;" Sekunden."

return


inputdata:

        for i=0 to 9
                print "Datenfeld ";i;":";
                input "",dataf$(i)
        next

        call savedata(datafile$(1))
        call saveindex(indexfile$(1),dataf$(0))
        call closefiles

return
```

13 Für Spezialisten

13.1 MASCHINENSPRACHE

Um es gleich vorweg zu sagen: In diesem Kapitel werden Sie keine ausführlichen Erklärungen darüber finden, wie man in Maschinensprache programmiert. Vielmehr soll Ihnen gezeigt werden, wie Sie in TURBO BASIC hautnah an Ihre Rechenmaschine herankommen, oder wie Sie vorhandene Maschinenspracheprogramme und -routinen in TURBO BASIC einbinden.

TURBO BASIC bietet einige hervorragende Möglichkeiten, intim mit der Maschine zu kommunizieren. Damit Sie diese auch zu nutzen wissen, ein paar Worte vorweg zur Struktur Ihres Gesprächspartners.

Bildlich gesprochen

Dieses Kapitel heißt zwar "Für Spezialisten", doch soll in dieser kurzen Erklärung Anschaulichkeit den Vorrang vor technischer Exaktheit haben.

Der Rechner besteht im wesentlichen aus dem Prozessor und verschiedenen Speichern. Der Prozessor ist vergleichbar einem Lagerarbeiter, die Speicher sind also sein Lager. Sie sind der Lagerverwalter und teilen dem Lageristen mit, was er zu tun hat. Das Lager ist gewaltig groß und hat entsprechend viele Abteilungen und Regale.

Damit sich der Arbeiter auch zurechtfindet, gibt es ein schwarzes Brett, an dem die verschiedensten Informationen hängen. Dieses schwarze Brett sind für den Prozessor die Pointer/Zeiger-Register.

So gibt es einen Instruction Pointer/Anweisungs-Zeiger. Dieser Pointer ist wie ein Aufgabenzettel, er weist den Arbeiter auf die nächsten Tätigkeiten hin, erklärt aber nicht genau, was zu tun ist. Diese Information findet der Prozessor im Code-Segment/Programm-Segment, also einer bestimmten Abteilung innerhalb des Lagers.

Angenommen, Sie teilen Ihrem Arbeiter mit, er soll aus einem bestimmten Lagerbereich einen Gegenstand holen und ihn zur Warenausgabe bringen. Dazu hängen Sie ans schwarze Brett einen Zettel auf dem beispielsweise steht "Arbeiten Sie Auftrag Nummer 11 ab". Dies ist der Instruction Pointer. Der Lagerist rennt also zum Code-Segment, um sich dort Auftrag 11 abzuholen. Dort steht "Holen Sie Dachgepäckträger". Daraufhin läuft der Lagerist zum Schwarzen Brett zurück. Hier nämlich hängt ein Zettel, der ihm sagt, wo er die Dachgepäckträger finden kann. Dies ist der Source Index/Quellindex.

Da der Prozessor weder Gewerkschaften, geregelte Arbeitszeiten noch Lustlosigkeit kennt, geht er nun sogleich ins Lager, um die Dachgepäckträger zu holen. Doch nachdem er die gewünschten Teile geholt hat, weiß er nicht, wohin damit. Wir schreiben deshalb einen zweiten Zettel, den Destination Index/Zielindex: "Bringen Sie die Träger zur Warenausgabe B im dritten Stock".

Quelle und Ziel werden jeweils durch zwei Angaben erklärt, z.B. zuerst die Abteilung und dann das Regal. Auch der Computer arbeitet ähnlich. Er adressiert jede Stelle im Datensegment mittels Segment (Abteilung) und Offset (Regal). Diese zweigeteilte Adressierung gilt auch für alle anderen Register. Die Warenausgabe könnte für den Computer nun im Extra-Segment liegen.

Manche Aufgaben des Lageristen erfordern zusätzliche Angaben. Z.B. könnte man ihn auffordern, zwei blaue Dachgepäckträger zu bringen. Die Informationen "zwei" und "blau" werden auf eigene Zettelchen, sogenannte Daten-Register geschrieben. So gehört die Häufigkeit einer Tätigkeit immer ins Count-Register.

Die Datenregister werden ebenfalls durch Segment und Offset angesprochen. Das Segment schreibt man in den unteren Bereich des Zettelchens, den Offset nach oben. Daraus ergeben sich die Bezeichungen Lowbyte (für Segment) und Highbyte (für Offset). Bezeichnet man das gesamte Countregister mit CX, so ist das Lowbyte in CL (Count Low) und das Highbyte in CH zu finden.

Für die anderen Angaben zu einer Tätigkeit stehen noch das Accumulator (AX), das Base (BX) und das Data-Register (DX) zur Verfügung. Auch sie werden in Low- und Highbyte unterteilt. Welche Informationen wo zu stehen haben, hängt von der jeweiligen Aufgabe ab. Hier gibt sich der Arbeiter übrigens ganz störrisch. Sind die Angaben falsch, hält er Sie für verrückt und geht nach Hause (stürzt ab).

Zu all diesen Registern - es sind übrigens nicht alle erwähnt, jedoch die, die Sie auch durch TURBO BASIC manipulieren können - kommt noch das Flag/Fähnchen-Register. Mit Fähnchen nämlich teilt Ihnen der Lagerist den Fortgang seiner Tätigkeiten mit. Wie bei der Seefahrt benutzt er dazu die verschiedensten Flaggen.

Register beschreiben und lesen

Nun wird es, damit wir den Gesamtüberblick bekommen, etwas technischer. Spezialisten können wieder mit beiden Augen lesen.

Die meisten der angesprochenen Register können Sie bei TURBO BASIC mit dem Befehl Reg beschreiben und lesen.

```
reg 1,wert
```

setzt das Register eins auf Wert.

```
wert=reg(1)
```

liest das Register wieder aus.

Genaugenommen wird allerdings nicht das Register selbst beschrieben und gelesen, sondern ein von TURBO BASIC eingerichtetes Array namens Reg. Wird nun ein Interrupt aufgerufen, setzt TURBO BASIC die Register entsprechend den Werten im Reg-Array. Die Register-Inhalte schreibt TURBO BASIC nach Aufruf eines Interrupts wieder in das Reg-Array. So gesehen kann der TURBO BASIC Programmierer die Reg-Anweisung mit dem tatsächlichen Setzen und Lesen der Register gleichsetzen. Die Wirkung wäre nicht anders. Allerdings hat das Schreiben und Lesen von Reg nur im Zusammenhang mit den Interrupts eine Wirkung. Isoliert von einem Interrupt führt Reg zu nichts. Dies sähe gänzlich anders aus, wenn mit Reg direkt die Register manipuliert würden. Dies könnte leicht zu Systemabstürzen führen.

Übrigens arbeitet Reg nur mit dem Gesamtwert von Low- und Highbyte. Dieser Gesamtwert kann mit einer Formel leicht aus Low- und Highbyte errechnet oder in Low- und Highbyte zerlegt werden. Deshalb schreiben wir gleich unsere ersten Prozeduren für die Maschinensprache, eine, die diesen Gesamtwert in Low- und Highbyte zerlegt, und eine weitere, die Low- und Highbyte zur Gesamtadresse zusammensetzt.

```
sub lowhigh(lowbyte,highbyte,adress)
    highbyte=int(adress/256)
    lowbyte=adress-highbyte*256
end sub
```

liefert highbyte und lowbyte aus der Gesamtadresse.

```
sub adress(lowbyte,highbyte,adress)
    adress=int(lowbyte+256*highbyte)
end sub
```

errechnet aus Lowbyte und Highbyte eine Gesamtadresse.

Übersicht über alle Register

Hier nun eine Zusammenstellung aller Register. Wenn sie von TURBO
BASIC aus verwendbar sind, ist dies mit Reg(?) angezeigt.

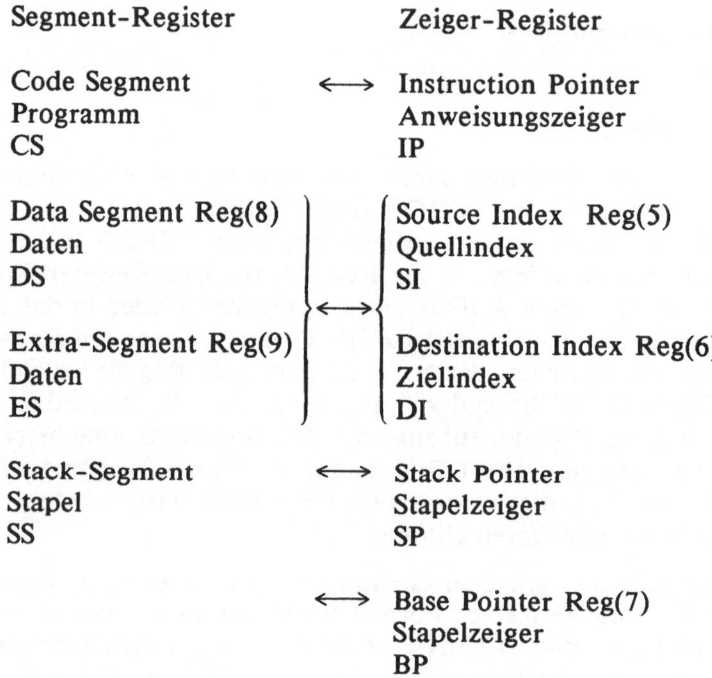

Daten-Register

Accumulator   **Reg(1)**
   AX
AL   **AH**

Base Register   **Reg(2)**
   BX
BL   **BH**

Count Register   **Reg(3)**
   CX
CL   **CH**

Data Register   **Reg(4)**
   DX
DL   **DH**

Flagregister Reg(0)

Bit 1	Carry Flag	Übertrag ja(1)/nein(0)
Bit 2	Parity Flag	Gerade (1)/ungerade(0)
Bit 3	nicht belegt	
Bit 4	Auxiliary Flag	Zusatzflag für Überträge
Bit 5	nicht belegt	
Bit 6	Zero Flag	Ergebnis, wenn 0 (0)
Bit 7	Sign Flag	Vorzeichen neg.(1),pos(0)
Bit 8	Trap Flag	Einzelschritt ja(1),nein(0)
Bit 9	Interrupt Flag	andere Interrupts erlaubt ja(1), nein(0)
Bit 10	Direction Flag	Richtung vor(0), zurück(1)
Bit 11	Overflow Flag	Überlauf ja(0), nein(1)

Bits 12 bis 15 sind nicht belegt.

Hexadezimales Zahlensystem

Bei der Maschinenspracheprogrammierung wird häufig ein anderes Zahlensystem als das Dezimalsystem verwendet, das Hexadezimalsystem. Dieses System wird zur Basis 16 aufgebaut. Zahlen im Hexadezimalsystem werden in Texten gewöhnlich durch ein nachgestelltes h gekennzeichnet, z.B. 33h. TURBO BASIC unterscheidet Hex-Zahlen durch ein vorangestelltes &H von Dezimalzahlen:

    &H33

Die Umrechnung von Dezimal in Hexadezimal kann man mit dem Befehl

    print hex$(dezimalzahl)

leicht durchführen. Umgekehrt brauchen Sie sich die Zahl nur ausgeben zu lassen

    print &H33

gibt 51 dezimal.

Interrupt-Programmierung

Die einfachste Möglichkeit maschinensprachlich mit dem Computer zu sprechen, sind die Interrupts, die Befehle des Basic Input Output Systems (BIOS) und Ihres Disk Operating Systems MS-DOS. Zum Aufruf eines solchen Interrupts kennt TURBO BASIC den Befehl

    call interrupt Nummer des Interrupts

Einige Beispiele für die Verwendung dieses Befehls haben Sie bereits in anderen Teilen des Buches kennengelernt. Hier soll nun die langersehnte Erklärung der Feinheiten dieses Befehls kommen, zusammen mit einem praktischen Beispiel.

13.2 TURBO BASIC MAUSERT SICH

Wir wollen mittels des Interrupts 33h die Einbindung der Maus in TURBO BASIC Programme bewerkstelligen. Vonnöten ist hierzu eine Microsoft-kompatible Maus, sollten Sie über eine solche nicht verfügen, so ist das nicht tragisch. Die Maus ist nur ein Beispiel, das sich leicht auf andere Bedürfnisse übertragen läßt. Außerdem finden Sie im Anhang

dieses Buches einen Überblick über alle wichtigen Interrupts, in dem Sie
dann nach Herzenslust schwelgen können.

Wir bleiben bei der Maus. Die Interrupts werden immer in gleicher Weise
aufgerufen. Wir besetzen verschiedene Register mit den notwendigen
Parametern und schreiben dann

```
call interrupt
```

Anschließend können wir eventuell vorhandene Ergebnisse aus den
Registern auslesen.

Vorgestellt werden Routinen, die die Maus intialisieren und Routinen zur
Abfrage von Tastenstatus und Mausposition. Weiterhin werden einige
Prozeduren erarbeitet, mit denen die Bewegungsfreiheit der Maus eingeschränkt werden kann, und mit denen Sie die Form Ihres Mauszeigers
frei bestimmen können.

Um die Maus zu initialisieren erwartet der Interrupt 33h im Register AH
eine Null als Zusatzkennung. Wir tun dies mit

```
sub mouseinit

    reg 1,0              'Register AH (Highbyte von Reg 1)

    call interrupt &H33     'Interrupt call

end sub
```

und haben damit das Kommen der Maus eingeläutet.

(Seltsamerweise ist mit dem Aufruf des Interrupts die Maussteuerung von
TURBO BASIC selbst nicht mehr verfügbar. Eine Aufgabe für den Tüft-
ler wäre es, diesen Mißstand zu beseitigen.)

Mehr ist jedoch nicht passiert, wer den Mauszeiger auch zu sehen
wünscht, muß wieder den Interrupt 33h bemühen, diesmal jedoch mit
einer Eins im AH Register.

```
sub mouseon

    reg 1,1

    call interrupt &H33

end sub
```

"Du siehst mich nicht, Du siehst mich doch" kann ganz lustig sein, denkt sich die Maus und verschwindet wieder:

```
sub mouseoff


     reg 1,2         'zwei im AH-Register als Kennung


     call interrupt &H33


  end sub
```

Jedes mausgesteuerte Programm lebt vom Drücken einer der beiden Maustasten. Damit das Programm auch erfährt, welche Maustaste wann gedrückt wurde, gibt es drei verschiedene Möglichkeiten, den Mausstatus zu überprüfen. Gegenwärtiger Mausstatus (a), Mausstatus seit dem letzten Buttondruck (b) und Mausstatus nach dem letzten Loslassen eines Buttons (c).

Die in AH zu übergebenden Nummern sind 3,5 oder 6. Als Ergebnis liefern die Funktionen in AX den Buttonstatus (Bit Null gleich Eins = linke Maustaste gedrückt, Bit Eins gleich Eins = rechte Maustaste gedrückt), in CX die X-Koordinate des Mauszeigers und in DX die Y-Koordinate. Bei den Funktionen 5 und 6 wird zusätzlich in BX der Zählerstand übergeben.

```
  sub mousestatusA(mouseline,mousecolumn,buttons)


     reg 1,3

     call interrupt &H33

     buttons=reg(2)
     mouseline=reg(4)
     mousecolumn=reg(3)


  end sub
```

```
sub mousestatusB(mouseline,mousecolumn,buttons,counter)

     reg 1,5
     reg 2,buttons

     call interrupt &H33

     buttons=reg(1)
     counter=reg(2)
     mousecolumn=reg(3)
     mouseline=reg(4)

end sub


sub mousestatusC(mouseline,mousecolumn,buttons,counter)

     reg 1,6
     reg 2,buttons

     call interrupt &H33

     buttons=reg(1)
     counter=reg(2)
     mousecolumn=reg(3)
     mouseline=reg(4)

end sub
```

Man kann den Mausstatus nicht nur abfragen, sondern ihn auch in Bezug auf die Position der Maus verändern. Mit der Unterfunktion Vier des Interrupts 33h kein Problem. Hier muß man ins Register CX die Zielspalte und ins DX Register die Zielzeile schreiben.

Übrigens müssen Sie diese Funktion nicht für jede Bewegung des Mauspfeils benutzen. Bewegt der Anwender die Maus, wird diese Bewegung dank Mausinit automatisch auf dem Bildschirm wiedergegeben. Setmouse gibt Ihnen die Möglichkeit, vom Programm die Position verändern zu lassen, zu welchem Zweck auch immer.

```
sub setmouse(mouseline,mousecolumn)

     reg 1,4
     reg 3,mousecolumn
     reg 4,mouseline


     call interrupt &H33


end sub
```

Welcher Programmierer möchte seinen Anwender nicht in die gebührlichen Grenzen verweisen. Soll der Mauszeiger in seiner Bewegungsfreiheit eingeschränkt werden, kann dies mit den Funktionen 7 und 8 des Interrupts 33h vollzogen werden. Funktion 7 beschränkt die Horizontale, Funktion 8 die Vertikale. Da man meist jedoch in beiden Richtungen die Bewegungsmöglichkeiten beschränken möchte, wollen wir beide Aufrufe in einer Prozedur zusammenfassen.

Die Variablen fl,fc,ll,lc kennen Sie bereits von der Fenstertechnik her.

   fl=erste Zeile

   fc=erste Spalte

   ll=letzte Zeile

   lc=letzte Spalte

Sie könnten ja die hier vorgestellten Mausroutinen mit der Fenstertechnik verbinden wollen. Dann wird Ihr Programm erst recht professionell.

Wir aber bleiben zunächst bei der Maus und den Mouseborders.

Für den Interrupt 33h, Funktion 7 muß in die Register 3 (CX) und 4 (DX) die linke und rechte horizontale Begrenzung, also fc und lc geschrieben werden. Für Funktion 8 gehört in dieselben Register die obere und untere vertikale Begrenzung, also fl und ll.

```
sub mouseborders(fl,fc,ll,lc)


        reg 1,7
        reg 3,fc
        reg 4,lc


        call interrupt &H33


        reg 1,8
        reg 3,fl
        reg 4,ll


        call interrupt &H33


    end sub
```

Eine weitere Manipulation kann man am Aussehen der Maus vornehmen.
Die Funktion 10 erlaubt uns im Textmodus dem Mauscursor jedes beliebige ASCII-Zeichen zuzuweisen und auch die Farbe beliebig zu wechseln. Dazu übergibt man neben der Funktionsnummer in Register 1 (AX)
in Register 3 (CX) die Farbe und in Register 4 (DX) den ASCII-Code
des gewünschten Zeichens, bevor der Interrupt 33h aufgerufen wird.

```
sub textmouse(mousecolor,char)


        reg 1,10
        reg 2,0
        reg 3,mousecolor*256
        reg 4,char


        call interrupt &H33


    end sub
```

Mit dieser Funktion wäre noch mehr zu bewerkstelligen, aber das soll
uns reichen, da es ja noch die Funktion 9 gibt. Nummer 9 verändert die
Form des Mauszeigers im Graphikmodus. Hier kann Pixel für Pixel an
der Maus gedrechselt werden. Die Form des Mauszeigers übergeben wir
in einer indizierten Variablen mit 32 Elementen. Jedes dieser Elemente
sollte eine binär dargestellte 16-Bit-Zahl sein.

```
dim mouse%(0:31)
```

Die ersten 16 Elemente bestimmen die Verbindung von Vorder- und
Hintergrund getrennt für jede der sechzehn Mauszeigerzeilen. Sinnvollerweise behandelt man aber alle 16 Elemente gleich.

    &B0000000000000000

ergibt einen überschreibenden Mauspfeil

    &B1111111111111111

einen durchscheinenden. Selbstverständlich sind beliebige Zwischenformen denkbar. Wir aber schreiben

```
for i=0 to 15
mouse%(i)=&B0000000000000000
next
```

Die zweite Sechszehnergruppe beschreibt das Aussehen des Mauspfeils und wird als Bitbild kodiert; Künstler an die Front. Als Demo nehmen wir mal ein großes Fragezeichen:

```
mouse%(16)=&B0000000000000000
mouse%(17)=&B0001111111111000
mouse%(18)=&B0111111111111110
mouse%(19)=&B0111100000111110
mouse%(20)=&B0111100000011110
mouse%(21)=&B0111100000111110
mouse%(22)=&B0000000001111100
mouse%(23)=&B0000000111111000
mouse%(24)=&B0000011111100000
mouse%(25)=&B0000111110000000
mouse%(26)=&B0000111110000000
mouse%(27)=&B0000111110000000
mouse%(28)=&B0000000000000000
mouse%(29)=&B0000111110000000
mouse%(30)=&B0000111110000000
mouse%(31)=&B0000000000000000
```

Nun zur eigentlichen Routine für die Veränderung des Mauszeigers. Neben der Form und Verbindung mit dem Hintergrund können wir auch noch den Schwerpunkt des Mauspfeils festlegen. In Abhängigkeit von diesem Schwerpunkt werden zum Beispiel die X- und Y-Positionen gemessen. Man kann diesen Schwerpunkt auch außerhalb der Maus legen, doch sinnvoll ist dies kaum. Werte zwischen 1 und 16 für

    mousecenterx=horizontaler Schwerpunkt

und

    mousecentery=vertikaler Schwerpunkt

sind vernünftig.

Der Interrupt 33h, Funktion 9 bekommt nun in den Registern 2 und 3 die Koordinaten des Schwerpunkts übermittelt. Auf die Register 4 und 9

wird die Adresse des Arrays mouse%() verteilt. Über varptr wird der
Offset des Arrays in Register 4 geschrieben, über varseg das Segment in
Register 9 gebracht.

```
sub graphicmouse(mousecenterx,mousecentery)

    shared mouse%()

    reg 1,9
    reg 2,mousecenterx
    reg 3,mousecentery
    reg 4,varptr(mouse%(0))
    reg 9,varseg(mouse%(0))

    call interrupt &H33

end sub
```

Zum Abschluß unserer Interrupt-Programmierung am Beispiel der Maus,
nun noch ein kleines Demoprogramm. Das Programm erlaubt entweder
eine Demo auf einem Graphik- oder einem Textbildschirm. Die auszu-
tauschenden Programmteile sind durch entsprechende Kommentare und
Apostroph am Zeilenanfang gekennzeichnet.

```
'screen 2,0  nur wenn Graphikdemo gewünscht

dim mouse%(0:31)

'hier die Definition der Mauszeigerform von Funktion 9  einbinden

for i=1 to 24
      print string$(80,"A");
next

locate ,,1

call mouseinit

call mouseon

call mousestatusa(ml,mc,b)

call setmouse(1,1)

delay 1
```

```
'call graphicmouse(1,1)     nur wenn Graphikdemo gewünscht

call setmouse(1,1)

'call textmouse(3,5)        nur wenn Textdemo gewünscht

call mouseborders(1,1,100,100)

delay 3 'Zeit zum Bewegen der Maus in veränderten Grenzen

call mouseoff

end
```

Bedenken Sie, daß nach Ablauf dieser Maus-Demo die Mausunterstüt-
zung in TURBO BASIC's Bedieneroberfläche selbst nicht mehr funktioniert.

13.3 TURBO MASCHINE

Komplett in Maschinensprache geschriebene Routinen und Programme in
TURBO BASIC einzubinden, ist denkbar einfach. Das Programm Whereis
(Datei WHEREIS.INC ansehen) liefert hier mehrere vorgefertigte gute
Beispiele.

Sie schreiben

```
sub setdta inline
```

wobei hier Setdta der Name der Programmprozedur ist und binden dann
mit

```
$inline "setdta.bin"
```

die Maschinenroutine über ihren Namen im Inhaltsverzeichnis ein. Beendet wird das Ganze wie jede andere Prozedur auch

```
end sub
```

Noch ein weiteres Beispiel diesmal zusammenhängend:

```
sub getdta inline
      $inline "getdta.bin"
end sub
```

Ein umständliches und langwieriges Einpoken von Maschinenroutinen
entfällt also. Es gibt zwar auch den Befehl

    call absolute adresse

der eine im Speicher befindliche Maschinenroutine aufruft. Diese müßte
aber zuvor dorthin geschrieben worden sein, und man hätte für sie einen
Speicherbereich reservieren müssen. Außerdem muß vor einem Call-Ab-
solute-Befehl immer erst mit Def Seg das Segment für die Maschinenroutine gesetzt werden. Umgehen Sie ganz einfach diesen Haufen von
Zwängen und nehmen Sie von nun an

    Sub ... inline

zusammen mit

    $inline

und Sie werden glücklicher.

Ein weiterer Weg ist das direkte Programmieren von Maschinensprache-
Elementen innerhalb von TURBO BASIC. Auch dazu dient der Inline-
Befehl. Maschinencode darf in der $inline Schreibweise nie mit einem
RET-Befehl enden. Für den Rücksprung von Maschinensprache auf
TURBO BASIC sorgt der Compiler selbst.

Ähnlich wie bei Debug geben Sie den Maschinencode in hexadezimaler
Notation ein. Ein Beispiel aus dem Handbuch:

```
SUB FILL INLINE

        $INLINE &H55              'PUSH BP
        $INLINE &H89,&HE5         'MOV BP,SP
        $INLINE &HC4,&H7E,&H06    'LES DI,[BP+06] ; Start
        $INLINE &HB8,&H64,&H00    'MOV AX,100     ; Wert 100
        $INLINE &HB9,&H20,&H4E    'MOV CX,20000   ; Anzahl
        $INLINE &HFC              'CLD            ; aufsteigend
        $INLINE &HF3              'REP
        $INLINE &HAB              'STOSW
        $INLINE &H5D              'POP BP
        '                 <- kein RET-Befehl!
END SUB
```

Und die Anwendung der Maschinenroutine.

```
defint a-z
dim testarray(19999)

call fill(testarray(0))  'setzt die Elemente auf 100

for x = 0 to 19999
        print testarray(x);
next

end
```

Die Routine setzt alle Elemente eines Arrays auf den Wert Hundert. Andere Werte können Sie entweder direkt in den Maschinencode schreiben, oder als Parameter übergeben. Sinnvolle Anwendungen für diese Routine liegen wohl vor allem im graphischen Bereich, z.B. um über Arrays bestimmte Flächen mit einer Farbe zu füllen.

Damit wären wir am Ende unseres Ausflugs in die Welt von TURBO BASIC angelangt. Autor und Verlag hoffen, daß sich für Sie die Reise gelohnt hat. Sollten Sie während des Studiums dieses Buches irgendwo einen Fehler entdeckt haben, so teilen Sie uns dies bitte mit. Auch Verbesserungsvorschläge sind jederzeit herzlich willkommen.

Anhang A Softwarekatalog

1 PROZEDURENÜBERSICHT

Im Buch und auf den TURBO BASIC Disketten sind eine ganze Reihe nützlicher Routinen und Prozeduren zu finden. Sie sollten sie in einer Befehlsbibliothek zusammenfassen. Im Folgenden finden Sie eine Liste aller im Buch und auf Heimsoeths Disketten gegebenen Routinen mit ihren Aufrufparametern gegliedert nach Programmieraufgaben. Ein Verweis auf die Herkunft der Prozedur (Buchkapitel, Diskettendatei) kann beim Auffinden der Routinen weiterhelfen.

Mathematik

def fnfakultaet	
def fncotangens	
def fnsecans	
def fncosecans	
def fnarcushyperbelcosecans	Kapitel 2.5 "Basic mit Def Fn selbstgestrickt"

Texte

sub umlaute(textstring$)	Kapitel 12.1 "Dateien verwalten"
sub getkey(ascii$,scancode)	Kapitel 4.1 "Texte erfassen"

sub getinp(inpline,inpcolumn,_
   getinp$,inplength,inptype,_
   specialkey$)
	Kapitel 4.1 "Texte erfassen"

sub checkkey(ascii$,scancode,_ inptype,specialkey$,Ok)	Kapitel 4.1 "Texte erfassen"
sub character(text$,pline,column,_ style)	Kapitel 4.2 "Texte ausgeben"
sub prat(textline,column,text$,_ attribute)	Kapitel 4.2 "Texte ausgeben"

Fenster- und Menütechnik

        sub setmenu
        sub actualmenu(status)
        sub setmenubar(scrmenu)
        sub openwindow
        sub closewindow
        sub changeframe
        sub changewindow(cw)
        sub getwindow(gw)
        sub windowright(steps)
        sub windowleft(steps)
        sub windowup(steps)
        sub windowdown(steps)
        sub windowsize(height,wiwidth)
        sub windowscroll(scrline,_
           scrcolumn)
        sub setwindow(wn)
        sub erasewindow(wn)
        sub savewindow(wn)
        sub putwindow(wn)
        sub upperframe(wn)
        sub leftframe(wn)
        sub rightframe(wn)
        sub lowerframe(wn)   Kapitel 5
                                                    "Benutzerschnittstelle"

Sortieren

        sub Stackloeschen
        sub Push(element)
        sub Pop(element)
        sub QuickSort(Links,Rechts)   TURBO BASIC Diskette
                                                    "QUICKSORT.BAS"
        sub quicksort(links,rechts)   Kapitel 12.3 "Indizierte
                                                    Dateiverwaltung"

Indizierte Dateiverwaltung

```
sub savedata(openfile$)
sub saveindex(indexfile$,index$)
sub closefiles
sub searchdata(searchmask$,lowup)
sub openindex(indexfile$)
sub opendata(openfile$)
sub closeindex
sub getdata(foundrecord)
sub putdata
sub putindex(index$)
sub closedata
sub getindex(indexnumber)
sub compareindex(searchmask$,_
   lowup)
sub equal(searchmask$,dindex$,_
   lowup)
```

Kapitel 12.3 "Indizierte Dateiverwaltung"

Diskettenverwaltung

```
sub Start
sub ByeBye
sub DateinameLesen(Suchweg$,_
   D.Name$)
sub SetDTA inline
sub GetDTA inline
sub GetDir inline
sub GetDrive inline
sub Stringadresse(Segment%,Addr%)
sub DirWechseln(Directory$)
sub DateiSuchen(Suchweg$,D.Name$)
def fnIstDir%(D.Name$)
def fnD.NameLegal%(D.Name$)
def fnUmwandeln$(Angabe$)
def fnFindFirst%
def fnFindNext%
def fnGefunden%(Suchmaske$,DTA$)
def fnOhneLeerzeichen$(S$)
```

"WHEREIS.INC" auf TURBO BASIC Disketten

```
def fnfreespace(diskdrive)
```

Kapitel 11.2 "Das 'Who is Who' des Computers"

Graphik (Highres-Graphik Schneider PC)

```
sub colour(colour)
sub highres
```
Kapitel 6.3 "Highres-Graphik
auf dem Schneider PC 1512"

Die Maus

```
sub mouseinit
sub mouseon
sub mouseoff
sub mousestatusa(mouseline,_
    mousecolumn,buttons)
sub mousestatusb(mouseline,_
    mousecolumn,button,counter)
sub mousestatusc(mouseline,_
    mousecolumn,button,counter)
sub setmouse(mouseline,_
    mousecolumn)
sub mouseborders(fl,fc,ll,lc)
sub graphicmouse(mousecenterx,_
    mousecentery)
sub textmouse(mousecolor,char)
```
Kapitel 13.1
"Maschinensprache"

Maschinensprache

```
sub adress(lowbyte,highbyte,_
    adress)
sub lowhigh(lowbyte,highbyte,_
    adress)
```
Kapitel 13.1 "Maschinen-
sprache"

```
sub equipment
```
Kapitel 11.2 "Das 'Who is
Who' des Computers"

2 PROGRAMMÜBERSICHT

Über die Prozeduren hinaus finden sich im Buch und auf der TURBO BASIC Diskette nützliche und interessante Komplettprogramme.

Tabellenkalkulation

MC.BAS   TURBO BASIC Diskette,
                                            Kapitel 7 "Microcalc"

Taschenrechner

RECHNER.BAS   Kapitel 3 "Rechnen mit
                                            TURBO BASIC"

Textedition

TEXTER.BAS   Kapitel "Ein eigener Editor"

Spielen

REVERSI.BAS   Bonbon auf der
                                            Begleitdiskette zu diesem
                                            Buch

Musik

MUSIC.BAS   TURBO BASIC Diskette

Graphik

> FUNCTION.BAS
> 3DGRAPH.BAS   Kapitel 6.1 "Zeichnen mit
>   TURBO BASIC"

MS-DOS Utilities (MS-DOS menügesteuert)

> MEN.BAS   Kapitel 11.1 "Unter der
>   Schale - Der Befehl Shell"

Spellchecker

> SPELLER.BAS   Kapitel 12.1 "Dateien
>   verwalten"

Debugger

> DEBUGGER.BAS   Kapitel 12.2 "Turbo
>   Debugger"

Eine Diskette mit den Prozeduren und Programmen dieses Buches ist
beim Verlag erhältlich (siehe beiliegende Bestellkarte).

Anhang B MS-DOS- und BIOS-Interrupts

TURBO BASIC bietet über den Reg- und Call-Interrupt-Befehl bequeme Möglichkeiten, direkt auf die Interrupts des MS-DOS und des BIOS zuzugreifen. Von dieser Möglichkeit ist bereits im Buch ausgiebiger Gebrauch gemacht worden. Damit Sie sich auch selbst an dem Gabentisch von MS-DOS bedienen können, seien hier die wichtigsten Interrupts aufgelistet.

INT 5 Aufruf der Hardcopy (Shift+PrScr)

```
call interrupt &H5
```

INT 10 Scrollen des Bildschirms nach oben

(siehe Kapitel 4.3 "Ein eigener Editor")

```
reg 1,int(scrollzeilen+(256*&H6))
reg 2,int(0+(256*attribut))   'für die Folgezeilen
reg 3,int(zeilelinksoben+(256*spaltelinksoben))
reg 4,int(zeilerechtsunten+(256*spalterechtsunten))

call interrupt &H10
```

INT 10 Scrollen des Bildschirms nach unten

```
reg 1,int(scrollzeilen+(256*&H7))
```

sonst wie oben

INT 10 Zeichen mit Attribut an Cursor-Position schreiben

(siehe Kapitel 4.2 "Texte ausgeben")

```
reg 1,int(asciicode_des_zeichens+(256*&H9))
reg 2,int(attribut+(256*bildschirmseite))
reg 3,anzahl_der_zu_schreibenden_zeichen

call interrupt &H10
```

INT 10 Zeichen an Cursor-Position schreiben

```
reg 1,int(asciicode_des_zeichens+(256*&H0A))
reg 2,int(0+(256*bildschirmseite))
reg 3,anzahl_der_zu_schreibenden_zeichen

call interrupt &H10
```

INT 10 Zeichen mit Attribut ausgeben und Cursor bewegen

```
reg 1,int(asciicode_des_zeichens+(256*&H0E))
reg 2,attribut

call interrupt &H10
```

INT 10 Aktuellen Bildschirmmodus ermitteln

```
reg 1,int(0+(256*&H0F))

call interrupt &H10

call lowhigh(highbyte,lowbyte,reg(1))
      'siehe Kapitel 13.1 "Maschinensprache

bildschirmmodus=lowbyte
anzahl_spalten=highbyte

call lowhigh(highbyte,lowbyte,reg(2))

bildschirmseite=highbyte
```

INT 11 Ausstattung des Rechners ermitteln

```
call interrupt &H11

ausstattung$=bin$(reg(1))
```

```
Bit 0=0          kein Disklaufwerk
    =1           ein Disklaufwerk

Bit 2/3=00       eine Ram Bank auf der Hauptplatine
     =01         zwei "
     =10         drei "
     =11         vier "

Bit 4/5=00       kein Bildschirmmodus eingestellt
     =01         Color 40*25
     =10         Color 80*25
     =11         Monochrom 80*25

Bit 6/7=00       ein Disklaufwerk
     =01         zwei "
     =10         drei "
     =11         vier "

Bit 9/10=00      keine RS232C Schnittstelle
      =01        eine  "
      =10        zwei  "
      =11        drei  "

Bit 12=0         kein Game-Port
     =1          ein Game-Port

Bit 14/15=00     keine Centronics Schnittstelle
       =01       eine  "
       =10       zwei  "
       =11       drei  "
```

INT 12 Ermitteln der Hauptspeichergröße

```
call interrupt &H12

kilobyte=reg(1)
```

INT 16 Zeichen von Tastatur lesen

(siehe Kapitel "Texte erfassen")

```
reg 1,0

call interrupt &H16

call lowhigh(lowbyte,highbyte,reg(1))

asciicode=lowbyte
scancode=highbyte
```

INT 16 Umschalter Shift, Alt oder Ctrl etc. gesetzt?

```
reg 1,int(0+(256*&H2))

call interrupt &H16

call lowhigh(lowbyte,highbyte,reg(1))

umschalt$=bin$(lowbyte)

Bit 0=1          Shift rechts

Bit 1=1          Shift links

Bit 2=1          Ctrl

Bit 3=1          Alt

Bit 4=1          Scroll Lock

Bit 5=1          Num Lock
```

INT 21 Tastatur abfragen und Zeichen anzeigen

```
reg 1,int(0+(256*&H1))

call interrupt &H21
```

INT 21 Zeichen an Cursor-Position ausgeben

```
reg 1,int(0+(256*&H2))
reg 4,ascii_code

call interrupt &H21
```

INT 21 Zeichen von Tastatur lesen ohne Bildschirmausgabe

```
reg 1,int(0+(256*&H8))

call interrupt &H21
```

INT 21 Tastatur-Status ermitteln

```
reg 1,int(0+(256*&H0B))

call interrupt &H21

call lowhigh(lowbyte,highbyte,reg(1))

if highbyte=&HFF then ein_zeichen
if highbyte=&H00 then kein_zeichen
```

INT 21 Tastaturpuffer leeren

```
reg 1,int(&H00+(256*&H0C))

call interrupt &H21
```

INT 21 Standardlaufwerk festlegen

```
reg 1,int(0+(256*&H0E))
reg 4,laufwerksnummer         '0 für A
                              '1 für B
                              '2 für C etc.

call interrupt &H21
```

Der Int 21 stellt weiterhin eine ganze Reihe von Dateioperationen zur
Verfügung. Statt ihn mittels eigener Routinen direkt aufzurufen sollten
Sie sich lieber einem intensiven Studium der Datei WHEREIS.INC auf
den TURBO BASIC Disketten widmen. Dieses Programm liefert die
wichtigsten in TURBO BASIC selbst nicht implementierten Funktionen
und scheint sogar fehlerfrei zu sein.

INT 21 freie Speicherkapazität eines Laufwerks ermitteln

(siehe Kapitel 11.2 "Das Who ist Who des Computers")

INT 21 MS–DOS Versionsnummer ermitteln

```
reg 1,int(0+(256*&H30))

call interrupt &H21
call lowhigh(lowbyte,highbyte,reg(1))

version=lowbyte
release=highbyte

call lowhigh(lowbyte,highbyte,reg(2))

benutzerseriennummer=lowbyte
lizenzseriennummer=highbyte
```

Anhang C Fehlermeldungen – Ein Hinweis

An den Fehlermeldungen hat sich nach dem Erscheinen des Heimsoeth
TURBO BASIC Handbuchs noch einiges geändert. Die Änderungen und
auch die Compilerfehlermeldungen finden Sie mit ausführlichen Erklärungen versehen in der Datei README1 auf der TURBO BASIC Diskette. Am besten Sie drucken sich diese Datei mit

```
type readme1 >prn
```

aus.

Anhang D   Erweiterte Tastaturcodes bei Inkey$

2.Byte	Taste/Kombination
3	NUL-Zeichen
15	SHIFT TAB
16-25	ALT-Q/W/E/R/T/Y/U/I/O/P
26-38	ALT-A/S/D/F/G/H/J/K/L
44-50	ALT-Z/X/C/V/B/N/M
59-68	F1-F10
71	HOME
72	Aufwärtspfeil
73	PGUP
75	Linkspfeil
77	Rechtspfeil
79	END
80	Abwärtspfeil
81	PGDN
82	INS
83	DEL
114	CONTROL-PRTSC
115	CONTROL-Linkspfeil
116	CONTROL-Rechtspfeil
117	CONTROL-END
118	CONTROL-PGDN
119	CONTROL-HOME
120-129	ALT-1/2/3/4/5/6/7/8/9/0
132	CONTROL-PGUP

Anhang E Scancodes der Tastatur

Alle Scancodes sind hexadezimal angegeben.

Taste	Scancode	Taste	Scancode
Esc	01	TAB	0F
!1	02	Q	10
"2	03	W	11
$3	04	E	12
$4	05	R	13
%5	06	T	14
&6	07	Z	15
/7	08	U	16
(8	09	I	17
)9	0A	O	18
=0	0B	P	19
?ß	0C	Ü	1A
"	0D	*+	1B
<-del	0E	Enter	1C
Ctrl	1D	><	2B
A	1E	Y	2C
S	1F	X	2D
D	20	C	2E
F	21	V	2F
G	22	B	30
H	23	N	31
J	24	M	32
K	25	;,	33
L	26	:.	34
ö	27	_-	35
ä	28	RechtsShift	36
^#	29	PrtScr*	37
LinksShift	2A	Alt	38

Taste	Scancode	Taste	Scancode
Leertaste	39	7Home	47
Caps Lock	3A	8Pfeil aufw.	48
F1	3B	9PgUp	49
F2	3C	–	4A
F3	3D	4Linkspfeil	4B
F4	3E	5	4C
F5	3F	6Rechtspfeil	4D
F6	40	+	4E
F7	41	1End	4F
F8	42	2Pfeil abw.	50
F9	43	3PgDn	51
F10	44	0Ins	52
Num Lock	45	Del	53
Scroll Lock	46		

Sachwortverzeichnis

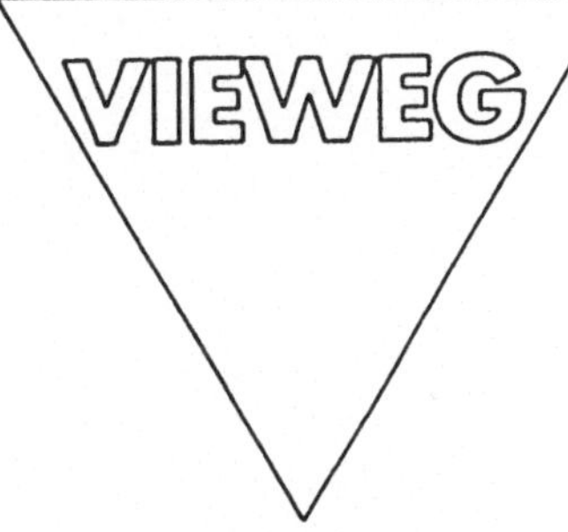

Künstliche Intelligenz auf dem PC

Dietmar Hermann

Probleme und Lösungen mit Turbo Prolog

Logikaufgaben, Sortierprogramme, Auswerfen von Datenbanken, Variationen von Bäumen. 1988. VIII, 195 Seiten mit 20 Abbildungen und 60 Programmen. (Programmieren von Mikrocomputern, Band 28.) 16,2 x 22,9 cm. Kartoniert

Der Autor versteht es, ohne große Umschweife den Leser auf die wesentlichen Grundbegriffe und Prinzipien von Turbo Prolog vorzubereiten, um dann durch gezielt angeordnete Programme den sinnvollen Einsatz dieser Sprachelemente zu demonstrieren. Bemerkenswert ist hierbei die Vielseitigkeit der ausgewählten Programmbeispiele, die das gängige Bild von den Möglichkeiten Turbo Prologs korrigieren: Nicht nur das Auswerten von Datenbanken und das Lösen von Logikaufgaben wird vorgeführt, sondern auch Leckerbissen wie graphische Variationen von Bäumen und fraktalen Kurven, Sortierprogramme, Mengenoperationen, numerische Behandlung eines Integrals nach der Simpson-Formel, der Wegsuche in einem Labyrinth und die Klassifikation von Edelsteinen als eigentliches „Expertensystem".

Die Software zum Buch:
5 1/4"-Diskette für den IBM PC und Kompatible unter MS-DOS mit Turbo-Prolog.

Konrad Justen

Turbo Prolog – Einführung in die Anwendung

1988. VIII, 95 Seiten. (Programmieren von Mikrocomputern, Band 29.) 16,2 x 22,9 cm. Kartoniert

Das Buch ist als einführendes Lehrbuch für den Turbo Prolog-Benutzer geschrieben. Es soll den Leser in die Lage versetzten, das zur Problemlösung notwendige Wissen in die Programmiersprache umzusetzen. Darüber hinaus zeigt der Autor, wie aus dem Wissen die Lösung abgeleitet wird. So zeichnet sich das Buch dadurch aus, daß es nicht einfach Handlungsanweisungen aufreiht, sondern Verständnis für das Programmieren mit Turbo Prolog vermittelt. Auf diese Weise wird sichergestellt, daß der Turbo Prolog-Benutzer auch bei schwierigen Aufgaben nicht kapitulieren muß.

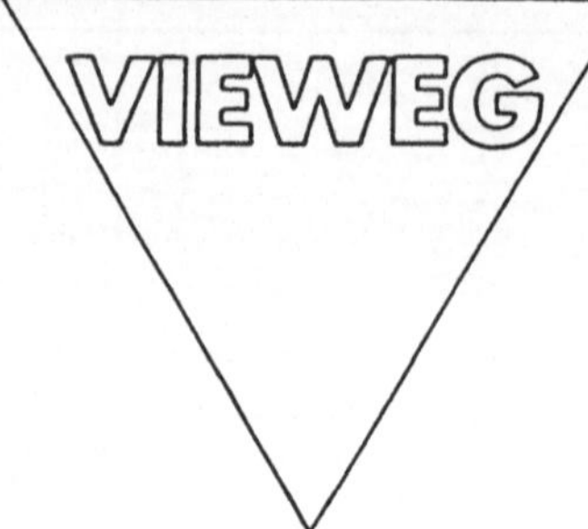

Ex-C-ellent

Das Microsoft®-Handbuch
für den fortgeschrittenen C-Programmierer
von Augie Hansen

Aus dem Amerikanischen übersetzt von Andreas Dripke, Michael Krause und Angelika Schätzel. 1988. VI, 267 S. 18,5 x 23,5 cm. Gebunden.

Dieses Buch wendet sich an den fortgeschrittenen C-Programmierer, der hilfreiche Tools und Utility-Programme einsetzen möchte. Die vorgestellten Programme sind so aufgebaut, daß die einzelnen Module vielfältig genutzt werden können.

Das Buch gliedert sich in 5 Teile:

Teil 1   gibt Auskünfte über den C-Compiler und den Ansi-Standard; ferner zu DOS- und BIOS-Interrupts.

Teil 2   stellt Standardbibliotheken sowie die automatische Programmkonfigurierung vor.

Teil 3   zeigt dateiorientierte Programme, die z. B. der Anzeige von ASCII- und Nicht-ASCII-Dateien dienen.

Teil 4   zeigt bildschirmorientierte Programme. Dabei geht es um Bildschirmpuffer und Benutzung des Einheitentreibers ANSI.SYS.

Teil 5   enthält die notwendigen Informationen über die verschiedenen C-Compiler sowie weitere Anhänge zur schnellen Orientierung.

Die Software zum Buch:

Zwei 5 1/4"-Disketten für den IBM PC und Kompatible für Microsoft C, Versionen 4.0, 5.0 oder Quick-C unter MS-DOS.